一本就通
西方哲學史

傅佩榮 著

目次

中世紀哲學

近代哲學

現代哲學

附錄

向西方哲學敞開心靈

傅佩榮

我念大學時，哲學系有兩門必修課，上課時數最長、內容分量最重，有時還得勞動兩三位老師合作授課。這兩門課就是「西方哲學史」與「中國哲學史」。也許是出於崇洋媚外的心理，也許因為老師的教學技巧有別，我當時比較喜歡的是「西方哲學史」。

「江山代有才人出」，這句話可以用來描寫西方哲學界的發展，從希臘到中世紀，再經近代而到現代，哲學家的大名有如珍珠，細數他們的見解可謂頭角崢嶸，真讓人有進入大觀園的感受。譬如，我們在讚嘆柏拉圖與亞里斯多德建構了兩大思想體系時，怎能忽略希臘哲學從泰勒斯到蘇格拉底所鋪墊的堅實基礎？

接著上場的是中世紀哲學，表面看來這是協調信仰與理性的一千多年，甚至哲學的作用被貶低為神學的婢女，但是誰能否認這個時代測試了理性的極限，又為人類心靈安頓提供全盤的景觀？正是由於信仰籠罩人生所帶來的後遺症甚多，才使得文藝復興的成果讓人目眩神迷。然後近代哲學也才能取得快速的進展，試圖跟上宗教改革、科學革命、啟蒙運動、浪漫主義思潮的腳步。

我念書的方法很笨。在學習西方哲學時，我借助於翻譯。三十多年前，還是碩士生時，我就著手翻譯當時所能找到最好的一部西方哲學史的書，作者為科普斯頓（F. Copleston）。我譯了其中第一冊「希臘與羅馬」，不僅受益良多，也打下了英文閱讀的基礎。後續六冊由別的同道所譯，而在出版時由我擔任校訂工作，一字不漏地核對英文原著一遍。年輕時做這種自己喜歡的工作，可以夜以繼日，不以為苦，甚至樂在其中。

我在臺大哲學系原本是教「形上學」、「儒家哲學」與「宗教哲學」的，後來系中人手不足，我也教了三年「西方哲學史（上）」，主要談的是希臘與中世紀。與此同時，我在民間基金會也開講哲學課程，曾上過一系列七十二堂課，把近代、現代的西方哲學家也通說了一遍，累積了不少資料，也學習了不少的觀點。

兩年前，大陸中華書局邀請我撰寫《一本書讀懂西方哲學史》，我想到自己手邊一大堆資料遲早總是要清理的，那麼何不趁此機緣寫下一本入門的書以供同道參考，於是欣然應允。這段期間正逢我往返兩岸暢談國學的忙碌時刻，但答應之事還是必須努力完成。寫成本書，我心中充滿感恩之情。感謝每一位啟蒙我的老師，每一位聽我課的學生，當然最感謝的還是一系列西方哲學家。

聯經版最大的特色，是增加了一份附錄：「希臘哲學重要術語」。這份資料是我在教希臘哲學時提供學生參考的，頗具學術價值。熟讀這份資料，所得知的不僅是希臘哲學家在概念上的傳承與演變，對於探討後續直至今日西方哲學家的基本術語也能得到不少啟發。原文出自F. E. Peters, *Greek Philosophical Terms*（New York：New York University Press, 1967）我選譯其中一部分刊於此書，特此說明。

我這幾年的學術興趣與具體工作，已經轉向中國哲學，並且還在此一方向上努力前進。因此，本書對我個人而言，意義重大，是我學習西方哲學的一份讀書報告。我談西方哲學，不敢想像能有什麼創見，只希望能忠實闡述每一位哲學家的思想，由於語言文字的隔閡，我只能盡力而為，還望讀者多加指正。

引言

哲學是什麼?

「哲學」一詞是由西方翻譯過來的,它的原意是指「愛好智慧」(philosophy)。這種「愛好」源自人類天生的好奇心,想要了解大自然與人世間的一切。而「智慧」則代表了完整而根本的理解。由此形成一個圓滿的系統,不僅可以說明一切,並且足以引導人類安身立命。

以「愛好智慧」來界說「哲學」,不難肯定每一種文化都有其屬於哲學的部分。不過,大多數文化傳統中的哲學部分並未獨立運作及發展。比如在中國有「文史哲不分」的說法,而在某些由宗教主導的地區,哲學只有附屬的地位,用以說明宗教信仰的合理性。因此之故,現在我們一談到哲學,大家自然聯想到的依然是「西方哲學」所提供的一系列人物與觀點。

簡單說來,哲學或愛好智慧,在運作時顯示三點特色:澄清概念、設定判準、建構系統。

記得我在哲學系念書時,老師最常掛在口中的問題是:「請問,你現在使用的這個字或詞,是什麼意思?」如果不先澄清概念,你如何與人溝通?如果化解了概念上的歧異,人世間一大半問題也將消散於無形。其次,我們經常在做判斷,尤其是涉及價值方面的判斷,如真假、美醜、善惡、是非等,但是卻未必知道這些判斷的標準是誰定的,又是怎麼定的?於是哲學要致力於設定判準的工作。然後,建構系統才是最大的挑戰。請問:人類「應該」如何生活?若不先辨明人性的真相,又怎能評估人類的正當生活方式。並且,人類與大自然的關係如何?萬物恆在變化之中,那麼這一切終究要消失幻滅,或者,它有一個來源與歸宿,可以使變化生滅得到合理的說明。

能做到「澄清概念、設定判準、建構系統」的,就是哲學家(philosopher)。在從事這項任務時,愛好智慧的全部內涵也隨之展現開來。

西方哲學的特色

西方哲學在時間上起自希臘時代，綿延至今約兩千六百年；在空間上，則由小亞細亞、地中海、北非，推及歐洲與美洲。它所涵蓋的種族與文字自然極為繁雜，但是思想架構與發展主軸卻依然保持清晰的脈絡。

依西方哲學而產生的思想架構是一種三分法：(1)邏輯與認識論，探討人類認知的基本能力、運作模式與限制範圍。(2)形上學，探討不變的真實本體，比如宇宙的來源與結構、人性的本質與歸趨；然後，有無一個終極實體，可以作為萬物的基礎？(3)倫理學與美學，這是把前面兩步的結論應用於實際生活中，依此分辨善惡與美醜。這一部分還包括政治哲學、經濟哲學等等。西方哲學所謂的建構系統，就是兼顧上述三方面所形成的圓滿體系。能夠符合這種要求的哲學家，才有可能列名於哲學史上。

由於「愛好智慧」是個永遠完成不了的大工程，歷代哲學家的探討大都是承先啟後，形成一部豐富而有趣的哲學史。「哲學不離哲學史」一語，在西方是可以成立的。我們介紹西方哲學，最妥當的辦法是依時間進展的過程，看看這些哲學家如何鋪陳他們的觀點。

西方哲學大致分為四期：

一、古代哲學（由西元前六世紀到西元二世紀），包括希臘哲學與羅馬哲學。

二、中世紀哲學（自西元二世紀到一四五〇年），包括教父哲學與經院哲學（Scholastic philosophy）。

三、近代哲學（自一四五〇年到一八五〇年）。

四、現代哲學（自一八五〇年起）。

至於應該選擇哪些哲學家來介紹，難免會有見仁見智的情況。這種情況愈接近現代愈是明顯。像這樣的一本入門書，不可能像學術著作一般詳細註明出處，我只能努力準確表述每一位哲學家的主要觀點。

古代哲學

兩千六百年的西方哲學可謂「源遠流長」。古代哲學扮演源頭的角色，在時間上從希臘城邦時期到羅馬帝國時期。奠定基礎、塑造原型的是希臘階段，史稱「希臘哲學」，而羅馬哲學只是它的後續發展而已。事實上，希臘哲學所設定的探討方式，如思考題材與基本觀點，直至今日對西方哲學界仍有可觀的影響。

以希臘哲學來說，蘇格拉底（Socrates, 469-399 B. C.）是個分界線。在他之前的哲學家所留傳的資料大都是斷簡殘編，所提供的見解也較為具體素樸；從他開始，陸續出現了柏拉圖（Plato, 427-347 B. C.）與亞里斯多德（Aristotle, 384-322 B. C.）這一對師徒，著述豐富而體系完整，對於人類理性所欲探討的一切問題，幾乎都有所涉及。

哲學所謂的愛好智慧，是要以理性去探討宇宙與人生的根本真相，由此獲得啟發，用以指引一般人的現實生活，並且評估我們生存其中的文化生態。對智慧的這種愛好，是人類與生俱有的，但是為什麼它以如此明確的方式體現於希臘的這個時期與這個地區？

為了回答這個問題，就須由多方面認識與希臘有關的事物，如他們的神話、宗教與城邦生活。

瑰麗的神話世界

在古代，每一個民族都有神話。神話的內容是有關神明的故事，其中顯示的是一個民族的夢想。夢想當然有虛構的成分，不過它的目的不是為了娛樂，而是為了彌補理性思考的不足。如果用一句話描寫希臘哲學的起源，那就是「從神話走向理性」。因此，首先要說明的是：希臘神話有何特色？它如何引領希臘人走向理性思考？

自從混沌（Chaos）初開，大地（Gaea）與深淵（Tartarus）出現。大地演變出天神（Uranus）與山神、海神，然後大地與天神搭配生下了泰坦族（Titans，又稱巨人族），其中有掌管河流、太陽、月亮、黎明的神，而最重要的是克羅努斯（Cronus），祂推翻了天神父親，然後與妹妹瑞婭（Rhea）生育了六個子女。祂擔心子女叛變，就吞噬了前五個孩子。第六個是宙斯（Zeus），祂僥倖逃過一劫，並在成年後迫使父親吐出了五個兄姊。以上是第一階段的希臘神話。其中寓意大都針對自然界。自然界的現象只要具有某種「力量」，就表示它背後有個神明在操作。

人們所見的宇宙（Cosmos），原指秩序在空間上井然有序，那麼在它之前的自然是混沌了。天神（Uranus, Ur表示根源）被克羅努斯（Cronus，表示時間）所取代，因為時間使根源消失，並且時間也吞噬在時間中產生的一切，直到具有統治意志的宙斯上場。

希臘神話的第二階段是由宙斯所領導的奧林帕斯山（Olympus）諸神在表演。宙斯的同胞兄妹有祭祀神或女灶神赫斯底亞（Hestia）、農業神或大地女神狄米特（Demeter）、地府之神哈底斯（Hades）、海神婆塞東（Poseidon），以及天后赫拉（Hera）。由此可知，宙斯雖然貴為天神，權力最大，但並不是全能的，無法管轄一切領域。

這些代表「力量」的神明開始涵蓋人類世界了。由宙斯所產生的新一代神明為數眾多，最重要的包括：阿波羅（Apollo），他是日神或光明理性，以九位繆思女神（Muses）為伴，又有醫神阿斯克勒表斯（Asclepius）等子女；還有阿特米斯（Artemis，月神或狩獵神）、雅典娜（Athena，戰神、智慧之神，也是雅典的城邦之神）、赫菲斯特斯（Hephaestus，火神或建築神）、赫爾美斯（Hermes，傳訊神）、狄奧尼索斯（Dionysus，酒神或歡樂之神）、狄切（Dice，正義女神）、阿瑞斯（Ares，戰神，殘酷之神）。

這些神明所象徵的，除了自然界的力量，也涵蓋了人類社會「分工合作」的職能。每一種職業都可以找到自己的守護神，使它在社會上具有正當性。另有兩位神明不受天神宙斯的節制，就是：愛神阿芾洛迪特（Aphrodite，其子為愛樂斯〔Eros〕，愛欲之神）以及命運之神摩依拉（Moira，負責壽命、遭遇，及其執行）。在愛神的威力之下，眾神無不甘心順從，能稍事抗拒的只有三位女神（雅典娜、赫斯底亞與阿特米斯）。若是命運之神出手，更是所向披靡。

上述神話的具體事蹟，在希臘人是基本常識。西元前六世紀的希臘人，心目中對宇宙與人生的理解，主要源於荷馬（Homer）的史詩《伊里亞德》（*Iliad*）與《奧狄塞》（*Odyssey*），以及赫西奧（Hesiod）的《神譜》與《勞動與日子》。換言之，他們就靠這些描寫神明的故事與遠古半人半神的英雄軼事，來滿足理性的初步要求。

神話幫助人們認識自然界，肯定社會分工的意義，以及最深刻地了解人類自身的欲望。神明之間的矛盾與衝突，不正反映了人類內心在愛恨情仇方面的各種掙扎嗎？任何難堪的、可恥的、恐怖的、狂亂的言行，都可以在神話中找到示範的例子，如此一來，人們才有可能繼續忍受活在人間的重大壓力。因此，神話就是用神的故事來說明人類所需要理解的一切現象。

隨著人類理智的開展，神話的限制也越來越明顯。人類的好奇心在各項條件配合之下，總會「從神話走向理性」的。哲學的誕生即在此一關鍵時刻。我們要繼續探討與此相關的宗教信仰。

多神論的宗教信仰

希臘人信仰什麼呢？所謂信仰，其對象當然是超越人類之上的力量。在自然界與人世間都有分配好的力量，負責掌管各個領域。這也正是希臘神話所教導的。神明（theos）所象徵的是力量（theoi），力量即是諸神。

因此，希臘宗教是多神論（polytheism），並且顯示了神人同形論（anthropomorphism）。在多神論的引導之下，祭祀神明的慶典自然繁複多樣而熱鬧有餘。宗教節日很多，這是以祭典表達對神明與英雄的崇敬，並以節慶賦予城邦生活的節奏。這種宗教的基礎，並非虔誠的信仰，而是祭祀與慶典的活動。

至於神人同形論，即是把神看成像人一般，也有七情六欲。每個部族的祖先，若不是神明本身，就是神明與凡人結合所生的英雄。如雅典人（Athens）的守護神是雅典娜，而伊奧尼亞人（Ionians）的祖先來自阿波羅之子伊昂（Ion）。

神明擁有力量，又與人同形同性，那麼人類在生活的各方面都與神明息息相關了。希臘宗教直接影響的是以下三個領域：

一、**法律**：一個人出任公職或在法庭上宣誓，其誓詞為：「向宙斯、婆塞東與狄米特發誓，如果我在任何事上違背了誓言，就會招致自己與家族的毀滅。」相對於此，「如果我遵守誓言，祈求神明賜我豐厚的回報」。

二、**戰爭：**軍隊指揮官在出征前要獻祭，以此仿效眾神或英雄。如率領希臘聯軍攻打特洛伊（Troy）的阿加美農（Agamemnon），甚至以自己的女兒為祭品。後來到了亞歷山大大帝（Alexander the Great, 365-323 B. C.）依然熱中於獻祭，他在不同階段獻祭時，自以為是阿奇里斯（Achilles，特洛伊戰爭中的英雄）、赫拉克勒斯（Heracles，著名大力士）與狄奧尼索斯（酒神）。

三、**醫學：**希臘人相信疾病的原因與神明有關。哮喘如山羊，則祈求天后赫拉的憐憫；叫聲如馬嘶，則由海神婆塞東來治療（婆塞東原是馬神）。至於醫神阿斯克勒表斯的神殿更是香火不絕。蘇格拉底臨死前，還囑咐好友「別忘了，我還欠阿斯克勒表斯一隻雞」。這位哲學家的說法，是要凸顯他的特殊智慧，意即：「死亡是疾病之痊癒。」既然病好了，就應該如約還願於醫神。

希臘宗教的實用價值於此可見一斑。這種宗教還有什麼特色呢？首先，它與人的良心無關。神明之超越人類，不在精神與道德，而在體力、美貌與不死。人與神的關係因而也是外在的與機械式的，亦即必須訴諸奉獻犧牲、祈禱求福與占卜解惑。

其次，為了求福免禍，人們常以占卜預知未來。占卜的方法五花八門。遇到重大疑難，則前往供奉阿波羅的戴爾菲（Delphi）神殿，那兒有女祭司為人解籤。另有一處多多納（Dodona）神殿，供奉天神宙斯，也有助人解惑的女祭司。

祭祀的名目眾多，並有交易性質，有如契約：祭則受福，不祭則受罰。罪惡有如疾病，可用外在的儀式去治療，不涉及當事人是否懺悔。

然後，希臘人迷戀塵世，害怕死亡，他們祈求身心方面的豐富享受與卓越能力。阿奇里斯死後，靈魂進入地府，不禁感嘆說：「我寧可活在世間做別人的奴僕，也不願在死者的幽靈中稱王。」人死只剩陰影般的幽靈，永無復活希望。此外，希臘也有神祕教派厄流西斯（

Eleusis），相信人在死後，可至天堂享福，一如神話中所描繪的奧林帕斯山的勝景。

上述宗教觀也許可以回應一般百姓的需求，但無法通過勇於思索者的檢驗。它忽略人在道德與精神方面的深刻願望，而神人同形論更是淺陋低俗，沒有真正的超越性可言。希臘初期的哲學家對於這一點提出不少質疑。哲學與宗教的關係可以簡單這麼說：方向相同而方法不同。方向都是想要掌握人生的意義，但宗教訴諸信仰，而哲學的方法則是理性。在希臘宗教的背景之下，哲學家的愛智衝動即將脫繭而出，開拓一片新天地。在此之前，還有希臘的城邦生活值得一說。

獨特的城邦生活

西元前第六世紀的希臘並非統一的國家，而是城邦（polis, city-state）林立。

亞里斯多德研究了一百五十八個城邦。依他所說，每一城邦都有一個市中心，加上外圍的農地，處於兩者之間的是家庭與村落。各城邦是自治的政治實體，但經常結為較有實力的盟邦。城邦有自己的經濟、宗教及文化特色，強勢城邦（如雅典、斯巴達）成為盟主，為了擴張力量，常訴諸武力，造成大大小小的戰爭。

城邦內部有派系鬥爭，外部有盟主壓力，以致政治制度常在寡頭制（oligarchy，由少數富人執政）與民主制（democracy，由平民選舉執政者）之間動盪不安。城邦由公民、婦女與奴隸所組成。公民人數比率極低，約占百分之十五，而大量奴隸是通過戰爭勝利所擄獲的。婦女無法成為公民。公民年滿二十歲須服兵役，可參加公民大會，並有投票權；三十歲即可輪流出任陪審團成員並承擔政治職務。城邦各有法律，推其源於神明的啟示。公民與城邦的關係十分密切。

以斯巴達（Sparta）為例，城邦居於內陸，周圍多是敵人，所以採取全民皆兵。孩子的生長及養育皆由城邦督導，小孩七歲即須離開父母，接受公共官員指示，過集體生活。終年一件長衫，走路不穿鞋，睡在刺人的蘆葦上。城邦有如營區，大家在公共食堂進食。禁止奢侈享受與商業行為。個人屬於城邦，在戰場上勇猛過人，寧死不降。斯巴達與雅典的聯軍打敗波斯帝國的百萬大軍之後，這兩大城邦各自結盟，引發長達二十七年的內戰，最後雖然斯巴達獲勝，但也從此一蹶不振。

再以雅典為例，它自梭倫（Solon, 638-559 B. C.）立法之後，使公民在政治上享有平等權利。公民是自由的：「他們真正的自己，就是他們的心靈，而這種心靈只有在為城邦服務時，才是他們自己的。」於是，公民可以發揮文學、藝術、建築、哲學等方面的才華，在文化上有耀眼的表現。雅典在伯里克利斯（Pericles, 495-429 B. C.）主政時，達到全盛時期，他在西元前四三一年紀念陣亡將士的演講中宣稱：雅典的民主政治肯定眾人平等，並以服務城邦為無上榮耀，「我們整個城市，是希臘的學校」。

那麼，在長達二十七年的婆羅奔尼撒戰爭（Peloponnesian War, 431-404 B. C.）之後，斯巴達取得勝利，他們準備如何處置雅典呢？按照當時的慣例，他們可以把雅典變成殖民地，甚至把雅典夷為平地，但是結果並非如此。斯巴達將軍們在慶功宴上聆聽詩歌，不覺悠然神往，就問「這詩是誰寫的？」答案是「雅典人」。將軍們異口同聲表示：「一個城邦能造就出如此優秀的詩人，不應該被人毀滅。」文化的力量保存了雅典，並且影響了整個西方文明，直至今日。

城邦生活未能平等看待女性。男女感情不受重視，結婚是為了傳宗接代；男主外，女主內，婦女在家中活動，負責哺育孩子、烹飪及料理家務。男子之間的同性戀在當時相當普遍。年長者負責年輕人的教育與生涯規畫，一起參與公民大會，攜手共赴戰場，相依為命。這種愛情也有可能發展出高尚情操，以尋求靈魂的完美境界為目標。

最後，以雅典為典型的這種城邦生活，為哲學家的出現提供了良好的條件。

城邦有公共場所，如雅典的亞歌拉（Agora），成為新的空間，讓人們自由來往與集會，由此凝聚理性的共識。公民平等互動，凡涉及公共利益的事務，皆可在公眾面前談論。政治家必須口才過人，用言語打動人心。

隨著「言語」受到重視，討論、爭論、辯論的風氣越來越盛，希臘人的思考力也隨之提升。誰說的話是有根據的？誰的推理是循序漸進、合乎邏輯的？誰提的建議是具有實踐價值的？這些都要在大眾聚會的場合以公開方式展現出來。哲學家的愛智心態逐漸受到注意。

不過，希臘哲學的起源地並非雅典，而是遠在小亞細亞邊緣的伊奧尼亞。我們接著就由這個線索談起。

泰勒斯：希臘第一位哲學家

希臘哲學的發源地是伊奧尼亞（Ionia），位於小亞細亞的地中海邊，在今日的土耳其沿岸。此區原是希臘人的殖民地，由於位居古代交通要衝，具備了優越的條件。

伊奧尼亞與巴比倫、埃及貿易往來頻繁，累積了經濟資源，造就了一個富人階級。富人有錢更有閒暇，可以為了提升生活素質而沉思冥想。巴比倫的天文學與埃及的數學，雖然偏重實用價值，但開拓了這些富人的眼界與思考深度。加以希臘宗教中的弱勢祭司無法約束控制人的思想，因此社會風氣中公開的討論逐漸取得舉足輕重的地位，哲學家終於上場了。

第一位希臘哲學家是泰勒斯（Thales, 624-550 B. C.），他曾預言西元前五八五年五月二十八日的日蝕，由此可以推測他的生平年代。他是希臘最早的自然學家，通曉天文學、數學、工程學等，也有實際從政與經商的才幹。他曾遊歷埃及，得知埃及的宇宙創生神話，他還懂得如何測量金字塔的高度，就是：在陽光照出一人的身影與他本人的身高一致時，可藉由測量金字塔的影子而得知其高度。

有關他的軼事不少。他曾在晚間邊走邊觀察天象，不慎失足落入井中，跟隨的女僕嘲笑說：「連地面腳邊的情況都沒看清楚，卻去觀察天上的東西。」有人怪他只知沉思而不事生產，於是他觀察天象，預測橄欖將會豐收，就收購城內所有的榨油機，再以高價出租，大賺了一筆。不過，後代哲學家在世間受人嘲諷的居多，能夠經營事業而賺錢的則少之又少。

＊泰勒斯名言

・別人為食而生存，我為生存而食。

・在數學的天地，重要的不是我們知道什麼，而是我們如何知道。

早期的伊奧尼亞哲學家都是自然學家。他們觀察自然界，希望在變遷不已的自然現象中找出不變的本體。宇宙萬物的根源是什麼？神話解釋無法繼續滿足人心，他們要在宇宙的各種質料中找到根源。

泰勒斯說：「萬物的起源是水。」這句話有石破天驚的力量。這是西方人第一次用經驗所及之物來說明萬物的來源。他的靈感由何而來？埃及神話認為地球是有凸邊的平盤，浮在水上；巴比倫神話認為，在起初，一切皆為海洋。荷馬的史詩也以海洋之神（Okeanos）為萬物之源。但是，終於有人清楚宣稱「水」是萬物的起源。

這不僅擺脫了神話式的解說，更重要的是：他以單一元素來說明複雜無比的自然萬象。這種「以一統多」或「一以貫之」的思考模式，正是愛智者的主要標誌。

新的問題來了。水是一種物質，它如何演變化生為其他不同的物質？泰勒斯所觀察的水，熱到沸點時成為氣體，冷到冰點時成為固體。水的三態可以說明大部分的具體事物，更重要的是：有生命之物都需要濕氣才能生存。如此一來，說水是萬物始源，不是很有道理嗎？

但是，無生命之物呢？泰勒斯的第二句論斷是：「世界充滿神明。」神明的力量貫注於萬物中，看來無生命的東西也可能是「活的」，比如，磁石、琥珀可以吸引鐵片，可見礦物也有某種魂（意即活動力的來源）。由希臘人「以力量為神明」的信念，可以推知：凡存在之物皆為某種力量的表現，因而其中也充滿了神明。這種素樸的觀念，使水可以等同於神明，而不只是單純的一種質料而已。

泰勒斯認為：世界是一個整體，一直在活動及變化之中，可見它有生命；此一整體由某種生命原理所貫注及瀰漫，這種生命原理或生命力量是具有神性的（divine）。這種觀點近似物活論（hylozoism），而不是唯物論（materialism）。真正的唯物論是人類清楚分辨物質與精神的差異之後才出現的。早期希臘哲學家與其說是唯物論者，不如說是獨斷論者（dogmatist），

＊泰勒斯名言

．宇宙的起源是水；一切都充滿神明。

亦即未經充分省思就為「萬物起源」這麼重大的問題提供了明確的答案。

無論如何，泰勒斯首先拋開了人們習以為常的神話思維，只由經驗所及的現象來探求萬物的根源，並試圖由此一根源來說明萬物的變化。從此以後，人類愛智的歷史登上了舞台，展現一頁頁動人的光彩。

泰勒斯軼事

泰勒斯年輕時，母親勸他結婚，他回答：「還不到時候。」當他年紀較大時，母親逼他結婚，他回答：「現在已經太遲了。」後來有人問他為何不想結婚生子，他回答：「我是為了小孩著想。」

安納齊曼德：開啟抽象之門

所謂「伊奧尼亞哲學家」，是指泰勒斯、安納齊曼德與安納齊門尼。他們師徒三代，都住在米勒圖（Miletus），所以又稱「米勒圖學派」。

安納齊曼德（Anaximander, 611-547 B. C.）是泰勒斯的學生兼助手，著有《論自然》，但只保留了斷簡殘篇。他把日晷儀介紹到希臘世界，並且首先繪製了一幅當時的世界地圖。

他首先使用「始元」（arché）一詞，用以代表作為萬物根源的原初要素。依此說來，他的老師泰勒斯認為萬物的始元是「水」，而他則認為：既然萬物複雜多樣，則其始元不應該是某種固定的質料，而應該是「未定物」（apeiron），亦即無限制、無界線、無定義之物。它包圍一切，也造成一切。其性質不是任何確定之物（如水、氣、火、土）。其量無數、永恆延續，在空間及時間上皆為無限。它是神性的與不死的。

接著，由「未定物」生成了一切天體，以及其中的世界。一切存在之物皆由它生成，並在毀滅之後回歸於它。這些都是必然性（necessity，又稱「命運」〔ananke〕）所決定。亦即，在「時間」的評估與安排下，萬物因為相互的不義行為而輪流受罰，並得到報應。比如，夏天過熱，就會轉而變涼；冬天太冷，又會轉而變暖。這是物極必反以保持整體均衡的辦法。這一切都由「未定物」在控制。

未定物如何產生世界？(1)未定物藉由永恆的運動，分離出對立物（冷與熱），冷者陰濕，

＊伊奧尼亞哲學家 是指泰勒斯、安納齊曼德與安納齊門尼。他們師徒三代，都住在米勒圖，所以又稱「米勒圖學派」。

變而為地球，位於宇宙中心；熱者凝為火罩，包圍地球，如日、月、星辰。⑵由於對立物相互之不義作為，而有受罰及報應，使各個世界處在生滅之中，一一相續。世界數量無限，但並非同時存在。⑶地球位居宇宙中心，穩定不移，因為它與邊緣的距離相等。地球為圓柱型，人類住在圓柱上面的平台。⑷第一批生物在潮濕中生成，演變為類似魚的生物，後來再逐漸演變為人類。人類需要很長的哺育期，然後才可直立行走。

安納齊曼德在理解萬物始元時，以「未定物」取代泰勒斯所謂的「水」，這顯然是一大進步。因為那作為始元的，與它所演變而成的具體萬物之間，應該有所區別，否則難以說明為何變化「一直」在進行之中。「未定物」其量無限，其質未定，如此才可作為無數世界之起源。但是，有關世界的形成與萬物的變化，仍有許多待解之謎。

接著上場的是他的學生兼助手安納齊門尼（588-524 B. C.）。安納齊門尼認為：宇宙萬物的始元是「氣」。氣包括空氣，是有生之物呼吸所不可少的，同時它既不像「水」那麼具體，也不像「未定物」那麼不著邊際。他的貢獻不在這種調合與折中的答案上，而在他嘗試用氣來解釋變動的觀點上。

他認為，氣總是在變化之中。氣的稀化，產生了火；氣的濃化，變成了風、雲、水、大地、石塊。稀化生熱，濃化成冷，這兩者搭配起來，就是萬物生成變化的最有力因素。換言之，稀化與濃化理論，是試圖以同一容積的物質量的多寡，來說明質的差別。這在思想上是一大進步，雖然仍有十分素樸的色彩。

談到人類居住的地球，他說：地球是平的，懸浮在氣之上。氣充塞一切，可使地球有如蓋子一般平穩。日、月、星辰皆有上地成分，由於高速運動而取得極大熱量。

為了強調氣的始元地位，他還指出：氣具有神性，神明皆由氣而來。

由上所述，可知伊奧尼亞哲學家所關心的主要是自然界，但是在說明自然萬象的變化時，

＊安納齊曼德名言

在「時間」的評估安排下，萬物因相互不義的行為，而輪流受罰、得到報應。

＊《論自然》

安納齊曼德，著有《論自然》，但只保留了斷簡殘篇。他把日晷儀介紹到希臘世界，並且首先繪製了一幅當時的世界地圖。

又難免受限於當時自然科學的研究程度。因此，重要的不是他們所提供的答案，而是他們「以一統多」的思考模式。

他們深知人類社會不能全依這種自然觀點來理解，因此總是保留了「具有神性的始元」這樣的想法或信念。無論如何，「從神話走向理性」的坦途已經展現在希臘人眼前。伊奧尼亞學派為西方哲學奠下了基石。

安納齊曼德軼事

安納齊曼德認為：生命來自海洋，目前生物的形態都是為了適應環境而演化成的。他還說：「人類是由別的動物演變成的，因為動物很快可以找到滋養品，只有人類需要長久的哺育期。因此人類若最初就是目前的模樣，是不可能存留下來的。」

畢達哥拉斯：用數解讀世界

同樣在小亞細亞沿岸，米勒圖稍北之處，有一個薩摩斯島（Samos）。畢達哥拉斯（Pythagoras, 580-?B. C.）誕生於此。他的身分是數學家、宗教家與哲學家。我們小學時代所念的「畢氏定理」（直角三角形的斜邊平方，為兩直角邊平方之和），就是他的貢獻之一。

他在薩摩斯島住了一段時間，遇到專制的暴君，就遷往南義大利的克羅頓（Croton），在那兒他為居民立法，手握大權，並建立宗教性的學社，成員約三百人。克羅頓人長期忍耐其教條規範，一百多年後（約440-430 B. C.）終於驅散了此一團體。

畢氏學社的成員必須嚴守祕密，以致畢氏本人的見解不易為人所知，加上後代成員為了尊崇而把個人心得歸之於畢氏，更使他與學社之間難以畫清界線。此派的基本立場是：不同於自然學派，他們要由非感性之物找到萬物的根本要素或原理。

首先，畢達哥拉斯本人大致主張以下觀點：

一、**人有靈魂，靈魂不死而輪迴**。這或許得自古代奧爾菲教派（Orphism）的啟發。他曾制止一人鞭打小狗，因為他從小狗的嗷叫聲中聽到已故朋友的聲音。人生的目的即在妥善照顧靈魂，方法是：靜默修持、音樂陶冶與數學研究。他希望由沉思宇宙的秩序，達到淨化靈魂的目的。

二、**一切生物皆有親屬關係**。靈魂輪迴，會轉生為別的生物，甚至可以轉成植物（如桂冠葉、豆子）。所有的生物形成一個統一體。既然如此，人的生活必須遵守一些禁令，如：不准吃生物，遠離屠夫與獵人；不可縱欲亦不可自殺，因為人是神的財產，而身體是靈魂的監獄及墳墓；勿跨橫欄、勿戴指環、勿在燈旁照鏡子，勿在灶灰上留下鍋的印跡，勿食豆子，要撫平睡過的床鋪，洗腳時先左腳，穿鞋時先右腳等等。這些類似宗教的規定，在非信徒眼中就成了無理的要求。

三、**萬物的存在必須「有形」，而有形之物皆可用「數」計算，因此「數字」是萬物結構的根本要素。**甚至可以說：數字是萬物的始元。宇宙的基調是：平均、秩序與和諧。「平均」須由數的相互關係來表明；「秩序」是由數的順序而顯示：「和諧」則是宇宙的主要特徵，可藉音樂的音階來理解，如發音器振動數之不同，會形成不同的音階，但整體仍可協調。10是數的主軸，因為10 = 1+2+3+4，為前四個整數之和，萬物皆為此四元（點、線、面、體）所組成，畢氏學社的成員在宣誓時，必須面對這個神聖的圖形（見上圖）。

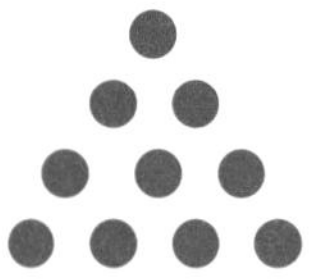

這是完美的圖形，從三個端點看進去都是1、2、3、4的順序，而其總和為10。

畢達哥拉斯具有數學家與宗教家的雙重身分，而使他成為哲學家的，則是：一方面他試圖用一個元素（不再是質料，而是形式），亦即數字，來解說萬物的起源；另一方面則是他的靈魂觀點提醒我們不能忽略人類生命的特殊處境。這一點對柏拉圖深有影響。

一般而言，畢氏學派補充說明了以下幾點：首先，「數」比起任何具體質料，都更適合作為萬物始元，因為它與存在著及生長著的東西之間，有更多的相似點。數的屬性包括正義、靈魂、理性、機遇等，萬物皆為對數的模仿。數的元素便是萬物的元素，整個天界不過是和諧與數而已。比如：1是點，2是線，3是面，4是體，5是物質的性質，6是屬性，7是理智、

＊畢達哥拉斯名言

·不能制約自己的人，不能稱之為自由的人。

·憤怒以愚蠢開始，以後悔告終。

·無論是別人在跟前或者自己單獨的時候，都不要做一點卑劣的事情：最要緊的是自尊。

·思而後行，以免做出蠢事。因為草率的動作和言語，均是卑劣的特徵。

·友誼是一種和諧的平等。

健康、愛情、智慧。

其次，數既是始元，則也是萬物的質料及其本性與規定，數的元素是偶（代表無限）與奇（代表有限），而「一」則兼具奇偶二性。此派由此推出十種基本對立，代表明顯的二元論。

有限—無限；奇數—偶數；單一—眾多；右方—左方；陽性—陰性；靜止—運動；直線—曲線；光明—黑暗；善良—邪惡；正方形—長方形。

再就宇宙而言，宇宙有一個中心之火。地球不是宇宙中心，而是環繞中心之火而旋轉。此中心之火也不是太陽。環繞中心之火的有十個行星，即：日、月、五大行星、恆星天，地，以及「相對地」（counter-earth）。

畢氏也談到了人間之「最」：最合義的是祭品，最明智的是數目，最優美的是和諧，最有力的是知識，最美好的是幸福，最佳的能力是醫術，最真的話語是「人是邪惡的」。哲學家的自省心得，仍然在等待理論上的證明。

畢達哥拉斯軼事

畢達哥拉斯的學生要嚴守一項規定，五年之內要保持沉默，專心聽講。在通過考核之前不能與老師單獨見面談話。他說：「朋友之間的一切都是共有的。」學生們就組成社團，把所有的財產聚集在一起，大家共同使用。

＊畢氏定理

直角三角形的斜邊平方，為兩直角邊平方之和，即稱為「畢氏定理」。這是畢達哥拉斯的貢獻之一。

赫拉克利特：詮釋變化與規則

赫拉克利特（Heraclitus, 535-475 B. C.）生於厄非索斯（Ephesus），這也是位於小亞細亞沿岸，米勒圖稍北的地區。他是當地貴族，但生性孤僻，鄙視流俗，與居民相處不睦。

他批評歷史上的名人，他說：「應該把荷馬從先賢名單中拖出來鞭打。」「博學多聞並無益於了解真理，否則赫西奧、畢達哥拉斯，以及贊諾芬尼斯（Xenophanes，下一節會介紹他的思想）、赫卡泰吾斯（Hecataeus，曾修訂安納齊曼德所繪製的世界地圖）這些人就不會那麼糊塗了。」

他的話以「晦澀」知名，有「出謎語的人」之稱。其中意思較清楚的有：「大多數人是壞蛋。」「屍體比肥料更沒有價值。」「驢子情願吃草，不要黃金。」「人們向神像禱告，就好像一個人和房子說話。」其中深具啟發性的有：「人的性格即是他的命運。」「理性是靈魂所獨具之物。」「我探究我自身。」在哲學史上，人開始注意自己的精神世界了。

宇宙萬物充滿變化，「萬物流轉不已」（panta rhei），他說：「你不能兩次把腳伸入同樣的河水中。」既然變化一直在進行，就表示必定有個「度量」，正如變化亦有變化的規則，而這規則是不變的。宇宙是一個整體，其中的萬物之所以恆在變化，是因為任何東西都向其對立面發展，不然就是對立物之間不斷在互相衝突，而最好的象徵是「火」。火的燃燒永不止息。

火不只是個象徵。赫拉克利特肯定萬物的始元是火，並且還有周期性的宇宙大火會消融

＊赫拉克利特名言

·如果幸福在於肉體的快感，那麼就應當說，牛找到草料吃的時候是幸福的。

·智慧只在於一件事，就是認識那善於駕馭一切的思想。

·一個人如果不是真正有道德，就不可能真正有智慧。

·人的性格即是他的命運。

一切為一。同時，萬物也有潛在的連貫性，由「度量」做適當的安排，其名為「邏各斯」（logos）。邏各斯與火，同樣遍在萬物之中。

首先，對立現象到處存在，但對立物在根本上是統一的。比如，海水對魚是純淨可飲而有益的，對人則污濁不可飲而危險；疾病使健康變得愉悅而美好，飢餓使飲食變得香甜，疲倦使休息變得可欲；在一個人身上，醒與睡、年輕與年老、生與死，皆為不可分離的對立物。

其次，萬物形成統一體。表面上是對立與變化，但底下則是統一的。像日與夜形成統一體，萬物形成統一體，神明（或邏各斯）與萬物也是統一體。朝某一方向的變化，勢必引發朝另一方向的變化，亦即對立物之間無休止的「衝突」，可以維持宇宙中的總量平衡。若無衝突，則世界立即毀滅。正如火一停止燃燒，立即熄滅。

然後，世界是一個「恆存的火」，其中有些部分轉化為世界的兩個成素：海洋與大地。世界的秩序即是火的度量：它被消耗多少，就再生多少。純粹的宇宙之火又稱「以太」（aither），充滿天空並圍繞世界。火依那統治一切的邏各斯或神的安排，通過氣而化為海洋，從海洋再產生天體、大地以及萬物。然後土再變水，水變氣再上升成火（天體是聚火的碗），如此循環不已。

那麼，人的情況如何呢？人有靈魂，靈魂由火組成，但它來自於由宇宙之火所產生的水，如果它再度回歸於水，則是死亡。因此，靈魂必須力求乾燥。人的清醒、睡眠與死亡，皆與靈魂中的火性程度有關（睡眠時，靈魂有一部分與宇宙之火隔絕，所以活動力降低）。有德者的靈魂在身體死時，不會變成水，而是依然活著去加入宇宙之火。病死者失去意識，化而為水；戰場上的死者鬥志昂揚，仍接近火。

在探討宇宙的始元與結構時，能夠推而至於說明人生應該何去何從，這無疑是「建構系統」的一個嘗試。自然學與倫理學首度在此相互聯繫。這種聯繫是否成功，則是另一問題。他看到宇宙變遷流轉的現象，卻能由「對立物的統一」來理解，而安排這一切的是邏各斯。「智慧在於理解邏各斯，明白萬物中安排之度量，使變化不會成為混亂。」「邏各斯」這個概念對西方哲學的影響是無法忽視的。

黑格爾（Hegel, 1770-1831）認為：深思熟慮的赫拉克利特創造了一個「完美的哲學開端」。尼采（Nietzsche, 1844-1900）則說：「赫拉克利特永遠不會過時。」

赫拉克利特

赫拉克利特軼事

赫拉克利特出身貴族，但不願為腐化的城邦修訂法律。他隱居在狩獵女神的廟宇附近，同小孩玩骰子。百姓群集拜訪他，他說：「你們這些無賴，有什麼值得大驚小怪的！這豈不比同你們一起搞政治更正當嗎？」

巴門尼德：區分現象與實在

在南義大利，除了畢達哥拉斯學社的克羅頓之外，還有一個哲學名城，就是埃利亞（Elea）。埃利亞學派的核心人物是巴門尼德（Parmenides, 514-？B. C.）。開創此派的可能是贊諾芬尼斯（Xenophanes, 570-475 B. C.），他是從伊奧尼亞的科羅風（Colophen，約於545 B. C.亡城）遷移到南義大利的。

贊諾芬尼斯是一位詩人，富於反省及批判的精神，對當時的宗教觀與神明觀提出異議。他主張「萬物為一」、「一為神」，是公開引起哲學與宗教之爭的第一人。

他抨擊習俗宗教中的神明，說他們不但與人類相似，還做出各種不道德的行為。「荷馬與赫西奧筆下的神明，會偷竊、通姦及相互欺騙，這些是在人間都被視為羞恥及應該譴責的作為。」「衣索匹亞人（Ethiopians）說他們的神是鼻似獅鼻、皮膚黝黑；色瑞斯人（Thracians）說他們的神是眼珠深藍、頭髮火紅。」「若牛、馬、獅有手，則馬將繪其神如馬狀，牛將繪其神如牛狀，並各自使神的身軀肖似自己的身軀。」

接著，他建構新的神觀：「只有單一的神，是諸神及人類中最偉大的，祂在身體與思想方面，與會死的人毫無相似之處。」「祂總是靜止於同一處，完全不動；在不同時間到不同地方去，對祂根本不宜；祂心中的思想可以毫不費力就撼動一切。」「祂全視、全思、全聞。」

他對神明的看法在當時具有革命性，但是他的自然觀依然擺脫不了時代的局限而有臆測之

＊贊諾芬尼斯

他是一位詩人，富於反省及批判的精神，對當時的宗教觀與神明觀提出異議。他主張「萬物為一」、「一為神」，是公開引起哲學與宗教之爭的第一人。

嫌。他認為：太陽循直線飛奔而逝，每日皆有新太陽產生，由海中水氣上升為雲所形成。日、月、星辰皆非神性，而有其生滅。地球曾為海所淹沒，也將再度入海，如此循環不已。

埃利亞學派的代表人物是巴門尼德，他兼具四種身分：詩人、先知、醫生與立法者。他自稱得到女神的啟示，著有《真理之路》與《俗見之路》。他以富於詩意的筆法，描寫自己來自無知的黑夜，在人群中孤寂地走著自己的道路：最後得到女神的教誨，覺悟了真理。

真理是什麼？在探索過程中，要避開兩個偏差的前提：一是「宣稱某物既存在又不存在」，二是「宣稱某物不存在」。這是什麼意思呢？比如看到花開花落，我就說「這花先是存在後是不存在」，亦即花在變化之中。這是矛盾的說法，因為理性與語言所把握的是每個當下的狀況，只有訴諸感覺才能看到變化，如此也就無法做任何判斷了。感覺不可靠，由感覺而感受到的變化也是虛幻的，只是俗見而已。其次，我們無法宣稱「某物不存在」，因為人不可能理解「不存在之物」。比如我說「獨角獸不存在」，這句話毫無意義，因為說「不存在之物不存在」，只是庸人自擾而已。畢竟誰能認識虛無，又對虛無做判斷呢？由這兩個偏差前提所展現的都是「俗見之路」，以為世間有各種二元對立的情況（如明與暗、重與輕……），畢達哥拉斯學社所列的二元對立表都是俗見。

因此，正確的探索前提是：宣稱某物存在。換言之，凡存在之物存在。「作為思想，與作為存在，是同一回事。」存在即是思想。

由這種前提可以演繹出以下結果：

一、否定了時間、虛空、多。存在為「一」，完整、充實而連續，非被造，不可毀，不變動，「存在之物存在」，此為永恆的現在（既無過去也無未來）；既無虛空的餘地，也無「多」可言。

二、實在界（Reality，指存在的一切）是一個不可分的、同質的整體。

＊埃利亞學派

核心人物是巴門尼德。開創此派的可能是贊諾芬尼斯。此派的觀點可以歸結為四點：(1)「存在」不應由非存在產生，因此實在界必須是永恆的「一」。(2)「虛空」並不存在，因此，在說明實在界時不可使用。(3)「多」不可能來自「一」，若有多，則它也須是永恆的。(4)「變動」不再被視為理所當然，由此必須說明感覺的有效性。

三、實在界是不動的，有限度的，如一球體。有限度才可穩定；如一球體，則其核心與每一面每一點皆可保持平衡。

在巴門尼德的真理之路上，顯然沒有必要去探索那充滿變化的自然界了。他肯定「存在」是單一的、永恆的，與思想一致的。但是，如果說存在有限度，則思想與有限度的物質世界如何一致？說它無限度，則無限度的物質世界又將如何被思想呢？「思想與存在一致」原則，確實會引發不少問題。

柏拉圖的對話錄中有一篇以「巴門尼德」為名，肯定巴氏為「偉大的」哲學家，因為他「確實觸及始元的深刻層次」。巴氏確實展現了人類思想的特殊性，對往後的邏輯、知識論與形上學皆有深刻的影響。

巴門尼德軼事

巴門尼德在詩中說：「女神親切地接待我，對我說：『走上這條道路你就可以學到一切：既有不可動搖的圓滿真理，也有不合真實信念的凡人意見。意見雖然不合真理，你仍然要加以學習，因為只有通過全面而徹底的研究，你才能克服幻象。』」

＊巴門尼德代表作

巴門尼德自稱得到女神的啟示，著有《真理之路》與《俗見之路》。他以富於詩意的筆法，描寫自己來自無知的黑夜，在人群中孤寂地走著自己的道路：最後得到女神的教誨，覺悟了真理。

齊諾：埃利亞學派的鬥士

齊諾（Zeno of Elea, 489-? B. C.）是巴門尼德的學生，據說他曾加入畢氏學社，也曾參與政治，反抗暴君，並以勇敢受刑不屈而知名。他全力護衛老師的思想，提出各種論證來駁斥「多」與「變動」，藉此使對手的說法顯得怪誕可笑。

首先，他認為主張「多」是荒謬的。

假設一物由許多「單元」組成，則這些單元有量積（size）嗎？單元若有量積，則將有「部分」而不再是單元；不僅如此，單元若有量積，則無限可分，成為無限大，而世界亦成為無限大。單元若無量積，則無論增減皆不改變其量積，則世界亦無量積可言，世界若無量積，則為無限小。這兩方面皆無法成立，所以一物不能由許多單元組成。「多」只是個幻覺。

進一步說，「多」在數目上必須同時是有限的與無限的。是有限的多，因為「多」必須可以計算，具有一定的數目。又是無限的多，因為任何兩物之間必有第三物使之分開，而此第三物又須分別與這兩物之間，還有第四、第五物使之分開，如此推到無窮。結論是什麼？同時肯定「多」之有限與無限，顯然是荒謬的。

其次，他要否定「變動」。若有變動（包括活動、運動、變化等），則它必定與時間、空

齊諾

間相聯繫。時間空間若為無限可分，則一個人不可能從運動場的一端跑到另一端；因為若要跑到另一端，則須先跑到全程的一半之處；若要跑到一半之處，又須先跑到起點與一半之處間的一半之處，如此永無止期。意思是：既然空間無限可分，則任何有限的距離都包含無限數目的點；那麼：在有限的時間中如何通過無限的點？依此可說，只要阿奇里斯（Achilles）讓烏龜先走一步，由於空間與時間皆無限可分，他就算是飛毛腿也永遠追不上烏龜了。

另一方面，時間、空間若是由不可分的微小點（minima）所組成，則有「飛箭不動」的問題。因為一物在空間中占一位置，則它為靜止，一枝飛箭在每一瞬間皆占一位置，所以它是靜止的。再看一個「移動行列」的問題。

　　AAAA
BBBB→
　　　←CCCC

假設有A、B、C三個單元所組成的三個行列，其中每一單元體積相等。A行列靜止不動，而B與C則依箭頭指示前進（見上圖）。那麼，當B的前端通過全部四個C時，卻只通過了兩個A，這不是很怪異嗎？

依此還可提出許多類似的問題，比如：變動需要虛空，但虛空存在嗎？一斗米落地會不會發出聲音？芝諾提出這些問題，目的是為了嘲諷那些主張「多」與「變動」的人，他的說法並非詭辯，而是提醒人們不能因為感覺到多與變動，就盲目接受那是真理。

巴門尼德還有一位學生，名叫梅利蘇斯（Melissus of Samos, 484-?B. C.），他認為實在界無始無終，永遠存在，因而必須是單一的，而體積也必須是無限的。虛空不存在，所以實在界無所限制。這個「一」或實在界，並非巴門尼德所說的「有限制、球形」，而是在廣延上與時間上皆為無限。不僅如此，「一」還必須是「非具體的」，因為單一者若有軀體，則將有組成軀體的部分，而不再為一。

希臘哲學至此已有明確的進展。在探討萬物始元時，伊奧尼亞學派從考慮「質料」（

＊齊諾名言

・運動的東西既不在它所在的地方運動也不在它所不在的地方運動。

・飛著的箭是靜止的。因為，如果每一件東西在占據一個與它自身相等的空間時是靜止的，而飛著的東西在任何一定的瞬間，總是占據一個與它自身相等的空間，那麼它就不能動了。

水、氣）開始，經過畢達哥拉斯注意到「形式」（數），赫拉克利特設法兼顧兩者（火、邏各斯），到了巴門尼德則將焦點置於「存在」上，這是由感覺提升到超感覺，並且建構了明確的一元論：只有「存在」存在，而沒有像「虛空、多、變動」之類的不存在之物。

後起的希臘哲學家必須認真回應埃利亞學派的觀點，再提出自己的見解。此派的觀點可以歸結為四點：(1)「存在」不應由非存在產生，因此實在界必須是永恆的「一」。(2)「虛空」並不存在，因此，在說明實在界時不可使用。(3)「多」不可能來自「一」，若有多，則它也須是永恆的。(4)「變動」不再被視為理所當然，由此必須說明感覺的有效性。

＊梅利蘇斯

他是巴門尼德的學生，認為實在界無始無終，永遠存在，因而必須是單一的，而體積也必須是無限的。虛空不存在，所以實在界無所限制。

齊諾軼事

齊諾問：「斗米落地會不會發出聲音？當然會。但是其中的一粒米或一粒的千分之一落地呢？不會有聲音。然而，斗米是由一粒粒的米或米的更小部分聚合而成的。若部分落地無聲，則由部分所合成的整體落地時，何以有聲？」

恩培多克勒：關注靈魂

愛智者的行列聚集越來越多的人才，他們各有所見，那麼如何調和不同說法並推陳出新呢？恩培多克勒（Empedocles of Acragas, 495-435 B. C.）是南義大利西西里島人，具有詩人、醫生、科學家、哲學家的身分，還有特定的宗教背景，亦即屬於奧爾菲教派（Orphism），他提出一種多元論（pluralism），藉以調和眾說。

由於巴門尼德認為實在界不能來自非實在界，多也不能來自原始的一，恩培多克勒依此回應並主張：原始的一並不存在，真正存在的是四個不同的實體（或實在界），它們各由四神所象徵，亦即火（Zeus）、氣（Hera）、土（Aidoneus）、水（Nestis）。這四者充塞宇宙，沒有虛空存在。它們稱為「萬物之根」，彼此不可化約。

萬物皆由這四大元素所組成，只是比例不同而已。一物之生與滅，是這些元素的組合與分散；變化其實是一種重新組合與交換。萬物的變化源於兩個動力，亦即「友愛」（Love）與「爭鬥」（Strife），這兩者也是終極的實在界。它們代表動力因，但仍具物質性。以上就是恩培多克勒所主張的「四根」與「二力」之說。這確實是多元論，或可稱為「六元論」。

哲學家在追求智慧時，總會設法說明宇宙與人生是怎麼一回事。

宇宙是個球體，它由於原始的四根二力而處在永不止息的循環周期之中。這種周期有四個階段：友愛統治期、走向爭鬥期、爭鬥統治期、走向友愛期。

＊萬物之根

指火、氣、土、水，這四者充塞宇宙，沒有虛空存在。它們稱為「萬物之根」，彼此不可化約。

在友愛統治期，火、氣、土、水四大元素融合混同，尚未分離去形成具體的萬物。此時友愛統治一切，而宇宙之整體稱為「幸福的神」。

接著，爭鬥之力出現，侵入球體，開始分化四大元素，這是走向爭鬥期。分化到極點時，友愛之力被掃除淨盡，成為爭鬥統治期。然後，第四階段來到，亦即走向友愛期。如此合而復分，分而復合，循環不息，無始無終。

他如此描寫最初的球體：在那兒「既沒有太陽輕快的羽翼，也沒有大地粗糙的山野，更沒有海洋的存在：在『和諧』緊緊覆蓋下，神明飛速穿梭其間，狀如圓球體，欣喜於自身循環無已的孤獨。」至於友愛與爭鬥這二力的活動，他說：「這表現於肢體的分合上。起初，一切肢體都屬於一個身體，在燦爛生命的高昂季節中，由愛力聚合而成。隨後，它卻被殘酷的恨力所分裂，各自徘徊於生命之海的碎浪邊緣。因此之故，植物與魚類在水澤中居停，野獸在丘陵上鑿穴，海鳥則以羽翼在空中翱翔。」

恩氏一再強調周期循環。他對宇宙萬物的解釋在我們看來大半出於想像，它的真正用心在於由此說明人類靈魂的淨化理論。

關於人的墮落以及人為了復原所需要的修行，在詩人品達（Pindar, 532-443 B. C.）介紹奧爾菲教派的作品中提及。恩培多克勒說得更為系統。

首先，是原始的純真狀態。最初只有愛與美之神（Kupris，亦即Aphrodite）在統治。既沒有戰神（Ares），也沒有爭鬥（Kudoimos），此時祭壇尚未被公牛的血所污染。

其次，出現原始的罪以及人的墮落。人的手沾滿鮮血，或者因爭吵而作虛偽的誓言，他從此「遠離了至福的生活，投生於各種形式的生死歷程中」。接著，是投胎（Incarnation）與輪迴（Transmigration）。恩氏說：「我曾經投身為男孩、女孩、灌木、小鳥，與海中的魚。」他當時尚無「地獄」觀念。以輪迴付出代價：直到懲罰結束才可回歸至福家鄉。

＊四根二力

萬物皆由火、氣、土、水四大元素所組成，只是比例不同而已。一物之生與滅，是這些元素的組合與分散；變化其實是一種重新組合與交換。萬物的變化源於兩個動力，亦即「友愛」與「爭鬥」，這兩者也是終極的實在界。它們代表動力因，但仍具物質性。這就是恩培多克勒所主張的「四根」與「二力」之說。這確實是多元論，或可稱為「六元論」。

最後，逃出生命之輪。在各種形式的生命中，人類位居最高；在人類中，「先知、詩人、醫生、王子」又位居最高。恩氏因而自視甚高，他說：「我在你們之間，已經不再是會死的人，而是一位不死的神明。」

恩氏的多元論不易自圓其說，但他的靈魂論則有承先啟後的作用。在荷馬，靈魂有如幻影；在恩氏，靈魂恆在輪迴；到了柏拉圖，就要分辨靈魂的內涵了。

恩培多克勒軼事

恩培多克勒為了讓人們相信他升入天堂並且尊他為神，就跳入埃特納火山口。但是他所穿的一隻拖鞋掉在火山口邊緣，被人認出來了。跳進火山口與升入天堂當然是兩回事，他的計謀沒有得逞。

＊宇宙循環周期

哲學家在追求智慧時，總會設法說明宇宙與人生是怎麼一回事。宇宙是個球體，它由於原始的四根二力而處在永不止息的循環周期之中。這種周期有四個階段：友愛統治期、走向爭鬥期、爭鬥統治期、走向友愛期。

安納薩格拉：提出「心智」概念

安納薩格拉（Anaxagoras of Clazomenae, 500-428 B. C.）的出生年代稍早於恩培多克勒，但他的哲學活動較晚為人所知，因此哲學史上通常會把他排在恩培多克勒之後。他的出生地也在小亞細亞沿岸，值得一提的是，他是把哲學引進雅典的第一人。他是雅典政治領袖伯里克里斯的朋友，後來因為公然宣稱「太陽是一塊熾熱的石頭，月亮則是一塊土」而被控以「不敬神」的罪名，他出走到郎普沙克（Lampsacus，在小亞細亞沿岸偏北之處），在那兒開班授徒，備受禮遇。他的遺願是每年在自己的忌日，可以給學生一個假期。

在蘇格拉底之前，安納薩格拉的理論是哲學家之中最受爭議的，對他理論的解說也最為分歧。

為了說明萬物的始元，他主張構成萬物的「質料」有兩個特點：⑴同質體（Homoeomereity）原理，亦即一個自然物的部分與它的整體無異，就像一塊黃金的每一部分都是黃金；⑵萬物皆含有萬物的部分，亦即一塊黃金也須含有一切非黃金的因素。這兩種說法究竟是什麼意思？

首先，沒有創生與毀滅，因為一切都是恆存質料的結合與分散。一物之部分與其整體同質，則它就是非派生的與根本的，亦即此物不是由別的異質物所構成。他問：「毛髮為何來自非毛髮，肉為何來自非肉？」因此，他不贊成只有「四種」（水、氣、火、土）質料，而是應該有無數的質料，稱為粒子或「種子」。

起初，一切種類的粒子都混合為一，「一切都在整體之中」。只是當某些原始粒子聚集而形成某種個別物體凸顯出來時，就成為吾人經驗的對象。以黃金為例，在最初的混合物中，黃金的粒子散布各處，並與其他所有的粒子混合為一。然後，當黃金的粒子聚集到占有比例上的優勢而凸顯為可見的物體時，就成為我們所看到的黃金了。他主張「在每一物中，皆有其他萬物的成分」，因為如此才可解釋「變化」這個事實。比如，牛吃草，卻長肉，就表示草中必有肉的粒子，否則「肉怎能來自非肉？」

這種觀點既可以支持巴門尼德所謂的「存在不能來自非存在」，也可以說明「變化」的部分事實。但是粒子或種子之說有些費解。原始的混合物包含一切種子在內，但種子是否可分？種子若不可分，如何與其他種子混合？種子若是可分，則說它是某種種子又有何意義？人靠感覺掌握變化，但是「由於感覺軟弱無力，我們無法辨別真理」。感覺與思想難免有其矛盾：「由於雪是凝結的水，而水是黑的，所以雪也是黑的。」把水看成黑色，可能源自觀察海洋。這一點與中國古代五行中以水代表黑色，倒是不謀而合。但是，把雪說成黑色，則顯然有違視覺經驗。

安納薩格拉在哲學史上讓人驚艷的，不是上述質料觀，而是他提出了「心智」（nous, mind）概念，以此說明最初質料藉以形成萬物的「力量」。「心智」對萬物有全部的知識，也有最大的力量。它控制一切有生命之物，也安排萬物在其適當位置，包括宇宙的運轉模式。「心智」是萬物中最精緻的與最純粹的，它絕不與萬物相混，但又臨在（present）於萬物之中。安氏努力想像及描述「心智」為非具體的存在物，但是當時的哲學界仍以「在空間中具有廣延之物」為實在界的唯一判準，如此則不易說明「心智」是什麼。

「心智」啟動了萬物混合體的運轉，然後就由純粹機械的因素接手了。蘇格拉底對安氏提

＊重要觀點

安納撒格拉主張「在每一物中，皆有其他萬物的成分」，因為如此才可解釋「變化」這個事實。比如，牛吃草，卻長肉，就表示草中必有肉的粒子，否則「肉怎能來自非肉？」

出「心智」來說明變動之力，非常佩服，但是後來失望了，因為，「他並沒有把萬物秩序化的動力因畫歸心智，而畫歸於氣，以太、水，以及一大堆奇怪的東西」。亞里斯多德為此發明了一個術語，他批評安氏把「心智」當成「解圍的神明」（deus ex machina），在說明世界形成時加以利用，但是此後就棄而不顧了。無論如何，「心智」（在此是指宇宙性的大心智）因此上場，與「質料」搭配起來說明萬物。這種二元論確實別開生面，啟發了後續的哲學家。

安納撒格拉軼事

在解釋萬物始元時，安納薩格拉是第一個提出「心智」概念的人，意思是宇宙有一個超級心智在主導及安排，使萬物顯示合理的秩序。然後，人類若能適當認識這個心智，就可以找到生命的意義。但是他並未繼續發揮這種觀點，讓蘇格拉底深感失望。

德謨克利特：用想像力探知世界

希臘哲學家從泰勒斯開始，思考的主軸是從「質料」或「物質」的角度去理解萬物。這一路線集其大成於一個學派：原子論（Atomism）。此派的創始人是路其布斯（Leucippus of Miletus），不過他的作品與弟子德謨克利特（Democritus of Abdera, 460-? B. C.）的混同難辨，所以通常就以後者代表此派思想。

德謨克利特是百科全書式的作家，作品內容涵蓋了物理學、數學、技術、音樂、倫理學，他完成了古代第一個唯物論系統。

針對埃利亞學派（以巴門尼德為代表）之否定虛空與變動，原子論認為：虛空存在，並且變動是眾多真實存在的粒子之聚散與分合。換言之，不可分割的粒子在虛空中活動。此粒子即是「原子」（atom，希臘文原指「不可分割者」）。

針對恩培多克勒與安納薩格拉皆以粒子的聚散說明變動，但仍否定虛空存在，原子論認為：虛空存在，而原子是完全同型的質料，亦即「多」仍有「一」的性質：同質、恆存、不可分割、無內在變化。原子數量為多，但性質為同一的。

「原子」不可分割，其數目無限，其形狀亦為無限，分散在「虛空」中。凡無原子之處，即是虛空。原子在質料上相同，但在排列及形狀上各不相同。物體由原子組成，它們之間「性質」的差別全是數量的及位置的差別。

＊德謨克利特名言

．不愛任何人的人，據我看是也不能為任何人所愛的。

．對可恥行為的追悔是對生命的拯救。

．連一個高尚朋友都沒有的人，是不值得活的。

原子有何作為呢？原子的重量，即是他朝某一方向活動的「傾向」。任何物體都是原子與虛空的組合，虛空無重量，重量來自原子。由於原子堅實而同質，所以重量依其體積大小而定。同樣體積的物體，若是重量不同，則是因為其中所含的虛空多少不同。原子的初性是：只有體積與形狀之不同。原子的互動來自彼此的碰撞與反彈，其最初原因是原始的散亂之動。原子的「重量」只有在一渦輪式的運轉中，並在一已發展成的世界中，才顯示為傾向核心的現象。

由於原子與虛空皆為恆存，所以互動是可能的；最初，形狀不規則的原子在虛空中處於不均衡狀態，所以開始了動。後續的動則是原子碰撞之後的反彈效應。碰撞發生之後，形狀相適宜的原子暫時連結，不再反彈，直到出現具有某種性質的可見的物體。原子連結而不融合，以保持自身的形狀與個體性。兩個組合物體碰撞之後，原子各自回復原狀。促成原子組合的，除了最初的形狀之外，後續還有體積、位置與次序。

萬物皆由原子與虛空組成，那麼人呢？人的身體有感覺能力，而所謂感覺是由人的官能與其對象，各自派出原子再互相碰觸造成的。靈魂是球形原子組成的，因為球形最能動也最有穿透力。心智是靈魂原子的集中體。思想的過程與感覺的過程相似，亦即由外在原子來引發心智原子的活動。不過，球形原子有活動力，也可能出現自發的思想。既然都是原子與原子接觸，所以人的知識最多只是「真實的」意見而已，沒有什麼真理可言。

德謨克利特的學說把古代的唯物論「傾向」發展完成。他把靈魂也看成原子，這在建構系統上維持一貫，但是如此一來，人生應該何去何從？他為此提出了一些倫理學觀點。

比如，人必須認清自己與生俱有的欲望與能力，對獲得物質與承擔責任，都要小心謹慎，不多得也不少取。「人們只有通過有節制的享樂，過一種寧靜的生活，才會得到一種精神上的愉快。」「愉快的人，總是想做正義的與合法的事，無論醒著或睡著，他都快樂，無所懼也無

＊德謨克利特名言

・身體的有力和美是青年的好處，至於智慧的美則是老年所特有的財產。

・智慧有三果：一是思慮周到，二是語言得當，三是行為公正。

所憂。」「幸福不在於擁有牲畜或金子；靈魂是一個人的精靈（包括善的命運與惡的命運）之居所。」

從唯物的原子論所引發的這些做人原則，似乎不易禁得起檢驗。試問：靈魂各不相同，上述這些主張如何讓不同的靈魂理解？不照這些主張去生活，又會對靈魂原子產生何種負面效應？然而儘管各種質疑層出不窮，原子論依然吸引了後起學者的興趣。他代表了蘇格拉底之前希臘哲學的一大綜合成果。

德謨克利特軼事

他主張唯物論，但仍談論神靈。他說：「神靈永遠給人一切好的東西。他們從來不給人壞的、有害的與無用的東西。是人們自己，由於自己的盲目和無知，去迎接這些壞東西。」

＊重要觀點

德謨克利特提出一些倫理學觀點：「人們只有通過有節制的享樂，過一種寧靜的生活，才會得到一種精神上的愉快。」「愉快的人，總是想做正義的與合法的事，無論醒著或睡著，他都快樂，無所懼也無所憂。」「幸福不在於擁有牲畜或金子；靈魂是一個人的精靈（包括善的命運與惡的命運）之居所。」

普羅塔哥拉：相對主義

希臘哲學初期的探討主軸是自然界的起源、性質與變化，到原子論形成一個唯物論系統而告一段落。在這期間也有嘗試說明人的靈魂與心智作用的，但都仍屬於素樸階段，若非具有濃厚的宗教色彩，就是未能與物質做明確的區分。

從物質觀點不足以說明兩個問題：⑴自然界有無目的？⑵人的生命有無特定價值？因此，當安納薩格拉以「心智」說明萬物的變動時，似乎指出了上述兩個問題的解決方向，但是他沒有朝這個方向走下去，也因而使稍後的蘇格拉底深感失望。在蘇格拉底準備上場時，希臘其實已有一批學者轉移了焦點，專門注意人類的問題。

希臘城邦林立，各個城邦在政治制度、法律規範、社會風氣方面皆有明顯差異，加以宗教信仰漸受質疑，科學知識開始流行，理性思考的要求日益高漲。有一些見多識廣的人周遊於城邦之間，自以為看清了真相，把握了真理，於是逞其口才，以教授修辭、演說、辯論為業，並收取高額學費。當時的人稱之為「智者們」（the sophists）。這個名稱的字源是「智慧」（sophia）。由於「哲學」一詞的原意是「愛智」，哲學家即是愛智者。因此在中文譯名上，不宜稱之為「智者學派」或「哲人學派」，最好稱之為「辯士學派」。

此派代表人物是普羅塔哥拉（Protagoras of Abdera, 481-411 B. C.）。他的創舉包括：分辨動詞時態、設計辯論方法、使用反詰法、反駁既定命題、剖析說話類別（如提問、回答、願望、命令等）。他最常被人引用的名言是：「人是萬物的尺度。」（Man is the measure of all things.）接著還有：「他看起來存在的事物就是存在，他看起來不存在的事物就是不存在。」

關於這句名言的解釋，產生不少歧異。比如這兒所說的「人」，是指人類還是個人？若指人類，則過於空泛，因為即使一個團體中的眾人也不易建立共識，又如何找得到這樣的「尺度」？若指個人，則個人與個人對同一物的看法不同時，又該以什麼為尺度？

並且，所謂「看起來」顯然側重於感覺，那麼個人主觀的印象可以代表客觀的真理嗎？如此一來，每一個人都是他自己的真理的標準。那麼還有什麼真偽可言？一切說法都淪為相對的，進而可以相互懷疑了。

這種觀點會削弱人們對傳統與道德的信念。普羅塔哥拉對神明的看法是：「關於神明，我們一無所知。既不知他們是否存在，也不知他們形象如何，阻礙我們獲得這類知識的因素很多，比如對象太過模糊，與人生太過短促。」信仰可以暫置一旁，但是對道德規範卻必須有個明確立場。試問：我們為什麼要有德行？普羅塔哥拉以教師為業，他所教導的怎能完全迴避德行問題？

他認為自己所教導的是「政治的技藝」，要使人成為「好公民」：「在私事方面如何能把家庭料理得井井有條，在公事方面如何能在言語及行動上對城邦產生最大的影響。」換言之，好或壞，善或惡，其判斷標準何在？不在於個人有無德行，因為關於德行也無法判斷，而在於行為的「效果」大小。即使就行為的效果來說，在不同時代與不同社會，也都有不同的判斷方式。普氏不得不說：「一方面某些人比其他人更聰明，但另一方面沒有人的想法是錯的。」

即使難以自圓其說，普氏依然主張：德行是可教導的，否則懲罰惡人將是不合理的。他這時訴諸神話寓言：普羅米修斯（Prometheus，為人類盜火的神）賜給人類智力與火種；宙斯賜給人類「敬意與正義」，使人類城邦不致毀滅，並維持對諸神的祭獻。既然如此，人類行善避

＊辯士學派

此派是由幾位作風相近的學者所組成，他們並無一致的觀點，但是對當時希臘的宗教觀與道德觀形成相當大的挑戰。他們有明顯的懷疑主義傾向，側重個人的、主觀的、自我中心的想法，因而對社會秩序與法律是一大威脅。此派為修辭學的創立者，肯定理性思辨的重要性，引發對倫理學的深入探討。代表人物是普羅塔哥拉。

惡是應該的。

柏拉圖對話錄有一篇名為「普羅塔哥拉」，他把這些辯士說成「販賣精神雜貨的店東」，還借蘇格拉底之口說：「讓希臘人知道你是一個辯士，難道不覺得可恥嗎？」柏拉圖有他這樣說的理由，不過辯士學派對一般希臘人而言，未必沒有啟蒙之功。

普羅塔哥拉軼事

他對一個學成辯論術之後不肯交學費的學生說：「我到法院告你。法官判我勝，則依法官裁決；法官判你勝，則依我們的合約。無論結果如何，你都要付我學費。」學生倒轉他的論證標準，說：「無論如何，我都不必交學費。」

＊創舉

普羅塔哥拉，他的創舉包括：分辨動詞時態、設計辯論方法、使用反詰法、反駁既定命題、剖析說話類別（如提問、回答、願望、命令等）。

高爾吉亞：否定存在真理

高爾吉亞（Gorgias of Leotini, 483-？B. C.）列名於辯士學派，但是他的觀點與普羅塔哥拉大不相同。「依普羅塔哥拉所說，則一切看法都對；依高爾吉亞所說，則一切看法都錯。」他的主張不只是一切看法都錯，而是更令人驚訝的。

他提出三句論斷：⑴無物存在。⑵即使有物存在，也無法被人認識。⑶即使可以被人認識，也無法告訴別人。

先說「無物存在」。若有一物，則它或是存在，或是非存在，或是既存在又非存在。

一、它若是存在，則它或是永恆的，或是化生的，或是既永恆又化生的。

它若是永恆的，則無起始，因而是無限的，並且因而不在任何地方，所以不存在。它若是化生的，則它或在存在中化生，或在非存在中化生；前者不必要而後者不可能。它若是既永恆又化生的，則為相互否定，因此，無物存在。

二、它若是非存在，則非存在不存在。若是非存在存在，則存在就不存在了。存在不存在不可能，所以非存在不存在。

三、它若是既存在又非存在，則一為二，二為一。存在不能是一也不能是多。若是一，則不論它是數量、連續、大小、物體，皆為可分，亦皆為多。若是多，則多由一組成。因此無一亦無多，最後還是無物存在。

＊高爾吉亞名言

．告訴別人，要使用語言。語言不是全體，也不是存在物，所以我們告訴別人的是語言，而不是存在物。

我們很難設想高爾吉亞真正相信無物存在。除非他是惡作劇，故意賣弄文字修辭的技巧，不然較為合理的解釋是：他應用埃利亞學派（如齊諾）的辯證法，來證明埃利亞學派自相矛盾。無論如何，他後來放棄了哲學，而自稱修辭家。

再說「即使有物存在，也無法被人認識」。由於認識是思想在運作，所以高爾吉亞以「思想」來說明。

一、如果被思想之物不是存在物，則存在就不能被思想。

二、如果被思想之物是存在物，則只要有人能思想它們，它們便存在。如此一來，一切謊言與妄想都將存在了。

三、如果存在被思想到，則非存在便不能被思想到。但是人們思想到種種怪獸與女妖，所以存在是不能被思想到的。

既然思想無法接觸到存在，我們又怎能認識任何東西呢？

最後，即使有物存在，也能被人認識，但是「即使可以被人認識，也無法告訴別人」。理由是：符號與所標示之物不同，無法互相替換，如何可能把它告訴別人？比如，耳朵聽到的是聲音而不是顏色，那麼如何能用言語傳達對顏色的認知呢？言語與可見之物、可聽之物皆不同質，不可能加以傳達。

如果順著這種思路，我們不妨再加上一句：「即使可以告訴別人，別人也無法理解。」世間之人皆用言語溝通，但是誤會的情況比比皆是。高爾吉亞提出了問題，但是沒有找到合理的答案。因為依他所說，他的教師工作不是自欺欺人嗎？

辯士學派也許可以服人之口，但無法服人之心。他們對許多問題常有一針見血的看法，但難以形成完整的系統。比如，普洛底各司（Prodicus）認為：害怕死亡是不合理的，因為人在生時，死亡未到；死亡來時，人已不在。他還提出著名的「宗教起源論」：太古時代的人崇拜

＊三句論斷

高爾吉亞提出三句論斷：(1)無物存在。(2)即使有物存在，也無法被人認識。(3)即使可以被人認識，也無法告訴別人。

日、月、河、泉、果實等對人類有用之物，因而奉之為神。後來農業、製酒業、金屬業等技術漸受重視，那些發明家就被尊奉為神，結論則是：「祈禱無用。」

總之，辯士學派是由幾位作風相近的學者所組成，他們並無一致的觀點，但是對當時希臘的宗教觀與道德觀形成相當大的挑戰。他們有明顯的懷疑主義傾向，側重個人的、主觀的、自我中心的想法，因而對社會秩序與法律是一大威脅。此派為修辭學的創立者，肯定理性思辨的重要性，引發對倫理學的深入探討。蘇格拉底能在此時登上歷史舞台，也與此派有關。

高爾吉亞軼事

他認為想像不等於真實，「不會因為我們想像一個飛行的人或一輛在海上飛馳的車，便真有一個人在飛或一輛車在海上飛馳」。他如果活到今日，就會知道想像是有可能變成真實的。

蘇格拉底（一）：得到神諭的道德哲學家

蘇格拉底（Socrates, 469-399 B. C.）是雅典人，從他開始的師徒三代，就是加上柏拉圖與亞里斯多德，都在雅典從事哲學探討，自此改寫了哲學史，使雅典成為西方哲學的聖地，像是發出光明的象牙塔，永遠照耀著西方人的心靈。

蘇格拉底年輕時，正逢時代思潮的轉變關鍵，就是由自然學轉向人類自身的問題。他先是研究自然學，熟知各派宇宙觀，直到安納薩格拉提出「心智是一切自然法則與秩序的原因」，才使他滿懷希望，希望安氏繼續說明「心智」如何繼續運作來安排萬物的目的。他對此失望之後，開始進行自己的探究，他說：「我的朋友不是城外的樹木，而是城內的居民。」他研究人類社會，熟知辯士學派的觀點，甚至因為自己常與人辯論而被視為辯士之一。他當然不是。

他關心人的幸福問題，當時雅典與斯巴達經歷了長達二十七年的婆羅奔尼撒戰爭（the Peloponnesian War, 431-404 B. C.），他曾參與此戰，擔任全副武裝的步兵，以勇敢為人所知。身為雅典公民，他也承擔政治義務，並曾因為當權者的不義作為而陷入困境。雅典戰敗之後，國勢由盛而衰，對廣大民眾而言，人生的意義與目的何在？逐漸成為日常的話題。蘇氏認為，若想善度此生，必須要有德行；為了實踐德行，必須先知道何謂德行。他每天在公眾場所與人談話，主題大都環繞著「德行的定義」，刺激人們去思考道德的相關概念，從而覺悟德行的真諦，找到人生的幸福。

＊蘇格拉底名言

．我只知道一件事，那就是我什麼也不知道。

．人類最大的幸福就在於每天能談談道德方面的事情。無靈魂的生活就失去了人的生活價值。

他的獨特言行受到作家的注意，喜劇家阿里斯多芬（Aristophanes）在《雲》劇中描寫他「在吊起的籃子內盪來盪去，聲稱自己在空中行走，並且滿口胡言亂語」。他的外表是後中年的造型：身材略胖、頭髮半禿，「蹲在那裡像個酒桶，走起路來像隻水鴨」；他的一個學生還說他像是希雷努斯（Silenus，希臘神話中半人半獸的森林之神）。但是一旦聆聽他的談話，有心上進的年輕人就會被他的睿智所吸引，從之而不能去，柏拉圖就是最好的例子。

蘇格拉底沒有留下片紙隻字，後代的人認識他，主要是因為柏拉圖。柏拉圖的早期對話錄中，常以蘇氏為主角，其中不少是有事實根據的。比如，《自訴》所記載的，是蘇格拉底受人誣告而在法庭上為自己所做的辯護。一個熱心的學生去戴爾菲神殿（Delphi）求籤，希望知道在雅典有誰比蘇格拉底明智，結果答案是沒有。蘇氏表示謙虛，為了證明神諭有錯，就帶著一批年輕人到處拜訪一般大眾心目中的明智者。他請教了政治人物、作家、工藝家，最後發現他們並非真正的明智，因為未能了解人生真正的目的何在。他下了一個結論：「神說我最明智，因為只有我知道自己無知。其他的人連自己無知都不知道。」他在到處訪談的過程中，得罪了許多有權有勢的人。他在七十歲那年被人控告，罪名是：「蘇格拉底作為不當，他不信奉城邦所信的神明，而引進其他新的神靈。他還敗壞青年德行，罪該處死。」

所謂敗壞青年德行，是指青年聽了蘇氏的言論之後，不再盲目服從權威，開始勇於思考而言。至於不信城邦中的神明，這一點在蘇氏之前已有不少人對習俗宗教提出過類似的質疑。比較特別的是：他引進了什麼新的神靈呢？

蘇氏說：「我心中有一種神聖的與超自然的感應。這種感應……從我童年時代已經開始，像是一縷聲音，每次聽到時，它總是阻攔我去做我準備要做的事，而從來沒有一次慫恿我去做任何事。」這是蘇氏的精靈（daimon），有如良心的呼聲，總是勸他「不要」做錯誤的事。

他在《自訴》中，表白自己的志業，就是要奉行神旨，「只要我一息尚存，體力未衰，我

＊蘇格拉底名言

．真正高明的人，就是能夠借重別人的智慧，來使自己不受蒙蔽的人。

．我們的需要越少，我們越近似上帝。

．男人活著全靠健忘，女人活著全靠牢記。

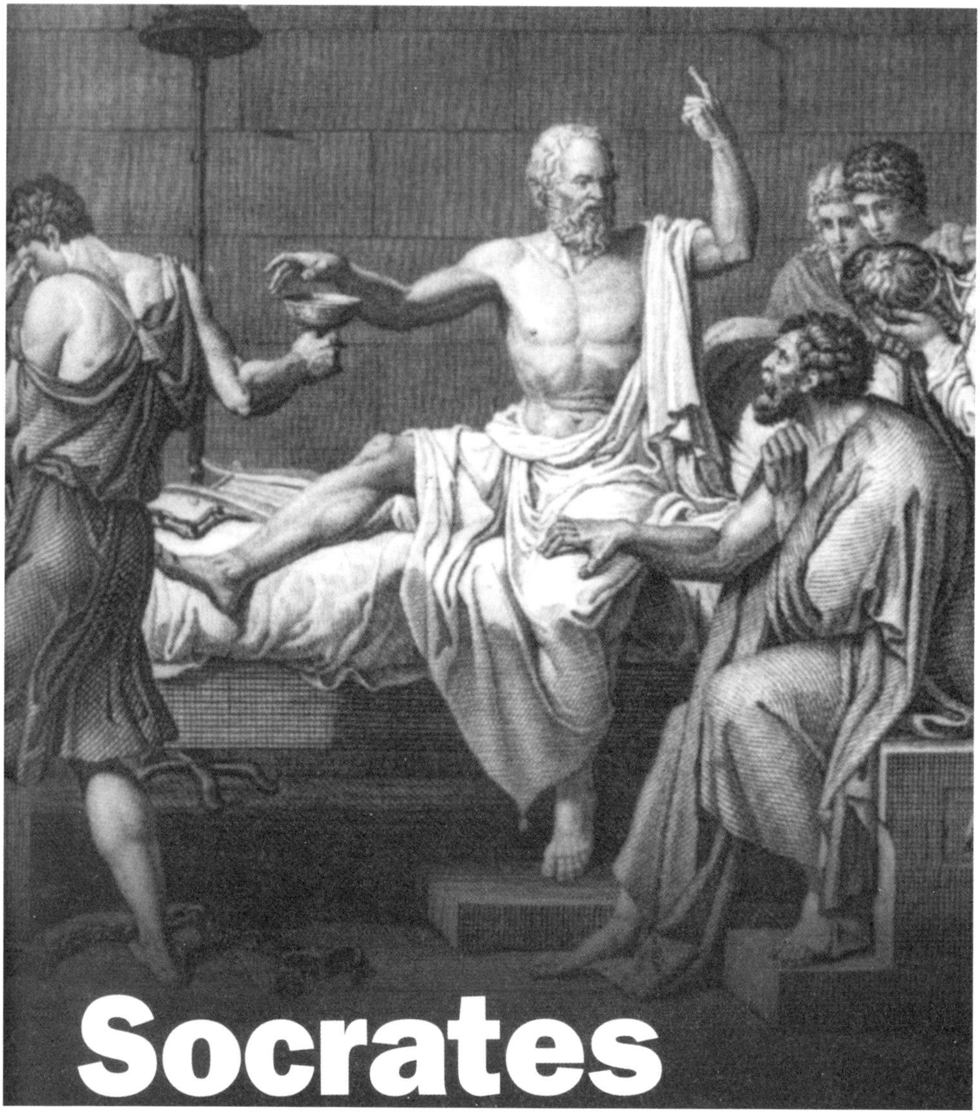

蘇格拉底

*《自訴》

蘇格拉底沒有留下片紙隻字，後代的人認識他，主要是因為柏拉圖。柏拉圖的早期對話錄中，常以蘇氏為主角，其中不少是有事實根據的。《自訴》所記載的，是蘇格拉底受人誣告而在法庭上為自己所做的辯護。《自訴》是現存柏拉圖對話錄的第一篇，是了解蘇格拉底人生理想的必讀材料。

是不會放棄哲學的探究的。我要不斷勸勉大家，每回碰見諸位中任何一人時，我會向他陳述我經常發表的見解：『朋友，你是雅典公民。雅典是最偉大的城市，以智慧與強盛馳名遠近。可是你只顧在盡量多賺財富和博取名聲方面用心，而對於內心的修養和真理，以及怎樣使靈魂完善等問題，都是漠不關心，難道你不感到羞愧嗎？』」這句話擲地有聲，它可以對雅典人說，也可以對所有的人說。

蘇格拉底軼事

蘇格拉底經常在外與人聊天，有一次太晚回家，妻子對他大發牢騷。他轉身奪門而出，妻子由後面潑來一盆冷水，他說：「我知道雷鳴之後必有大雨。」有人認為蘇格拉底是這位妻子所造就的哲學家。

蘇格拉底（二）：真理的助產士

如果要求人們行善避惡，首先必須對善惡有清楚的定義，然後再說明為何行善避惡是人生幸福所在。

在柏拉圖的對話錄中，蘇格拉底最常用的手法是：請談話對方界定他所使用的「概念」有何意義。在這個過程中，逐漸形成了「歸納法」與「辯證法」。歸納法是由個別事例推到普遍定義，比如由某些勇敢的行為可以推知勇敢的本質。通常人們按約定俗成的方式使用許多概念，現在必須仔細思考自己真的知道自己在說什麼嗎？辯證法則是由談話雙方的不同觀點，有如正方與反方，經由相互補充修正而抵達較完整也較正確的看法，亦即合方。

蘇格拉底自認為無知，所以他扮演助產士的角色，總是藉由對話幫助別人自己覺悟真理。這些真理未必可以清楚表述，但是如果不曾認真探索，人生豈非迷迷糊糊？他說：「沒有經過檢驗的人生，是不值得活的。」這句話成了千古名言。一個人若是不先知道何謂德行，他如何可能實踐德行？真知才有恆久的行為表現。這是著名的「知識即德行」之說。

比如，一個人不明白虔敬的意義，他也許偶爾會有虔敬的作為，但是一遇考驗就難以堅持下去了。這種觀點稱為倫理學上的「主知主義」（Intellectualism），知道何謂德行，才有可能真正實踐德行。基於這樣的觀點，蘇格拉底最關心人的道德問題，他認為自己身負一大使命，就是要說服眾人：「追求德行與智慧要先於追求個人的利益，謀求城邦的正義要先於謀求城邦

＊蘇格拉底名言

·沒有經過檢驗的人生，是不值得活的。

·一個人必須知道何謂「美善的生活」，然後才能有「美善的言行」。

·我非智者，愛智而已。

的利益。」只要明知一事為惡，就不能以任何理由去做。那麼，面對好人受苦而壞人享福的情況，又該如何思考？

蘇格拉底說：「一個正義的人，即使遭遇貧困、疾病或其他看來不幸的事，到頭來總會轉禍為福，不在生前就在死後。因為一個全心追求正義的人，一個盡全力實踐德行以求與神明相類似的人，神明絕對不會對他置之不理的。」這是柏拉圖在《理想國》借蘇氏之口所說的一段話。

既然如此，我們不是應該先了解神明對善惡所定的判斷標準，以便作為行動的指南嗎？這時蘇氏對習俗宗教採取了批判立場，試問：一件善行是因為神明喜歡而成為善行嗎？或者，一件善行因為本身為善，所以神明「依其本性」必須喜歡？蘇氏肯定後者。接著要問：人如何判斷一件善行「本身」為善？亦即：德行是否可以經由教導而學會？答案應該是肯定的。蘇氏到處與人談話，就是為了這個目的。

那麼，蘇氏自己如何知道何謂善行？在年輕時他先接受傳統的教育，依城邦的法律與信仰而生活；到了能夠獨立思考時，就依可以公開表達的理性談話與他內心所珍惜的精靈之聲這雙重標準來判斷。因此他是少數知道人生目的的人。

他被人誣告並經由公開的審判程序，而被判處死刑。關於死亡，他的看法是：「死亡很有可能是件好事。它必定屬於下列兩者之一：或者它是一種滅絕，而死者不再有任何知覺；或者像流行的說法那樣，它是一種變動，靈魂從這裡移居到別處。」若是前者，則死亡有如無夢的安眠，有何不好？若是後者，則死亡讓人的靈魂解脫，可以自由拜訪古代賢哲，豈不更佳？這是他在公審會場上的說法，等到在獄中飲下毒酒即將死亡的那一剎那，他對好友克利多（Crito）說：「別忘了，我還欠醫神阿斯克勒表斯（Asclepius）一隻雞！」向醫神獻雞，是病人療癒後的還願之舉。蘇格拉底的意思是：人活著有如患病，死亡有如痊癒，所以要為此而酬

＊歸納法　辯證法

歸納法是由個別事例推到普遍定義，辯證法則是由談話雙方的不同觀點，有如正方與反方，經由相互補充修正而抵達較完整也較正確的看法，亦即合方。

神。人生的目的在於追求真理、實踐德行，契合神明所要求的境地。

柏拉圖從二十歲開始追隨蘇氏八年，他認為自己一生最大的幸運即是「生在蘇格拉底的時代」，他對蘇氏的評價是：「他是我們所知同時代的一切人之中最善良、最明智、最正直的人。」蘇格拉底的言行表現，自此成為西方哲學家的典型：能夠實踐自己所相信的真理。

蘇格拉底軼事

蘇格拉底的母親是助產士，所以他對接生孩子頗有概念。他經常在談話中使對手陷入困境而發覺自己無知，再讓對手自行領悟真理。他說：「我只是個助產士，幫助別人生出智慧的胎兒。」

＊《理想國》

《理想國》是希臘哲學家柏拉圖的作品。它以蘇格拉底為主角，採用對話體的形式，以詼諧、生動有力的文字，在對話與討論何謂正義的過程中，提出理想的社會應是一個組織嚴謹的城邦，在此城邦中，人民各有所事而不過問他人，也無政治權力，而治理這個社會的是理性最強的哲學家君王。

柏拉圖（一）：博學的雅典貴族

柏拉圖（Plato, 427-347 B. C.）出身雅典的名門望族，一生未婚，享年八十。自幼接受雅典青年最完備的教育，熟悉文化的各種類型與成就，諸如悲劇、喜劇、詩篇、科學知識、社會思潮等，奠定了他日後撰寫《對話錄》的紮實基礎。二十歲以前，他是個文藝青年，但是自從在街頭聽過蘇格拉底的談話之後，矢志探索真理，要做個愛智者。

他在七十五歲時所寫的〈第七封信〉中，表白自己的心路歷程，如何從關心政治轉向研究哲學。「我於是不得不讚美真正的哲學，宣稱只有她能使人分辨在城邦中以及在個人生活中，什麼是正義。因而一代一代的人不可能禁絕罪惡，除非是讓一批真正的哲學家擁有政治上的權力，不然就是讓擁有政治權力的人，藉著神明的恩賜而成為真正的哲學家。」

蘇格拉底去世時，柏拉圖二十八歲，此後十二年間他在各地旅遊，一度曾想在義大利西西里島的西拉克斯（Syracuse）實現他培養哲學家君王的心願，但無功而返。四十歲時，他在雅典近郊紀念英雄阿卡得牧斯（Academus）的神殿附近，建立了「學院」（Academy），這是歐洲第一所大學，自此存續九百餘年，到西元五二九年才關閉。

學院中的研究領域除了哲學，還有各種輔助的學科，如數學、天文學、自然學等。學院的成員要參加公開的繆思神崇拜儀式，學生並不限於雅典人，也有來自其他城邦的，如亞里斯多德來自馬其頓。學院入口處懸掛一句名言：「不懂幾何學的，請勿入我門。」在此，幾何學除了代表抽象能力，要人暫時抽離對世俗的掛慮之外，也蘊涵了品行端莊的意思。柏拉圖強調的是以科學態度追求真理，目的在於培養真正造福百姓的政治家。學習的科目，以哲學總其成；但是先修學科包括數學、天文學、和聲學等，都要以客觀而不計利害的精神去學習。柏拉圖相信公職生活的最佳訓練，不是為了使人能言善道或精明幹練，而是養成客觀的求真心態，進而成為有原則、有理想、有勇氣、有熱忱的政治家。

柏拉圖留給後人的著作以《對話錄》為主，目前保存較為可信的有二十六篇，加上第七、第八兩封書信。希臘哲學家之中，他是第一位留下較多資料，可供學者做全盤研究的。更重要的是，他的思想在「澄清概念、設定判準、建構系統」三方面都有傑出的表現，因而可供後人取法者甚多。

依《對話錄》為準，柏拉圖的思想分為四期：

(1)蘇格拉底影響的時期。如《自訴》、《克利多》、《歐息弗洛》等，都是以蘇氏為對話主角，並且頗有寫實的意味。後人對蘇氏的認識大都取材於此。這些對話錄中，對各種德行皆設法澄清，如《拉克斯》討論勇敢，《利西斯》討論友誼，《查米德斯》討論節制。

(2)轉變的過渡時期。有《高爾吉亞》討論苦樂，《美諾》討論靈魂與回憶，〈歐息德木〉與《克拉提路斯》討論語言問題等等。

(3)思想成熟時期。《饗宴》討論愛與美，《費多》討論靈魂不死，《理想國》討論理想城邦的建構，在本篇結束時，蘇格拉底說：「也許它有一個模型安置在天上，讓那願意瞻望的人去沉思。但是它現在就存在或者將來才存在，並沒有什麼差異。」人們還是應該依據它的法則來安排自己的生活。還有《費德魯斯》討論愛。

(4)完成體系時期。柏拉圖先是對埃利亞學派與辯士學派提出批判，藉以建立自己的論證方法。《巴門尼德》、《菲勒布斯》、《辯士》、《政治家》屬於此類。另外，《泰提特斯》

＊《對話錄》

柏拉圖留給後人的著作以《對話錄》為主，目前保存較為可信的有二十六篇，加上第七、第八兩封書信。希臘哲學家之中，他是第一位留下較多資料，可供學者做全盤研究的。更重要的是，他的思想在「澄清概念、設定判準、建構系統」三方面都有傑出的表現，因而可供後人取法者甚多。

討論知識的來源，《迪美吾斯》討論宇宙的創生，《法律》是柏氏的壓軸之作，若是哲學家君王的理想不能實現，依法律統治是次佳的選擇。他提出了金律：「我願意別人對我做什麼，我也要如此對別人做。」「強烈地執著於自我，是惡行劣跡最常見的來源，這在我們每一個人身上都是如此。」最後，「對你我而言，神才是萬物的尺度。」

以上是柏拉圖作品的簡單介紹，至於這位大哲學家如何建構他的系統，就值得我們仔細探討了。

柏拉圖

柏拉圖軼事

柏拉圖生於雅典的貴族世家。據說他原名亞里斯多克勒，後因體格強壯、肩膀寬闊而改名為「柏拉圖」（希臘文為「寬闊」之意）。他年幼時父親過世，母親改嫁披里蘭佩斯。由於繼父是雅典執政者伯里克利斯的好友，柏拉圖在政界曾有光明前途。

＊柏拉圖思想分期
共分為四期：(1)蘇格拉底影響的時期。(2)轉變的過渡時期。(3)思想成熟時期。(4)完成體系時期。

柏拉圖（二）：探尋真理的知識論

哲學家各自從不同的角度去說明他們所見的萬物，因此難免眾說紛紜。更根本的問題是：人們真的對萬物有所認識嗎？人們的認識所形成的知識是否可靠？又要如何判斷這種可靠性呢？

從蘇格拉底開始，已經努力在澄清概念方面下功夫；到了柏拉圖，就必須建構一套有效的知識理論了。首先，知識不是感覺。這不僅因為感覺人人不同，並且知識所使用的概念本身，並非感覺的對象。知識的兩個條件是：正確無誤與客觀真實。感覺卻局限於個人當下的主觀感受。

其次，知識不只是真實判斷。一個判斷可能為真，但它的真實性卻可能與判斷者的知識毫不相干。比如我說「火星上有生物」，這句話可能為真，但並非我的知識，而只是我的信念。所以知識還需要合理的根據與充分的說明。

因此，知識必須超越感覺與信念，訴諸人的理性，而理性的對象必須是客觀上真實的。柏拉圖在《理想國》提出「線喻」，勾勒出他心目中的區分：

人類心智從無知進展到有知，其中過程是由意見上升到知識。意見所把握的是「影像或個別物體」，此時人的心態是「幻想與相信」。知識的對象是可知之物，包括「理型與數學定理」，此時人的心態是「認知與推想」。

＊柏拉圖名言

‧意志不純正，則學識足以為害。

‧耐心是一切聰明才智的基礎。

‧聰明人說話，是因為有些話要說；蠢人說話，則因為要說些話。

‧孩子怕黑暗情有可原，人生真正的悲劇是成人怕光明。

知識	認知	理型	可知之物
	推想	數學定理	
意見	相信	個別物體	可見之物
	幻想	影像	

「推想」的對象是數學定理。比如，1，2，3，4，或長方形、圓形、三角形，都是對具體的感覺對象加以抽象之後的結果。沒有這些數學定理，我們無從分辨個別物體的種類與計算。到了推想階段，已經超越可見之物，但是又未能完全脫離它們。因此，最高的「認知」心態，要完全脫離下層變化不已的世界，而僅以理型為其對象。理型才是真實客觀而恆存之物。

柏拉圖的知識理論，不只是簡單的分類與定義而已；它還有實際的修行要配合。換言之，人若只靠天生的感官去認知，而未曾接受任何教育或指導，那麼難免像是洞穴中的囚犯，只能面對道具映現在牆壁上的影像，所知的一切「被他們自己的情感與偏見所扭曲，又由於語文的媒介而被別人的情感與偏見所扭曲」。柏拉圖在《理想國》提出「洞穴比喻」，描寫一般人的心態正是如此，連道具都沒見到，更不要說洞穴之外的光天化日了。因此，為了獲得真知，人必須往上提升，排除感覺、幻想與信念，閉上感官之眼，才可張開心智之眼。

人的心智掌握理型，才算得到了知識。這裡所謂的掌握，是指「發現」而不是「發明」。理型永遠存在，只看人能否用心智能力去「發現」它。就此而論，柏拉圖不是一般所謂的唯心論（Idealism），因為他的心智只能發現而不能發明理型。

那麼，什麼是理型（eidos, idea）呢？只要許多個別物體有一個共同名稱，它們就有一個相應的觀念或理型。在此所說的「觀念或理型」，是遷就一般人的理解而言，不表示理型純粹只是人們心中的觀念。比如，我說「張三勇敢，李四也勇敢」，我必須先知道「勇敢」的

＊理型

柏拉圖把客觀恆存之物稱為「理型」。

他的理型主要是指：⑴倫理學及美學上的理型，如善、正義、美；⑵概括的概念，如同、異、有、非有、似、不似、一、多，可供人們進行思考及判斷者；⑶數學上的理型。以上述三種為主，此外，他也附帶談到⑷自然物的理型；和⑸人工製品的理型。理型論居於柏拉圖思想的核心地位。

本質，才能如此判斷。沒有「勇敢」的正確觀念，又如何判斷誰勇敢呢？許多人對柏拉圖的質疑，在於他們總是扣緊具體之物來思考。比如，「黃馬是馬，黑馬也是馬」，那麼馬的理型何在？的確，這是柏拉圖必須面對的挑戰，但是別忘了，柏拉圖對於有形可見的萬物向來興趣不大。

他所關心的是人的問題，因此，他的理型主要是指：(1)倫理學及美學上的理型，如善、正義、美；(2)概括的概念，如同、異、有、非有、似、不似、一、多，可供人們進行思考及判斷者；(3)數學上的理型。以上述三種為主，此外，他也附帶談到(4)自然物的理型；和(5)人工製品的理型。但是這依然在哲學史上帶來長期的爭論。這不只是柏拉圖個人的問題，也是人類認知能力永遠要面對的問題。

柏拉圖軼事

蘇格拉底受審時，柏拉圖在場，他與許多朋友都建議蘇氏將自請罰金由一米納增到三十米納，以便取代死刑，但是最後的投票結果讓人失望。柏拉圖從此不相信民主政治，認為多數人可能受情緒左右而成為暴民。

柏拉圖（三）：追求至善的理型論

柏拉圖在建構知識理論時，很清楚知識必須以客觀恆存之物為對象，並且知識的運作是去「發現」而不是「發明」其對象，為了發現，人必須排除感覺作用的干擾。他把客觀恆存之物稱為「理型」。

那麼，理型與個別物體的關係如何？我們由於發現理型而了解個體，那麼理型是存在於個體之中，還是存在於個體之外？若是前者，則個體若是消失，則無理型可言，若是後者，則眾多理型構成了理型界，理型界中的各理型之間又有何種關係？

就個體與理型的關係而言，柏拉圖使用「分享」與「模仿」來說明。比如，冷與熱皆有一定溫度，這是分享了「冷」與「熱」的理型。理型本身無冷與熱可言，因為冷熱屬於感覺層次。又如，圓與方的東西，都是模仿了「圓」與「方」的理型，亦即天下沒有完美的圓形物與方形物。如果我們始終注意自然界的萬物，那麼柏拉圖確實面臨一個難題：理型既然代表許多個體的共同名稱，它究竟是存在於個體之前？個體之中？還是個體之後？這是中世紀哲學界的「共相」（the universal）問題的預告，不妨留待將來再談。我們暫且依柏拉圖之意，專就倫理學及美學上的理型，亦即價值理型而言，就可以接著思考：這些理型之間的關係如何？柏拉圖認為理型既然是各種價值的原型，彼此之間不會互斥，並且由一個最高理型來統合。最高理型是絕對的真實，它同時也是絕對的美與絕對的善。這三個名詞都加上「絕對」，就必須

＊《迪美吾斯》

在《迪美吾斯》篇(*Timaeus*)中，柏拉圖提出了一個自然哲學和宇宙模型。柏拉圖宣稱《迪美吾斯》的內容是一個「可能的故事」，所以有部分哲學家把它看成是神話而不予重視。

是「統一」的。他在《理想國》直接肯定「善的理型」地位最為顯要。他把「善」比喻為太陽。陽光使宇宙萬物清晰可見，因而在某種意義下，就成為萬物的美善與價值之來源。

陽光之喻，頗有深意。假設大地一片漆黑，則任何東西都無法呈現，有如混沌，談不上有任何東西存在。陽光一出現，萬物才由相互區分而得以存在，我們不能說「陽光創造萬物」，但可以說「無陽光則萬物形同不存在」。

依此再進一步，若無絕對的善，則人的生命無異於漆黑一團，無法被理解，也無意義可言。現在，絕對的善有如陽光，使人在變化生滅的塵世上，以及個人十分短促的生命中，發現了人生應該何去何從，亦即應該矢志追求至善，因而使人生豁然開朗，有了明確的意義與努力目標。這是柏拉圖提出理型論的真正用意。

由此可知，理型論居於柏拉圖思想的核心地位。它使知識論得到依據，同時也保障了萬物的存在基礎，亦即後來所謂形上學（metaphysics）的依據。如果把眼光推得更遠，理型論還有以下兩大作用：

一、**有關宇宙萬物如何創生**。在《迪美吾斯》，柏拉圖藉助神話中的德米奧格（Demiurge），說他是「根據理型，把原初質料塑造成萬物」。這位神性工匠如何造人呢？他發現在有形可見之物中，不具備知性的無論如何不可能比具備知性的更美；進而，心智不可能存在於沒有靈魂的東西中。因此他把心智放入靈魂，把靈魂放入形體，再調和為一整體，因此人生的目的即在於解脫靈魂，方法則是認識理型。

二、**有關人的知識**。「知識即是回憶」，這是柏拉圖的另一論斷。人的靈魂在投胎為人之前，居於理型界，認識所有的理型。投胎為人之後，身體有如監獄，使靈魂受感官所約束，因而遺忘了理型。知識即是回憶起靈魂原本所知的理型。正因為是經由回憶，所以理型不受後天經驗的限制，具有普遍性與永恆性，也因而保障了人類知識的有效性。

***德米奧格**

柏拉圖把宇宙描繪成一個工匠神德米奧格的製作品。德米奧格是一位仁慈的工匠、理性的神明（事實上，就是理性的人格化），祂還是個數學家。

以上兩段說法都帶有希臘神話或宗教的色彩。這在柏拉圖當時也許是權宜之計。哲學家有心建構完整的系統，但是遇到像宇宙與靈魂這些無法確證的問題時，必須發揮一些想像力。無論如何，他所觸及的問題在廣度上與深度上都開創了新局面。近代哲學家懷德海（A. N. Whitehead, 1861-1947）說：「兩千多年的西方哲學，只不過是柏拉圖思想的一系列註解而已。」這句話是有一定根據的。

柏拉圖軼事

柏拉圖曾描述自己的幸運：「生為雅典人而非蠻族人；生為公民而非奴隸；生為男人而非女人；以及最重要的，生於蘇格拉底同一時代，能夠與他結識。」他的早期對話錄常以蘇氏為主要角色，使蘇氏成為史上唯一沒有留下任何著作的大哲學家。

＊懷海德

英國數學家、哲學家和教育理論家。他出生於英國的肯特郡，在美國麻薩諸塞州劍橋逝世。曾任教於劍橋、哈佛大學。他與羅素（Bertrand Russell）合著的《數學原理》標誌著人類邏輯思維的巨大進步，是偉大學術著作之一。同時也創立了二十世紀最龐大的形上學體系：「歷程哲學」。

柏拉圖（四）：智慧與德行並重的幸福人生

從蘇格拉底開始，「人」的問題成為哲學家的核心關懷。柏拉圖所建構的知識論與理型論，最後還是聚焦於人生的意義如何界定。在分析人的生命時，當時的觀點是以「身體為靈魂的監獄」，靈魂才是真正的人。但是靈魂又何所指呢？

所謂「靈魂」（psyche），是指生命原理，包括思想、意識、心理、精神等，這些作用統稱之為靈魂的作用。身體會衰老死亡，但靈魂長存不死。靈魂是單純的，肖似理型，又是生命的原動力，與神明屬於同類。並且身體若是生病，則難免死亡；靈魂有惡行，卻依然存活，可見它是不死的。

不過，由於靈魂內部也有掙扎與衝突，所以可以再區分為三個部分：理性、意氣（或感受）、激情。人的言行表現也因而分為三種：愛智者、愛名者、愛利者。人若未受良好教育，則靈魂陷於困境，有如御者與雙馬，理性為御者，雙馬為意氣與激情，如何可能統一其目標，向上提升？理性是靈魂的最高成分，使靈魂得以不朽，並親近神明。上述靈魂觀雖然未盡完備，但是尚可說明後續的人生問題。

靈魂的活動力在於神明所賦與的「愛樂斯」（Eros）。愛樂斯使人產生追求的動力，其目標或在智慧，或在名聲，或在利益。《饗宴》談到愛與美，人見到美的身體，推而至於身體之美，再往上到靈魂之美，然後是法律與傳統之美，學問之美，無涯的美之海，最後抵達「美」的本身，它是「永恆長存的，不生不滅，不增不減」。由此亦可明白何謂「柏拉圖式的愛」，

＊靈魂

所謂「靈魂」，是指生命原理，包括思想、意識、心理、精神等，這些作用統稱之為靈魂的作用。身體會衰老死亡，但靈魂長存不死。靈魂是單純的，肖似理型，又是生命的原動力，與神明屬於同類。

就是相愛雙方的焦點在於理型而不在於身體。這也是愛智者（哲學家）的正確作為。

於是，幸福人生在於由愛好智慧而培育德行。智慧的目標是覺悟「善」的理型（善與美在理型的層次上是與真合一的），只要有此覺悟，則德行必然向著至善提升。因此，智慧與德行不可分。柏拉圖在《理想國》提出四種主要的德行：明智、勇敢、節制、正義。前三者分別對應於靈魂中的理性、意氣與激情，正義則是共有的德行，亦即每一部分皆恰如其分。在理想城邦的組成中，統治者需要明智，衛士需要勇敢，百姓需要節制，而正義則是他們各安其分。

至於區分誰在某一階層，則要考慮教育問題。柏拉圖認為，在幼年期應該側重體育與美育，原則是「單純」，由此培養「節制」。這個時期，要使孩子明白「正確的信念」，稍後再探討知識（合理的說明，直至理型）。在青年期，要隨著個人的能力，往上學習算術、幾何、立體學、天文學、和聲學。到了三十歲，如果通過考驗，就可以學習「辯證法」，亦即以邏輯方式思考及表達自己的能力，由此可以發現理型。三十五歲起服務公職，到五十歲則可以成為統治者，此時要使用大部分的時間沉思「善」。

柏拉圖對藝術始終懷著戒心。他自己是偉大的文學家，因而也深知藝術（希臘文中是指所有出於創作的產品）對人的吸引力。不過，藝術的本質是「模仿」，因而與理型無緣，如此又怎能為城邦的教育提供真正的幫助呢？

談到城邦，柏拉圖一生未能忘情於「哲學家君王」的理想。哲學家應該具備對永恆理型的知識，其中蘊涵一套對價值的真正意識，對主導世界的原理有所了解，對真與美的愛，以及高度發展的推理能力。這樣的人擔任君王，才能為百姓謀求真正的幸福。

柏拉圖心目中的幸福，可以由高而低分為六個層次：(1)智慧與德行配合，由內而外表現中庸（合宜）之道。(2)妥善安排生活，顯示比例、美與完整。(3)明智處世，言行皆恰到好處。(4)擁有知識與技術，可以在社會上立足。(5)不含痛苦的快樂。(6)自然需求的適度滿足。我們若要

＊《饗宴》

《饗宴》（*Symposium*）書中談到愛與美，人見到美的身體，推而至於身體之美，再往上到靈魂之美，然後是法律與傳統之美，學問之美，無涯的美之海，最後抵達「美」的本身，它是「永恆長存的，不生不滅，不增不減」。

所謂「柏拉圖式的愛」，就是相愛雙方的焦點在於理型而不在於身體。這也是愛智者（哲學家）的正確作為。

學習柏拉圖的處世之道，不妨從第六步往上修練。

柏拉圖的哲學合乎體大思精的要求。不過，由於時代的限制與個人氣質的不同，他的學生亞里斯多德宣稱「吾愛吾師，吾尤愛真理」，並提出大異其趣的觀點，使希臘哲學史出現雙峰並峙的壯觀場面。

柏拉圖軼事

柏拉圖創辦學院之後，成為雅典教育界與文化界的領袖人物。有一次學院貼出公告，說柏拉圖要舉行公開演講，主題是「善」。會場聽眾爆滿，但是很少人聽得懂，因為他談的都是數學。他的想法是：若是缺少數學抽象能力，人生是不可能稱為「善」的。

＊哲學家君王

除非政治權力與哲學結合為一，否則城邦將陷入罪惡。哲學家應該具備對永恆理型的知識，蘊涵一套對價值的真正意識，對主導世界的原理有所了解，對真與美的愛，以及高度發展的推理能力。這樣的人擔任君王，才能為百姓謀求真正的幸福。

亞里斯多德（一）：希臘文化的集大成者

亞里斯多德（Aristotle, 384-322 B. C.）的出生地是位於希臘北部的斯塔吉拉（Stageira）。相較於雅典，他是個鄉下人；相較於柏拉圖的貴族背景，他是個平民。他的父親曾任馬其頓國王的御醫，這使得他後來有機會成為太子的老師，而這位太子就是舉世聞名的亞歷山大大帝（Alexander the Great, 356-323 B. C.）。亞里斯多德能夠取得老師的資格，主要是因為他在柏拉圖學院念了二十年。

他從十七歲到三十七歲，都是柏拉圖的學生。他受到柏拉圖的啟發與引導，再逐漸形成自己的一整套思想。他雖然說過「吾愛吾師，吾尤愛真理」的話，但是他對柏拉圖依然推崇備至，認為世間只有柏拉圖能以言行昭告眾人：凡有德者必有真樂。因此，在建構哲學系統的大方向上，柏氏與亞氏可謂殊途同歸，都是想確立人生的至高目標，也都把人的生命意義當作愛智者的核心關懷。

柏氏死後，亞氏離開雅典，擔任馬其頓太子的老師。亞氏五十歲時回到雅典，在利西翁（Lyceum）建立自己的學院，他與學生們經常在迴廊一面講學一面散步，所以後代有「漫步學派」之稱。西元前三二三年，亞歷山大大帝崩逝，希臘各地掀起反馬其頓的風潮，亞氏由於曾任帝王之師而受波及，竟被控以瀆神罪名。他逃離雅典時說，他這樣做是為了不讓雅典人第二次危害哲學。第一次指的當然是蘇格拉底的受害事件。

＊亞里斯多德名言

・吾愛吾師，吾更愛真理。

・喜愛孤獨者，非神即獸。

・人是天生的政治動物。

相較於柏拉圖只留下《對話錄》，亞氏留下了大量的教材。他對一切知識都有興趣，他的研究成果在西方可謂「前無古人」，以後也「難有來者」。他說「人類天性渴望求知」，他自己見證了此一說法。當時希臘世界的知識到了亞氏手上，形成一個完備的體系。

針對「自然界」（有形可見、充滿變化的一切），他創立的學科有：氣象學、動物學、解剖學、植物學、靈魂學等。

針對人的思考方法，他創立了「邏輯」，內容包括範疇論、解釋論、分析前論（探討真理）、分析後論（探討證明及原理）、題論（探討辯證法）等。

哲學中的核心學科「形上學」（meta-physics）一詞，是西元前一世紀時由後代弟子整理他的著作時，以其位置在「自然學之後」而得名。此外他還有專門談「倫理學」與「政治學」的作品，都是哲學史上的創舉。他也有作品涉及修辭學與詩學，可以劃歸「美學」範疇。

依亞氏所見，人類的知識結構如上方圖表。

科學知識
- 生產性的：技藝、修辭學等
- 實踐性的：倫理學、政治學等
- 理論性的：
  - 自然科學：植物學、生物學、化學等
  - 數學：算術、幾何等
  - 神學：形上學、邏輯等

在這個圖表中，「生產性」是指具有創新的性質，可以產生不同的文化產品。「實踐性」則涉及個人與群體的具體生活處境。而「理論性」最能符合知識的要求，要以無私的心態去從事研究。其中所謂的「神學」一詞是廣泛的用法，探討人的心靈或精神能夠在「愛智」之途上，達到何種高度，而最後目標則是理解亞氏所謂的「神」（作為萬物的終極原因）。

在介紹亞氏的各項學說之前，最好大致比較一下他與柏拉圖的承啟關係。

一、柏氏認為人類知識具有統一性，要統一於理型界。亞氏同意此一構想，但認為達成這

＊漫步學派

柏拉圖死後，亞里斯多德離開雅典，擔任馬其頓太子的老師。亞氏五十歲時回到雅典，在利西翁（Lyceum）建立自己的學院，他與學生們經常在迴廊一面講學一面散步，所以後代有「漫步學派」之稱。

種統一性的方法不同，應該從「經驗」出發，不可忽略「感覺」所得的一切。

二、柏氏對邏輯思維與辯證法多有著墨；亞氏則創立了「形式邏輯」這一學科。

三、柏氏關心真實存在的基礎，並以「理型」為其答案；亞氏則創立了「形上學」，說明變化並非全屬虛幻。

四、柏氏對「知識」的有效性提出像「回憶說」之類的特殊見解；亞氏則提出著名的「四因說」來回應。

西方哲學形成兩大系統：一派重理性，另一派重經驗。這種過度簡化的區分與對立，就源自柏拉圖與亞里斯多德。他們兩人的學說不是孰優孰劣的問題，而是分由人類生命的兩種需求，去建構一個完整的生命藍圖。

亞里斯多德與亞歷山大

亞里斯多德軼事

亞里斯多德家境富裕，十七歲時決定前往文化之都雅典學習。他在出發前占問神明自己去雅典要學什麼，神明的答覆是：學習哲學。如果占問的結果不同，我們就無法想像西方的人文思想史將會如何發展了。

亞里斯多德（二）：科學的邏輯學的創始人

人之所以為人，在於理性。理性使人可以思考，但是思考並非受情緒或欲望所帶動的反應，也不是閒來無事的胡思亂想，而是有其適當的規則。亞里斯多德對理性功能所做的探討，直至今日仍有參考價值。

首先要談「範疇論」。「範疇」（categories）在希臘文中原指「述詞」而言。比如我說：「張三是勇敢的。」「張三」是主詞，「勇敢的」是述詞。因此，述詞是我們思考實際對象時的方式。主詞受述詞所描述，也因而受述詞所限定，因此述詞稱為範疇。無範疇則無法思考。

亞氏提出十個範疇，其實是一個「實體」或「自立體」（substance），加上九個對實體的限定。這些限定是：分量（quantity）、性質（quality）、關係（relation）、場所（place）、時間（time）、位置（position）、狀態（mode）、動作（action）、被動（passiveness）。試舉一例說明：「昨天在地鐵車上，三位年輕的學生背著書包坐著；後來起身讓座，獲得老師稱讚。」

我們把十個範疇加上去：「昨天（時間）在地鐵車上（場所），三位（分量或數量）年輕的（性質）學生（自立體）背著書包（狀態）坐著（位置）；後來起身讓座（動作），獲得（被動）老師（關係）稱讚。」在此，學生與老師都是自立體，但是由於有師生「關係」，才得以如此稱呼，所以在老師底下加上「關係」。像這樣的例子多看幾遍，在思考時就會比較

＊亞里斯多德名言

·長期的無所事事最能使人衰竭和毀滅。

·人在達到德行的完備時是一切動物中最出色的動物；但如果他一意孤行。目無法律和正義，他就成為一切禽獸中最惡劣的禽獸。

完備。因此，自立體（或實體）可以泛指一個句子的主詞（人、馬、牛、桌、椅皆可）；但是若要堅持「真正的或完全的」自立體，則只有「神」才夠資格。關於神，在介紹「形上學」時再做說明。

亞里斯多德

人在思考時，皆表現為「判斷」或「命題」的方式，因而不能離開範疇。那麼，如何進行正確思考呢？這就涉及「形式邏輯」了。所謂「形式邏輯」一詞，是我們今天的用法，是為了與近代推出的「符號邏輯」或「數學邏輯」相區隔。邏輯是思考規則，原本是只看形式而不談內容的。亞氏邏輯的三個重點是概念、判斷與推論。概念亦即一般所謂的「名詞」，要注意「定義」是否準確。比如在定義「人」時，要先將它歸於更大的「類」（genus），再找出它與同類之物其他的「種」（species）之間的差別。亦即：人是「有理性的動物」。人屬於動物「類」，而他與其他動物的「種差」是理性。如此則是標準的定義。

其次，由概念形成判斷，比如：「人是會死的。」就把「人」與「會死的」連在一起而表達了某種判斷。接著亞氏提出了「三段論法」來進行推論。所謂三段論法，就是由已知的大前提與小前提，來推出結論。比如：「人是會死的」（大前提），「張三是人」（小前提），所以「張三是會死的」（結論）。問題在於如何肯定大前提？因為靠歸納法（由個案而得知規律）是無法產生普遍性的。在此只能訴諸人的理性「可能」具有領悟某些第一原理的能力。

所謂第一原理是指「不證自明」的原理，比如：「一個命題肯定某物而另一命題否定該物，則這兩個命題必為一真一偽。」換個方式說：「某物不可能以相同方式屬於又不屬於同一主體。」這即是所謂的「不矛盾律」（law of non-contradiction，一般又稱為矛盾律），亦即A≠－A。後來有「思想三律」之說，即是⑴同一律（A＝A）；⑵不矛盾律（A≠－A）；⑶排中律（AV－A）（A或者－A）

這些原理可以使人領悟一個命題的大前提嗎？亞氏認為要做到這一步，還是必須說明他所了解的歸納法。歸納法是由個體找出「共相」，因此，它所需要的是人的理性所具有的抽象能力。柏拉圖把理性與感覺分為截然不同的能力，亞氏則設法使理性與感覺合作，分析兩者各自的能力，再聚焦於理性的抽象作用上。理性的運作合乎思想三律，接著要說明的是感覺所對的經驗世界充滿各種變化，那麼這些變化可以得到合理的解釋嗎？亞氏的形上學對此設法提出回答。

＊亞里斯多德名言

．放縱自己的欲望是最大的禍害；談論別人的隱私是最大的罪惡；不知自己過失是最大的病痛。

．謬誤有多種多樣，而正確卻只有一種，這就是為什麼失敗容易成功難、脫靶容易中靶難的緣故。

❁ 亞里斯多德軼事

亞里斯多德在柏拉圖學院研習二十年，柏拉圖給他取的綽號是「閱讀者」。他逐漸發展出異於老師的思想。柏拉圖有點沮喪地說：「亞里斯多德駁斥我，就好像年輕體壯的小馬對抗自己的母親。」但是終其一生，亞里斯多德都對柏拉圖尊之如神。

亞里斯多德（三）：追尋終極本原的形上學

「形上學」一詞，在字源上是指「自然學之後」的學問。在探討有形可見、充滿變化的萬物之後，愛智者想要明白這一切背後的原理或原因。這時所做的研究不涉及任何具體的利益，純粹是為了智慧，為了給好奇心找到最終的解答。這種學問本身即是目的，所以又稱為自由之學。

在探討萬物的原因時，亞氏綜合了從泰勒斯到柏拉圖的哲學研究成果，提出著名的「四因說」。面對一物時，必須考慮它的四因：(1)此物的實體或本質，亦即形式因（formal cause）；(2)此物的質料或材料，亦即質料因（material cause）；(3)此物形成之動力來源，亦即動力因（efficient cause）；(4)此物存在的目的或它的善，亦即目的因（final cause）。比如，把宇宙始元看成「水、氣、火」之類的，是抓住了質料因；提出「數」或「理型」的，是針對了形式因；提出愛、恨、知性或德米奧格的，屬於動力因；提出萬物有所歸趨的，則是目的因。亞氏認為兼顧四因才可充分理解一物。

這四因可以簡化為二因，就是「質料」（matter）與「形式」（form），可稱之為「質形論」。理由是：一物之形式中，常隱含了它的動力因與目的因。比如，人工製品（如桌子）以木塊為質料，以桌子為形式，以木匠為其動力來源，再以某種特定用途為其目的。但是，自然生物（如一棵橡樹）則只見其質料與形式，而其形式就具備了內在的動力與目的。由質形論建構了一個層級世界，在底部是質料多而形式少，越往上則是質料少而形式多。形式是一

***亞里斯多德名言**

・教育的根是苦的，但其果實是甜的。

・幸福在於理性的觀想。

物「可被理解」的成分，而質料則是一物「成為個體」的因素。所謂「可被理解」即是「不可分的種」。比如，你無法理解某一動物，而只能理解「一匹馬」，馬即是動物「類」中不可分的「種」。在此，「種」又稱為「共相」。共相存在於個體中，此稱為「具體共相」（concrete universal），真正存在的是個體而不是共相或種，這是亞氏與柏氏的重大歧異之處。

為了說明「變化」，亞氏進而提出「潛能與實現」之說。一物之變化是它的潛能走向實現的過程所造成的。比如一個小孩長成大人。大人是實現者，小孩是潛能者。實現者「在時間上，在邏輯上」都先於潛能者，並作為潛能者的目的。所謂「在時間上」，是說先有大人，再生養小孩；所謂「在邏輯上」，是說若無大人則無法理解小孩最後會取得的形式與其成長的目的。因此，依亞氏之說，可以回答「先有雞還是先有雞蛋」的難題。答案是：先有雞，不然你如何判斷那個蛋是雞蛋？

於是，「存在層級說」更清楚了。底下是純粹質料與完全的潛能，是根本無法被理解的混沌。最高處是純粹形式與完全的實現，而那就是「神」。因此，神是圓滿自足的。萬物無不追求完美的形式與實現，因而也無不歸向於神。神以其完美而吸引萬物。這樣的神是「第一個不被推動的推動者」（the first unmoved mover）。神不被推動，因為一切的動（包括變遷發展）都是不完美的，都是還有潛能尚未實現的。神又是第一個推動者，因為萬物自然趨向這個完美的目的。

亞里斯多德形上學的核心部分稱為存有學（ontology）。方法是「把存在物當成存在物來看」，這時可以領悟「萬物無不存在」，因而統稱之為「存有」（Being）。所謂「存有」是使存在物成為存在物的終極基礎。前面說過，自立體或實體，嚴格說來，必須恆存而獨立，因此「存有學」即是「實體學」。並且，只有神才有資格作為真正的實體，因此「實體學」即是「神學」。如此一來，亞氏對於宇宙如何變遷發展，也得到一貫的解釋了。

＊四因說

探討萬物的原因時，亞里斯多德綜合從泰勒斯到柏拉圖的研究成果，提出著名的「四因說」。面對一物時，必須考慮它的四因：⑴此物的實體或本質，亦即形式因；⑵此物的質料或材料，亦即質料因；⑶此物形成之動力來源，亦即動力因；⑷此物存在的目的或它的善，亦即目的因。

這四因可以簡化為二因，就是「質料」與「形式」，可稱之為「質形論」。

神是純粹形式，所以是「非物質的」，它的活動也應該是純精神的。神是「思想之思想」，亦即獨立自存的思想，無始無終地思想著自身。像這樣的神，既不傾聽人類的禱告，也不受人的祭獻所影響。所謂「哲學家的神」，在哲學史上首度清晰呈現。亞氏形上學固然成就了一套體系，但是我們在其中要如何安排有意義的人生呢？

亞里斯多德軼事

亞里斯多德回到故鄉，擔任馬其頓太子的老師。這位太子就是後來的亞歷山大大帝。大帝為了報答師恩，在征戰各地時還派人專程送來各地的動植物供老師研究之用，後來還為老師重建故鄉。不過，老師期望他平等看待希臘人與蠻族人，他始終未能做到。

＊存有

所謂「存有」是使存在物成為存在物的終極基礎。

亞里斯多德（四）：以幸福為目標的倫理學

談到人生，亞里斯多德的立場是「幸福論」（eudaemonism）。這在希臘當時是相當普遍的想法，問題在於：什麼才是真正的幸福？

亞氏的著作中有以「倫理學」為名的。倫理學的出發點是人的實際道德判斷，然後經由比較、對照與選擇這些判斷，再形成普遍的原理。這種看法假定了人有自然傾向，會在「理性」的運作下，選擇合乎「德行」的活動。人人都有潛能行善，但是需要不斷實踐，才可使它發展。蘇格拉底肯定「知識即是德行」，亞氏現在提出實踐的必要性。他的倫理學把德行看作一種「氣質」，是後天培養成的，能使我們「根據規則來選擇適當的行為」。

至於氣質，則是由「習慣」所塑造，言行求其「適中」，既不要「過」也不要「不及」。為了避免誤會，最好舉例說明。比如，勇敢介於輕率與懦弱之間，但是兼取兩者的優點：當行則行，當止則止。制衡的力量在於自己，任何極端都會帶來後遺症。換言之，所謂適中，既不是走中間路線像個鄉愿，也不是完全無為，而是居中與卓越。比如勇敢之上還有更勇敢。這是永無止境的修練過程。

德行卓越之後，免除了外來的災難與困擾，接著可以過幸福的生活了。亞氏主張：幸福在於理性的「觀想」（theoria）。「觀想」異於「實踐」（praxis），因為實踐離不開行動，而行動表示有所不足。

亞氏認為，理性是人異於其他動物的「種差」所在，亦即人的最高機能，觀想（或沉思、

＊亞里斯多德名言

・一個作家的作品，應該給人自然的印象，而不是矯揉造作。

思索）則是理性的最高活動，此時不再為了獲得其他目的而思考。

觀想是對現成、既存、已知的事物加以思考，可以持久進行，不受時空限制，也沒有任何學習的目的。觀想最為自給自足，不必依賴太多的生活條件；它的過程即是目的，它的本身即是結果。觀想才有真正的悠閒，當下即是一切，而這也就是幸福。「思想家能在孤獨中進行自己的研究，並且越是思想家，他就越能夠如此。」當然，亞氏也認為哲學家需要適度的生活條件與可以合作的朋友。比如，他的學生亞歷山大大帝在征戰各地時，總是不忘要把新品種的動植物送到亞氏的學院，使他可以進行更全面的研究。亞氏在學院中的眾多弟子自然也形成了一個很好的合作團隊。

在強調觀想時，亞氏並未忽略「人是政治的動物」，他說：「不能活在社會之中或者因為自足而不需要社會的，不是野獸，就是神。」從柏拉圖到亞里斯多德，都主張城邦具備積極的正面功能，可以帶領人們獲致善生與幸福。至於實際的政治狀況如何，則是另一問題。

亞里斯多德的悲劇理論也對後代造成很大的影響。依他在《詩學》所說，「悲劇是模仿一

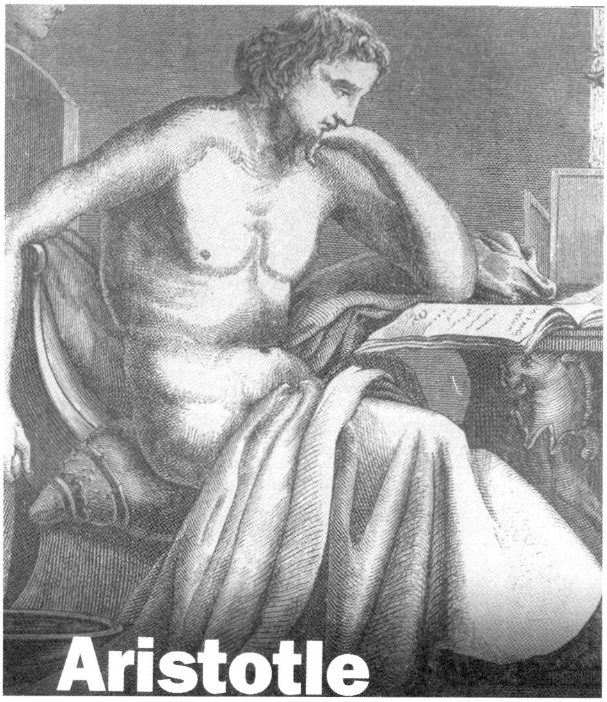

亞里斯多德

個嚴肅而本身完整的行動，行動的範圍應相當廣泛，劇中使用的語言應依不同情節而加上愉悅的伴奏；其形式應是富於戲劇性而不是敘述性的；最後，以其劇情引起憐憫與恐懼之感，藉以達成此等情緒之淨化」。

因此，悲劇有六項要素：故事情節、人物、措辭、思想、場景、音樂。故事情節（亦即行動）最重要，其中應有「遽變」與「發現」，如真相大白或恍然大悟。最重要的是：目的在於淨化「憐憫與恐懼」的情緒。關於「淨化」的性質，可以說是兼顧了治療與解脫。

悲劇的主角是「命運」。在命運的威脅之下，我們對劇中人物的遭遇表示憐憫，同時對自己身而為人的命運也深感恐懼。懷德海在《科學與現代世界》中說，現代科學在西歐出現，最早可以推源於希臘悲劇的啟示，因為命運成了自然界的規律，使人不得不實事求是，逐漸淬煉出客觀的科學心態。

總之，亞里斯多德以其豐富的知識與完整的學說架構，保存了充滿變化的經驗世界，使我們在嚮往柏拉圖的理想國時，不至於忘了現實生活。這兩位哲學家所規畫的思想途徑，主導了西方哲學兩千多年的行程。

亞里斯多德軼事

亞里斯多德晚年時，思想顯示宗教關懷。他在《倫理學》中說：「我們不該聽從那些人的建議，他們說人類只應思索人類的事物，會死亡的人只應思索會死亡的事物；相反地，只要有可能，我們應努力探知永生不朽的事物。」

＊《科學與現代世界》

本書標誌了懷海德哲學嬗變的開始。在此之前，他以自然哲學為研究主題，刻意劃分形上學與自然哲學之間的界線，並主張哲學主要的功能在探討「自然知識的原理」。《科學與現代世界》的出版則顯示懷海德開始將自然哲學劃為形上學的一部分，而這正是他晚期發展思辨宇宙論的起點。

斯多亞學派（一）：四海之內皆兄弟的倫理學理想

亞歷山大大帝崛起之後，希臘城邦原先享有的獨立與自由一去不復返。城邦融入帝國之中，個人面對新的世界要如何安身立命？此時迫切需要的是倫理學的主張，哲學家必須提供具體的生活規範，引導人們找到心靈的平靜。

歷史上這段時期稱為「希臘化時代」，亦即希臘文化的影響力向外擴散，涵蓋了西羅馬帝國初期（西羅馬帝國亡於西元四七六年）。在這段漫長而混亂的年代中，斯多亞學派得到最多人的關注。這個學派可分為初期、中期、晚期，前後綿延五百餘年。

斯多亞（Stoa）一詞原意是「彩畫的柱廊」，這是因為創始人芝諾（Zeno of Citium, 336-264 B. C.）講學的大廳柱廊有此特色而得名。一般中文翻譯稱此為「斯多噶學派」（the Stoic School），是依英文形容詞發音而定，並不妥當。

哲學家的天職是愛好智慧，因此首先要界定探討真理的方法。辯證法與修辭學配合，使用論證來發現真實之物，希望達到無可辯駁的地步。這種審慎的態度本身，即是德行。芝諾反對柏拉圖的「超越共相論」（認為理型是超越個體的共相），也不贊成亞里斯多德的「具體共相論」（認為共相存在於個體中，經抽象而為人所知）。他主張：只有「個體」真正存在，而人類知識的基礎是「感覺」。由感覺產生印象，印象可供人回憶。不過，人也可以藉著約定俗成與自然構想而得到一些共通觀念。因此，人除了感覺之外，也可以孕生內在觀念。真理的判準是知覺，而人的信念對此會製造干擾。

芝諾深受赫拉克立圖（Heraclitus）所影響，以「邏各斯」主導一切，並以「火」為宇宙實體。他的立場是一元論與唯物論：「萬物都是一個龐大整體的部分；自然界為其軀體，神為其靈魂。」神是世界的意識，但仍具物質性。神或邏各斯是主動原理，其中包含了萬物的主動形式，有如「種子」，可以孕生萬物。這稱為「邏各斯胚胎」。神即是「理性、命運、宙斯」，神意或理性遍在萬物之中，使宇宙形成命定論系統。人只有一種自由，就是：有意識而心甘情願去做「他必須做的事」。亦即，人可以改變他對事件的判斷及態度，把事件當作「神的旨意」而欣然接受。只有依此來看，人才是自由的。

善惡與自由有關，因此自然界及形體上的「惡」（如天災或生病）是不存在的，亦即無善無惡可言。道德上的惡，是指人的意志缺乏正確的秩序，亦即惡行是與正確理性無法協調的結果。

斯多亞學派最大的貢獻是他們對倫理學的見解。他們認為，哲學的主要關懷是行為。人生的目的在求得幸福，而幸福在於「德行」。德行在於合乎自然的生活。「自然」即指「本性」而言。人的行為符合自然法則，即是人的意志符合神的旨意。「依自然而活」，即是依「人的本性」（理性）而活，也是依「宇宙的自然法則」而活。「德行是一種順從理性的氣質，本身即是自足可欲，不受任何希望、恐懼，或外在動機所左右。」

人的激情與感受（七情六欲）都是反理性的與非自然的，因此，不必緩和或調和它們，而要排除它們，由此進入一種「無動於衷」的狀態。不僅如此，一切德行形成一個相聯互攝的整體；於是一個人若非完全有德就是完全無德。換言之，人不可能兼具某些優點與另外一些缺點。這種嚴格的理想主義，使斯多亞學派顯示高貴的情操，但是以此為標準，則世間之人誰能合格？

＊斯多亞學派

斯多亞（Stoa）一詞原意是「彩畫的柱廊」，這是因為創始人芝諾講學的大廳柱廊有此特色而得名。一般中文翻譯稱此為「斯多噶學派」（theStoicSchool），是依英文形容詞發音而定，並不妥當。這個學派可分為初期、中期、晚期，前後綿延五百餘年。

理性是所有的人的共同本性，宇宙法則也是普遍存在的，因此，人應該超越自私的念頭，追求對全人類的愛。當一個人以同樣強度把自愛擴及所有與自己相關的人，進而包括全體人類時，倫理學的理想才算是真正達成了。不僅如此，人在進行修練時，不能想到任何善惡的報應，因為這一切努力的過程本身是合乎理性的，因而也是應該的。這種倫理學對受過教育的知識分子的吸引力，也是不難想像的。

芝諾軼事

芝諾生性害羞，盡量避開人群聚會的場合。他在飲食方面十分節儉，最喜歡的是綠無花果、麵包與蜂蜜，再加上一小杯酒。他的大衣非常簡陋，當時流行一句話「比哲學家芝諾更清心寡欲」，用以形容生活簡樸的人。不過，他的生活方式應該是健康的，他活到九十二歲高齡。

斯多亞學派（二）：反思人生問題的哲學家們

我們暫且不管時間排序，把別的哲學家擱在一邊，繼續介紹前後延續五百年的斯多亞學派。創始此派的芝諾是西元前第四世紀末期的人，到了西元前第二世紀時稱為中期斯多亞學派。此期代表人物是波塞多鈕士（Poseidonius, 135-51 B. C.）。當時羅馬最著名的文人西塞羅（Cicero, 106-43 B. C.）曾聽過他的講學。西塞羅博學多聞，但思想折衷各家而不成體系。

波塞多鈕士依循斯多亞學派的立場，主張一元論，進而試圖指出自然界的統一性。世界是一個立體的存在架構，從礦物之類的無機物質，經過植物、動物到人類，再上升到超越有機體的神明領域。整個存在界聯合在一個大系統中，其中每一細節都有神意的安排。神是一種理性的、像火焰的氣息（pneuma），人由身體與靈魂所組成，靈魂雖然也是像火焰般的「氣」（因而仍屬於物質），但應具有某種不死性。這種近似二元論的觀點顯然受到柏拉圖主義所影響。

相較於此，晚期斯多亞學派更能扣緊人生問題來做省思。在時序上已經到了西元後一、二世紀了。代表人物有：塞內卡、埃比克泰特與奧雷流士。

塞內卡（Seneca, 3 B. C.-65 A. D.）曾任羅馬皇帝尼祿（Nero）的老師與顧問。他認為，「哲學是善度正當生活的規律。」研究哲學的目的是為了實踐，不然即是浪費時間。斯多亞學派主張唯物論，但是塞內卡傾向於把神看成超越物質的。他談到靈魂時，口吻也近似柏拉圖二元論的觀點：「我們的身體是加於靈魂的負擔與苦刑，靈魂在重壓之下陷於桎梏。」人的

＊代表人物

斯多亞學派的創始人是芝諾；中期代表人物是波塞多鈕士；晚期代表人物有：塞內卡、埃比克泰特與奧雷流士。

德行與價值全在人心，外在資產不會帶來真正的幸福，那些只是命運之神的虛幻禮物，愚昧的人才會相信它。

塞內卡長期在朝為官，深知誘惑與墮落的可怕，因此他不主張德行「若非全有即是全無」，而是強調進德階段：首先要離棄某些罪惡；其次要養成毅力，屢仆屢起；然後到不再重犯的地步。「最悲慘的奴役，是一個人做了自己的奴隸。」由此出發，推己及人，「你若真想為自己而活，就必須為別人而活。」最後呢？「當你活著的時候，所有的人都愛你；當你死去的時候，所有的人都惋惜。」

塞內卡

埃比克泰特（Epictetus, 50-138）原是尼祿皇帝一名侍衛的奴隸，後來被解放為自由人。他主張所有的人都有修成德行的能力。只要不是完全邪惡的人，總能看出某些事情的善惡：「想想看，當你毫無私心地讚美時，你讚美誰呢？你讚美義人，還是不義的人？謙虛的人，還是傲慢的人？溫良的人，還是放縱的人？」

關於進德階段，他認為(1)人要接受告誡，命令他的欲望遵從正確理性，擺脫病態的情緒，獲得靈魂的平靜。(2)人要接受訓練，克盡職責，逐步成為真正的子女、弟兄與公民等。(3)人要學會判斷，以便維持良好的言行。他批判無神論，肯定神意在安排一切。神是人類之父，人類生來即是兄弟。我們應該博愛眾人，不可以惡報惡，「真正受人輕視的，不是那些不能折辱別人的人，而是那些不能恩待別人的人」。

奧雷流士（Marcus Aurelius, 121-180）曾任羅馬皇帝（161-180），寫了《沉思錄》一書，

他的哲學與前面兩位一樣，也具有宗教意味。他提醒我們同情人類的軟弱。「人的特別恩賜就是能愛那些甚至是犯錯的人。這是可以做到的，只要我們了解：人人都是弟兄，犯罪出自無知而非故意妄為。」他強調主動行善，「人生的目的在於行善，只要他有善的行為或者有助於共同福祉，他就滿全了他的存在法則，成為真正的自己。」

他試圖突破此派的唯物論格局。人由形體、靈魂（仍具物質性）與知性所組成；知性來自宇宙知性，是神的分支之一，因而也是人身上的統治者。只要服從知性（亦即理性、心智）的指示，就是敬神，也就是合乎德行的要求。

斯多亞學派從初期的唯物論與一元論出發，現在已經調整鬆動了立場。他們的形上學未盡完善，宇宙論也乏善可陳，但是倫理學上強調理性與德行的觀點依然觸動人心而深具啟示。

奧雷流士

芝諾軼事

芝諾是意外成為哲學家的。他原是成功的貿易商人，有一次運送紫色原料時遭遇船難，因而寄宿於雅典一位書商之家。那位書商正在閱讀一本哲學書，這促使芝諾接觸哲學，後來他讚美船難是上天善意的安排。

＊**《沉思錄》**
本書是羅馬皇帝奧雷流士所寫的反省筆記，具有宗教意味。

伊壁鳩魯學派：追求個人快樂

面對希臘化時代的混亂社會，人們都在尋求心靈指引的祕方，哲學家以愛智為業，自然責無旁貸。斯多亞學派宣揚理性與德行，伊壁鳩魯學派則強調感覺與享樂，形成有趣的對比。哲學史上眾說紛紜的情勢似乎是難以避免的。

伊壁鳩魯（Epicurus, 342-270 B. C.）在雅典建立自己的學派，聚會之處就在自家的花園中。他在遺囑中把房舍與花園都留贈給弟子們，因此後代又稱此派為「花園學派」。此派弟子中較為知名的是魯克雷修斯（Lucretius, 91-51 B. C.），他以《論物性》一詩闡述此派哲學，主旨在勸人解除對諸神與死亡的恐懼，由此走向靈魂的平靜。

首先，伊壁鳩魯認為：由感覺所得的知識是一切知識的基礎。知覺是真理的判準。外在客體的「意象」滲透入感官，產生了知覺。知覺最可靠，此外還有概念（記憶式的意象），以及個人主觀的感受（由此產生激情），也都是真實的。他說：「真理的判準是感官知覺、預想觀念與各種激情。」

伊氏所關心的是人生行為，因而輕視自然學（如物理學、數學）。他探討自然界，依然是為人的快樂著想。他受德謨克利特（Democritus）原子論影響，認為一切都是無數原子的機械式活動。凡存在之物皆不能源自虛無，也不能化為虛無。宇宙由原子與虛空所組成。原子在直線下墜時，會有自發的歪斜現象，由此產生第一度的原子撞擊，再引發無數的世界。人的靈魂

＊花園學派

伊壁鳩魯在雅典建立自己的學派，聚會之處就在自家的花園中。他在遺囑中把房舍與花園都留贈給弟子們，因此後代稱此派為「花園學派」。此派弟子中較為知名的是魯克雷修斯。

是光滑的圓形原子，具有理性的思考能力。人死之時，靈魂離開身體，知覺隨之消失。他完全否定斯多亞學派「以人為中心的目的論」。「我們不必害怕死亡，因為如果我們存在，死亡就不存在；如果死亡存在，我們就不存在。」他說：「知道死亡是一種虛無，使我們短暫的生命變得非常可貴。」

人的另一煩惱是畏懼諸神。伊氏認為，諸神是由最精緻的原子所組成，他們平靜安詳，不問人間瑣事。他肯定諸神存在，是為了說明人類普遍對諸神的信仰。但是真正的虔誠，「並非時常以布遮面，轉向石像或接近祭壇，亦非拜倒在地，在神廟前伸開雙手，更非以牲畜之血灑滿祭壇，遍發誓言；而是能夠在平靜之中，以心靈探索萬事萬物」。

接著，伊氏在倫理學上有何主張呢？他認為快樂是人生的目的，人活著就是為了享樂。他的學說也得到「享樂主義」（Hedonism）之名。但是，他絕不是主張縱欲的膚淺之流。他所謂的快樂，並非感性上短暫的快樂，而是能夠持續一生的快樂。快樂並不在於積極的滿足某些欲望，而在於消除痛苦，使靈魂平靜安詳。

於是，問題轉而成為如何判斷及選擇？這當然需要理性的配合。要使身體免於痛苦，並使靈魂免於困惑，怎能不靠理性？這時要考慮一個行為的未來性（小苦帶來大樂，或小樂帶來大苦），以及快樂效益的持久性。「最快樂的人就是那些對於周遭的人無所畏懼的人。這種人大家和睦相處，彼此完全信任，享受友誼的溫暖，對於朋友的早夭也不會悽惻地哀慟。」內心平靜，不受干擾。伊氏一方面嚮往「隱居」避世，同時又非常珍惜溫和的友誼。他說：「智慧提供我們幸福人生的各種需要之中，至今仍以獲得友誼最重要。」友誼使人由利己主義走向無私的情感，他愛友如己的具體作為則是把財產交由弟子使用。

由此可知，伊壁鳩魯的學說雖有「享樂主義」之名，其實卻是明智地判斷苦樂以及溫和地節制欲望。倫理學的建議不是該做什麼，而是該如何「計算」苦樂效益。並且只要節制了欲

＊《論物性》

本書是哲學家魯克雷修斯的作品，他以《論物性》闡述此派哲學，主旨在勸人解除對諸神與死亡的恐懼，由此走向靈魂平靜。

望，個人生活更能獨立自主，不受任何約束，「就像是居住在人群中的神」。

哲學家在建構系統時，必須把自然學與倫理學聯繫起來。伊壁鳩魯一旦接受了原子論的觀點，他在倫理學上所能發揮的就很有限了。他的建議是收斂與計算，以求在活著的每一瞬間都能免於痛苦及感覺快樂。但是理性的計算能夠避開命運的彌天大網嗎？

伊壁鳩魯軼事

人們批評伊壁鳩魯對飲食的過度興趣，說他一天必須嘔吐好幾次，以便可以繼續大吃大喝。但是他的學生卻讚揚他的節制，說他最多偶爾喝杯酒，平時喝水就滿足了，在經濟困難的時候只靠豆子維生。

＊享樂主義

伊壁鳩魯認為快樂是人生的目的，人活著就是為了享樂。雖然他的學說也得到「享樂主義」之名，但是，絕不是主張縱欲的膚淺之流。他所謂的快樂，並非感性上短暫的快樂，而是能夠持續一生的快樂。快樂並不在於積極的滿足某些欲望，而在於消除痛苦，使靈魂平靜安詳。

懷疑主義：渴望心靈安寧

懷疑主義（Scepticism）何所指？人有好奇心，其中帶著懷疑的成分，比如看到萬物變遷流轉，就懷疑是否純屬幻覺，或者在這一切背後是否另有實體作為始元？哲學家是具有懷疑精神的人，但是「懷疑」可以作為探求真理的起點，而不能作為終點。若以「懷疑」為終點，則是懷疑主義。所懷疑的包括知識是否可能？宇宙有無實體？神是否存在？甚至我與別人是否存在？

希臘時代的懷疑主義，最早的代表人物是皮羅（Pyrrho of Elis, 360-270 B. C.）。皮羅能夠活到九十高齡，全賴幾位機警的弟子及時相救，因為他在看到馬車迎面衝來時，總是懷疑所見是否真實。如果他是標準的懷疑主義者，他的弟子們正好以行動證明了他們沒有得到真傳。

皮羅批判一切獨斷論（Dogmatism），就是沒有充分證據就提出某種觀點的學說。他不相信感覺，也不相信理性，他認為不論是「主張」真理可知或真理不可知的，都是獨斷之說。人應該保持繼續研究的心態，對一切事物不做判斷，保持沉默，以此獲得心境安寧。

不僅如此，沒有任何東西是真實存在的，指導人們行為的只是風俗與習慣；也沒有任何東西本身是這樣而不是那樣的。總之，皮羅認為懷疑主義是一種能力，要使用一切方法，把現象與現象、現象與判斷、判斷與判斷都對立起來，由此抵達一種保留意見，中止判斷（epoche）的狀態，進而達到「無動於衷」的境界。不過，為了讓一般人活得下去，皮羅也肯定習俗、傳

***懷疑主義**

哲學家是具有懷疑精神的人，但是「懷疑」可以作為探求真理的起點，而不能作為終點。若以「懷疑」為終點，則是懷疑主義。

統與法律都是實際人生的規範。

到了西元前一世紀，埃內西得木（Aenesidemus）出版八本《皮羅學派的理論》（大約寫於43 B.C.）他在書中為懷疑主義提出十大論題：

一、不同種類的生命體，對同一物會產生不同而相對的「觀念」。

二、人與人之間的歧異，使每一個人所見之物亦不同。

三、人的感官之構造與作用，彼此不一致。（比如，榴槤聞之刺鼻而嚐之可口。）

四、人的感受隨著不同的狀況而變化。（比如，清涼的風在生病時成了寒風。）

五、同一物隨著觀點或角度的不同，而產生不同現象。（比如，筷子入水成曲折狀。）

六、知覺的對象並非直接呈現於感官之前，而是經由某種媒介，如空氣，由此造成混雜現象。（比如，一片草坪中午看來是綠的，夕陽映照卻成了金黃色。）

七、事物因其質量的變化而產生不同效果。（比如，一粒沙放大來看是粗糙的，但是當它溜過指縫時卻顯得圓滑。）

八、一般而言，萬物皆為相對的。

九、外物出現的頻率，會帶給人不同的印象。比如，難得一見的彗星，比太陽更令人印象深刻。

十、不同的生活方式、道德規範、法律、神話、哲學體系，也會帶來相異的看法。

後續的懷疑主義者把上述十項論題歸納為兩點：(1)任何事物皆不能就其本身而被確知，對於各種相關的意見，也沒有確定的辦法可以選擇。(2)任何事物也不能經由其他事物而被確知，因為這一類企圖都會導致無窮回溯或惡性循環。

懷疑主義者對亞里斯多德的三段論法提出質疑，因為大前提（如「人是會死的」），不可能由歸納法產生。並且，在這個大前提中，已經隱含了結論，所以是個惡性循環。針對斯多亞

＊皮羅名言

．人應該保持繼續研究的心態，對一切事物不做判斷，保持沉默，以此獲得心境安寧。

．沒有任何東西是真實存在的，指導人們行為的只是風俗與習慣；沒有任何東西本身是這樣而不是那樣的。

學派的神觀念，此派的批判是：神若非無限，則是有限；神不是無限的，不然祂將無法運動，亦即不具生命或靈魂；神也不是有限的，不然祂將不如「整體」完美，而神是被假定為完美的。由此可見，懷疑主義對當時流行的學說具有很強的批判性。至於他們的批判是否正確，當然也在可以懷疑之列。

在實際生活方面，懷疑主義者認為我們應該隨順知覺與思想，滿足自然本能的需要，服從法律與傳統，並且研究科學。在科學上永遠得不到確定的知識，但是可以不斷向前探索，探索即是人生，永無止息之時。

皮羅軼事

皮羅認為感覺與理性都不可靠，他說：「沒有任何東西是美的或醜的，是正當的或不正當的。」他還說：「最高的善就是不做任何判斷，隨著這種態度而來的是靈魂的安寧，就像影子隨著身體一樣。」

普羅提諾：站在古典哲學頂點

普羅提諾（Plotinus, 204-269）生於西元後第三世紀，但是在西方哲學史上，他所代表的是新柏拉圖主義（Neo-Platonism），他也被視為希臘羅馬哲學的壓軸人物。與他同時，甚至更早一些，哲學界的關注焦點已經轉向如何協調希臘哲學與新興的基督宗教，亦即後來所謂的「教父哲學」已經登場，因而正式跨入中世紀哲學的領域了。

所謂「新柏拉圖主義」，是指先接受柏拉圖的理型論觀點，再設法提出新的詮釋，使它的理論體系更能符合後人的需要。因此，我們可以想見在柏拉圖之後，歷代都可能有人在做這樣的嘗試，但是最有創見的仍屬普羅提諾。

在普羅提諾之前，猶太哲學家斐羅（Philo, 25 B. C.-40 A. D.）曾致力於結合希臘哲學與猶太聖經，他主張：神具有位格，同時也是純粹的存有、絕對的太一，既自足又自由。由於神是絕對超越的（這是猶太人的教義），所以在神與萬物之間應該有中介的存在物（如邏各斯），人的靈魂經由密契經驗（mystic experience，宗教徒的神人合一體驗）而接近神。斐羅在此所引介的希臘哲學，顯然是以柏拉圖思想為代表。於此可見新柏拉圖主義的雛形。

普羅提諾生於埃及，曾遊學亞歷山卓（Alexandria，希臘化時代的名城，在今阿爾及利亞），四十歲時在羅馬建立學派。他的學生波斐利（Porphyry, 232-304）為他編輯作品，名為《九章集》（*Enneads*，共有六卷九章）。

由於柏拉圖的理型論肯定理型界為真實，現象界為虛幻，由此給人上下二分的印象。這種觀點連亞里斯多德也難以苟同。現在，普羅提諾堅持柏拉圖的一元論體系（亦即，只有理型是真正的存在），再設法聯繫上下兩端。

「太一」（the One）是唯一的真實，超越一切思維及存在之物，不可描述也不可理解，「他排除一切敘述與認知，只能勉強形容他是超越的存有」。太一是單純的、不可分的、永恆的。那麼，由太一如何演變成萬物呢？太一不可能「創造」萬物，因為創造是一種活動，而活動會損及他的永恆不變性。普羅提諾使用「流衍」（Emanation）的比喻，有如河水滿了就溢出。最好的象徵是以太一為太陽，他像太陽一樣發光照耀而本身並不減損分毫。太一之流衍，既不是某種有意的創造（如基督徒所謂之神由虛無中創造萬物），也不是某種混同太一與萬物的泛神論狀態。第一本源永遠保持不變，然後再由較完美之物流衍出較不完美之物。這一切都是必然的，不涉及自由選擇的問題。

太一首先流衍出「知性」（Nous）。知性本身同時是思維的主體與對象。普羅提諾把柏拉圖的理型界與德米奧格，加上亞里斯多德的「思想之思想」（亞氏的神），全都收納在知性中。接著，知性流衍出世界靈魂。世界靈魂有高層與低層之分，前者與知性相通，後者與自然界聯繫。由世界靈魂再流衍為個人靈魂，其中也有高低兩層，高者屬於知性界，低者與身體結合。再往下流衍則是物質世界。這時有如陽光照射的末端，光線減弱變暗到「光之缺乏」的地步。

在此，人生的目的很清楚：要擺脫塵世的束縛與身體感官的欲望，轉向知性，探討哲學，讓靈魂得以淨化而往上超升，進而與知性結合。此時靈魂仍有自我意識。最後靈魂進入忘我境界，與太一密契合一。「那時，人就像在天堂上所見的一樣，同時看到神與自己：自己成了放射狀，充滿知性界的光，甚至與純淨的光合而為一，既無負擔也無重量。啊！簡直就化為神

***《九章集》**是新柏拉圖學派哲學家普羅提諾的代表作。相傳大部分內容是普羅提諾在自己創辦的學校中對聽眾提出的問題所做的解答，後來由他的學生波斐利編纂而成。共六卷，每卷有九章，故名《九章集》。

明，在本質上變成神了。」

普羅提諾名為新柏拉圖主義的代表，但是他把希臘早期的奧爾菲教派、畢達哥拉斯學社，以及柏拉圖思想中的宗教因素全都納入自己的系統中。他心目中的哲學，涵蓋了宗教理論與密契主義，甚至認為密契經驗是真正哲學家的最高成就。

普羅提諾的學說與中世紀哲學的大趨勢可謂不謀而合。只要繼續觀察哲學史的發展，看到中世紀哲學前半段到處可見柏拉圖學說的影響，就不難明白普羅提諾承先啟後的特殊地位了。

普羅提諾軼事

普羅提諾在羅馬授課時，鼓勵聽眾提出問題，課堂氣氛生動活潑，有時還嘈雜不休。來聽課的有元老院的元老，甚至羅馬皇帝、皇后與嬪妃都前來聆聽。他允許婦女進入課堂，在當時傳為美談。

＊新柏拉圖主義

所謂「新柏拉圖主義」，是指先接受柏拉圖的理型論觀點，再設法提出新的詮釋，使它的理論體系更能符合後人的需要。普羅提諾是此派的代表，也被視為希臘羅馬哲學的壓軸人物。

中世紀哲學

中世紀哲學（Mediaeval Philosophy）從西元第二世紀，綿延發展到第十五世紀（約一四五〇年），長達一千三百多年，約占整個西方哲學史一半的時間。但是中世紀常常被人一筆帶過，說它是「黑暗時代」。這個說法合適嗎？

這個時代在政治上是由羅馬帝國所主導。西元前一四六年羅馬征服希臘，西元前三一年羅馬帝國建立；西元三七五年羅馬帝國分裂為東西兩部；西元四七六年西羅馬帝國滅亡；西元一四五三年東羅馬帝國滅亡。相較於前面的希臘（以雅典為其代表），以及後來的文藝復興運動，羅馬統治時期在文化上的建樹相對較為貧乏，只有在宗教信仰方面一枝獨秀。

這個時代在宗教上是由天主教所主導。哲學家所愛好的「智慧」，順理成章地配合宗教的教義而進展。依柏拉圖學派所描寫的人生處境「身體是靈魂的監獄」來說，靈魂若是擺脫了身體這個監獄的束縛，那麼它在人死之後何去何從？這個問題在基督徒看來已有現成的答案。就是這「現成的」答案，「阻滯」了人們自由、開放而多元的思考，所以近代學者會以「黑暗」二字來描述中世紀。這裡面顯然牽涉了不少問題，值得進一步探討，比如：天主教在信仰什麼？中世紀哲學究竟有何明確的內涵？

「基督宗教」之名

關於「基督宗教」一詞，在中文的使用上必須稍作說明。我們要先介紹其猶太教背景。

耶穌（Jesus, 4 B. C.-29 A. D.）是猶太人，他在猶太教的傳統中成長。猶太教是古代的一種民族宗教，大約在西元前兩千年，民族祖先亞伯拉罕（Abraham）宣稱其族與上帝立約，尊奉「雅威」（Yaweh，又名耶和華〔Jehova〕）為唯一真神。這是所謂的「上帝選民」，在人間備受考驗，子孫淪為埃及人的奴隸，到西元前約一千兩百年，才由摩西（Moses）帶領逃離埃及，他在途中登上西奈山（Mt. Sinai），遇神蹟得十誡，正式立教。十誡刻於板上，裝於櫃中，稱為「約櫃」。約櫃所在之地即是臨時聖殿，伴隨猶太人度過流離失所的歲月。

猶太人進入上帝預許的迦南地區，其領袖大衛（David）於西元前一〇〇四年稱王，建立以色列國；其子所羅門（Solomon）繼位，建立聖城耶路撒冷（Jerusalem），奉置約櫃。西元前九三三年，以色列國分裂為二：北方仍為以色列王國，南方則為猶大（Judah）王國。西元前七二二年以色列王國亡於亞述人，猶大王國保有耶路撒冷，為全民信仰之所繫，所以後來才有猶太人（Jews）與猶太教（Judaism）之稱。西元前五八六年，猶大王國亡於巴比倫帝國，聖殿被焚毀，約櫃從此下落不明，猶太人自此經歷「大逃亡」的苦難。此時先知出來呼籲，要猶太人悔改信奉唯一真神，將來必可重返聖城。

於是，猶太人認真編修《摩西五經》（指舊約聖經的前五書），並在各處建立會堂（

***約櫃**

摩西帶領猶太人逃離埃及，在途中登上西奈山，遇神蹟得十誡，正式立教。十誡刻於板上，裝於櫃中，此櫃稱為「約櫃」。

Synagogue，正門皆朝向耶路撒冷），在安息日（星期六）聚會禱告，闡揚教義，推廣教育，保存其民族性及特有信仰。選民只剩信仰，期待救世主「彌賽亞」（Messiah）的來臨。

先後統治猶太人的有：巴比倫帝國（585-550 B. C.）、波斯帝國（550-333 B. C.）、希臘帝國（323 B. C.起）、托勒密帝國（270 B. C.起）。到西元前六三年，猶太人聚居處成為羅馬帝國的一個自治區，人口約占羅馬帝國的十分之一。猶太人所盼望的救世主是能夠帶領他們在人間揚眉吐氣的英雄人物。因此，當耶穌出現時，他所宣講的教義與行事風格，確實讓猶太人深感訝異。有權有勢的猶太人不承認他是救世主，還將他送上了十字架釘死。從地面高舉起來的十字架，象徵了一個新宗教的誕生，就是基督宗教（Christianity）。

耶穌

耶穌在信徒口中，又稱為「耶穌基督」，「基督」（Christus）一詞有「救世主、彌賽亞、神的兒子」等意思。凡是信奉耶穌為基督的，就是基督徒，基督徒所組成的宗教團體，就稱為「基督宗教」。由於中文翻譯有些問題，就是我們把耶穌的首座弟子彼得（Petrus）所傳承的譯為「天主教」，而把第十六世紀馬丁・路德（Martin Luther, 1483-1546）宗教改革運動之後所興起的譯為「基督教」，如此一來，就不能使用「中世紀的基督教」一詞，因為中世紀只有天主教，而尚未出現中文翻譯所謂的基督教。因此，我們使用「基督宗教」這個比較笨拙

＊**《摩西五經》** 又稱「律法書」或「摩西律法」。全經用最古老的希伯來文寫成，是猶太教最重要經典之一，也是西元前六世紀以前唯一的希伯來法律匯編。相傳這五卷皆由摩西寫成：第一卷創世記、第二卷出埃及記、第三卷利未記、第四卷民數記、第五卷申命記。

的名詞，實在是為了減少誤解的緣故。不僅如此，更精確的區分是以下的三分法。

茲將基督宗教三分法分述如下：

天主教（Catholic）：始於西元第一世紀，以羅馬教宗為唯一領導。

東正教（Orthodox）：於一〇五四年分裂而成，原名希臘正教，以君士坦丁堡為核心。

基督教（Protestant）：一般稱為「新教」，原名改革派或抗議派，自一五一七年馬丁·路德開始，至今已有兩千多派。

使用概念自然以約定俗成、便於溝通為主，但是在介紹需要翻譯才可溝通的西方文化時，又不能不回溯原文原義，否則無法促成正確的理解。比如，這兒所說的「基督宗教」，是「一教三系」的總稱，因為這三系都相信耶穌是基督，是救世主，也是神的兒子。他們所閱讀的經典都是聖經（包括《舊約》和《新約》）。差異在於：是否在信仰上帝時，需要一元化的人間的領導？在閱讀聖經時，個人是否可以直接接受啟示？個人得救的關鍵因素是什麼？某些教義與儀式是否有其必要性？這些問題又再牽涉人間的差異（語言、民族、文化傳統等），就更顯得複雜難解了。

馬丁· 路德：1520木刻畫

＊基督宗教三分法

三分為天主教、東正教、基督教。這兒所說的「基督宗教」，是「一教三系」的總稱，這三系都相信耶穌是基督，是救世主，也是神的兒子。

天主教的發展

天主教的信仰從猶太教脫胎而來，其聖經在《舊約》之外，增加了《新約》，就是記錄耶穌言行的〈四部福音〉以及關於耶穌門徒的〈使徒行傳〉。天主教不再局限於一個民族，而是演變為普世宗教。

就其信仰來說，天主教的教義包括以下重點：

一、耶穌是神取了人的身體（Incarnation），亦即同時是人也是神。就其神性而言，與上帝為一；就其人性而言，與人類相同，但沒有人類的原罪。使徒信條說得很清楚：「我信仰神，全能的父，創造了天地；信仰我主耶穌基督，由聖靈懷胎，處女瑪利亞所生，在彼拉多（羅馬總督）治下受苦，被釘在十字架上，死了，第三日復活。……」基督是連結神與人的橋梁，「神變成人，使得人可以成為神」。

二、贖罪（Atonement）：使人的生命恢復完整，進而與神合而為一。亞當（Adam，神所造的第一人）得罪了神，由神之子來償還，使人由罪的枷鎖解放出來。人靠自己是無能為力的，既執著又無助，正如使徒保羅（Paulus）所說：「我不做我該做的，卻去做我恨的事情。」人需要更高的力量，使自己回歸根源。

三、三位一體（Trinity）。神是三位（父、子、靈），但仍是一體（只有一個神）。先肯定雅威為父，以接上《舊約》傳統；再肯定耶穌為子，倡導愛的教義；然後在耶穌死而復活並且升天之後的五旬節（耶穌復活後的第五十日）聖靈降臨人間，使信徒充滿活力。「愛」是一種關係，所以父（愛的源頭）、子（愛的體現）、靈（愛的力量）構成完美的愛的關係，此即「三位一體」。

上述教義對一般人而言，顯然有許多非理性的因素，但是它從整體人類著眼，化解了世間的各種階級與對立；它提倡的愛是普遍而無私的；它肯定人會死而復活，為一生的言行接受公正的審判；它告訴人只要相信耶穌，走在正義的路上，將來可以得救，享受永生。這些教義在一般人看來，無異於黑暗中的光明，茫茫大海中的指南。以使徒保羅對「愛」的描述為例，他說：「愛是恆久忍耐；愛是恩慈；愛是不嫉妒不自誇不張狂；不堅持己見；不輕易發怒；不喜歡不義，只喜歡真理。凡事包容，凡事相信，凡事盼望，凡事忍耐。愛是永不止息。」這樣的說法親切易懂，感人至深，把信仰與日常生活的言行準則聯繫起來，對一般人造成的吸引力自然無與倫比了。

天主教的信徒日益增加，但由於羅馬帝國崇拜多神（大多數是功能神，沿承自希臘神話，摻雜了各種儀式，以求得現世福祉為其目標），於是對天主教徒開始了長期的迫害活動。羅馬民眾看著一批批信徒被押解至鬥獸場，在大庭廣眾之前被火燒死、被獅子咬死、被釘死在十字架上，但是這些信徒不但沒有屈服求饒或咒罵哀嚎，反而高唱凱旋歌擁抱這些苦刑。殉教者的鮮血終於震撼了帝國百姓，信徒的數量不減反增，連統治階級也紛紛入教。

早期基督徒的聚會類似猶太教，有祈禱、誦經、唱聖詩、布道等，後來加上洗禮（由此清除原罪）與聖餐禮（以餅與酒代表耶穌的體和血）。各大城設有主教（原指牧羊人）與執事（原指僕人）。聚會改為星期日，因為那是耶穌復活的日子。

西元三一三年，羅馬皇帝公開承認天主教的合法地位；西元三八〇年進一步宣布天主教為國教。在不到四百年的時間，天主教徒從一個十幾個猶太人的小團體，擴充成為主導整個大帝

＊三位一體

神是三位（父、子、靈），但仍是一體（只有一個神）。「愛」是一種關係，所以父（愛的源頭）、子（愛的體現）、靈（愛的力量）構成完美的愛的關係，此即「三位一體」。

國精神世界的信仰機構，並且在西羅馬帝國滅亡之後，繼續作為基督徒世界的領導力量，一路發展直至今日，整個基督宗教共有約二十億信徒。

中世紀哲學在上述天主教的背景之下，其基本的立場、探討的主題、研究的取向、思辨的方法，大致上都已經定型了。哲學即是愛智，而智慧不離實際人生，我們如果額外要求這個時期的哲學家別出心裁而提出大異其趣的觀點，恐怕有些強人所難，甚至是緣木求魚的幻想了。

中世紀哲學的特色

中世紀哲學有兩大基石：一是希臘哲學，以柏拉圖學派（引申而成新柏拉圖學派）與亞里斯多德學派為主；二是基督宗教的信仰。表面看來，這是哲學（理性）與宗教（信仰）之間的衝突與協調，而事實上這是以理性來證明信仰的漫長過程。

如果堅持不談宗教，那麼最多只能在第三世紀出現普羅提諾的新柏拉圖主義。在某種主義前面加個「新」字，就表示基本立場已經確定，所增加的只是換個合乎時代需求的說法而已。並且，一旦採取某種「主義」，也難免帶有濃厚的信仰氣息。與其如此，不如看看基督宗教的題材能在哲學界引發什麼新的契機，進而可能出現何種新的見解。

中世紀哲學大致分為兩個階段：開始上場的是教父哲學（Patristic philosophy），到了第九世紀才出現體系完備的經院哲學。

所謂「教父哲學」，是指天主教的神職人員（作為一般信徒在宗教上的教師與父親）為信仰所做的辯護。他們立說的目的在於維護信仰的合理性，而不在於建構一套理性系統，用以說明實在界。他們抱著早期基督徒的殉教精神，隨時願意為真理而犧牲生命。哲學原指愛好智慧，但是智慧是什麼？在他們看來，「敬畏上帝是智慧的開始」，而智慧的成效則是妥善拯救自己的靈魂，以完成人生的目的。他們使用理性，但是深知理性的限制，所以在遇到關鍵問題時毫不猶豫地訴諸信仰的啟示。如果我們未能對他們的立場有同情的理解，就會認為他們的觀

＊教父哲學

所謂「教父哲學」，是指天主教的神職人員（作為一般信徒在宗教上的教師與父親）為信仰所做的辯護。他們立說的目的在於維護信仰的合理性，而不在於建構一套理性系統，用以說明實在界。

點只是在宣示教義，毫無思辨上的價值。但是，若能靜下心來傾聽他們的說法，也能獲得有關人生終極問題的不少啟示。

教父哲學大致分為兩系：希臘教父與拉丁教父。這是依其著作使用的語言（希臘文或拉丁文）所做的簡單區分。代表人物中以拉丁教父奧古斯丁（Augustine, 354-430）最為知名。

從第九世紀開始，出現「經院哲學」（Scholastic philosophy），這時的哲學家已能分辨哲學與神學之差異。他們關心的問題，當然仍受宗教所影響，比如：談到形上學，總要設法證明「上帝存在」，談到人生歸趨，總是肯定靈魂的解脫之道在於信仰基督宗教；對於自然界的問題，則謹守教義規範，在探討時不敢越雷池一步；然後，在研究方法上，則按「經院」所定的步驟（有如大學中的討論規則），按部就班提出穩妥的證明。

此時哲學家具備基督徒身分（大都還是神職人員），在立說時難免受到羅馬教會依正統教義而提出的種種規定所干擾。宗教教義自然顯示保守性格，而哲學家勇於思考，難免動輒得咎。中世紀的宗教思潮並非一成不變，其間出現的異端邪說不在少數。於是，哲學家在立說時必須維護正統教義，並且批判所謂的異端，還要考慮自身的理論系統是否完備。這樣的挑戰可謂十分艱鉅，因而能夠成就一家之言的哲學家很少，也就不足為奇了。

經院哲學的集大成者是多瑪斯（Thomas Aquinas, 1225-1274）。他的探討兼顧了哲學的每一方面，也為所謂的「哲學系統」做出具體的示範。首先要確定人的認知能力，這時要研究邏輯與知識論；其次要推究真實的存在，看看宇宙與人的本性是什麼，再歸結為對「上帝」存在的證明；然後是將上述研究所得，應用於實際生活中，提出有關倫理學、政治哲學、美學等方面的觀點。他所建構的系統從天主教的立場看來，符合「永恆哲學」的要求，可謂十分完備。

然而，越是完備的思想系統，越可能變成僵化的教條，逐漸失去創新的活力。這在希臘哲學的後期發展是如此，在中世紀哲學也同樣是如此。

***經院哲學**
從第九世紀開始，出現「經院哲學」，這時的哲學家已能分辨哲學與神學之差異。
經院哲學的形成，受新柏拉圖主義與教父哲學的影響，新柏拉圖哲學是混合性的折衷主義，以柏拉圖思想融合基督教義；教父哲學以哲學的思維理解神學，以理性配合啟示，以哲學詮譯神學。

依上述所說，把中世紀稱為「黑暗時代」，其實太過草率，忽略了時代與社會的特定條件。如果因而把中世紀哲學也看成無足輕重而一筆帶過，則將錯過西方哲學的重要階段，也將難以明白西方心靈的特殊經歷與獨有價值。

教父哲學（一）：護衛信仰的先鋒

西元後第二世紀開始，天主教信徒漸多、組織趨嚴，神職人員自覺必須為信仰辯護。他們對希臘哲學也有基本的認識，於是提出一些特殊觀點。

比如，談到上帝，就說祂類似柏拉圖《迪美吾斯》中的德米奧格，是世界的設計者與推動者。他們主張希臘哲學是上帝給人的禮物，但真正的哲學（對上帝的正確認識）只有經由啟示才可獲得。柏拉圖主義是基督宗教的「預備」階段。換言之，哲學是指愛好智慧，現在基督宗教所展示的正是「智慧」本身，因此，這種信仰無異於哲學的目的所在。

以上是希臘護教者的立場，代表人物有殉教者猶斯定（Justin Martyr, 110-166）、達齊安（Datian，猶斯定的學生），以及亞提那哥拉（Athenagoras）。後者於西元一七七年以《為基督徒申辯》一書上呈羅馬皇帝，駁斥當時的人對基督徒的三項指控：無神論（因為不信羅馬的官方眾神）、食人肉（在聖餐禮中分享耶穌的體與血）、亂倫（在結婚時稱男女為兄弟姊妹）。這些誤會不難澄清，但尚未觸及哲學的思辨層次。

相對於此，拉丁護教者的批判性較強。德爾都良（Tertullian, 160-222）為宗教與哲學畫下界線。他認為哲學家與錯誤為友，在各種相互矛盾的理論中徘徊；基督徒則與真理為友，由上帝得到啟示。他說：「正義與罪惡怎麼可能是夥伴呢？光明與黑暗又怎能是同盟呢？基督與墮落天使又有什麼一致呢？信仰者與不信者又有什麼共通之處？」這個鮮明立場並未成為主流思

＊德爾都良

有人稱他是「希臘最後一位護教士」，亦有人說他是「第一位拉丁教父」。他認為哲學家與錯誤為友，在各種相互矛盾的理論中徘徊；基督徒則與真理為友，由上帝得到啟示。他的名言是「殉道者的血是教會的種子。」

想。

為了說明「三位一體」，德爾都良最先使用拉丁文「位格」（Persona）一詞。位格原指「面具」，凡是有能力戴上面具扮演不同角色的，就是具有「位格」的。因此人具有位格，可以在不同情況下表現自己的「知、情、意」，亦即可以作為一個「主體」來行動。上帝有三個位格（父、子、靈），但並非分開的三個實體。

此時，在北非的亞歷山卓出現一個聖道學派（Catechetical School），有兩位學者值得介紹。克里門（Clement, 130-219）主張「信以求知」，若不藉由信仰，人終究無法了解萬物的究竟真相。他認為整個希臘哲學都是基督宗教的「預備」階段。但是關於上帝，人所知者只是「上帝不是什麼」，這是由否定方式去認識上帝，稱為「否定之途」（Via negativa），這個觀點經由偽狄奧尼修斯（Pseudo-Dionysius，後續將會介紹）而影響了後代的密契主義（Mysticism）。

另一位是奧利真（Origen, 185-254），他曾與普羅提諾一起師事撒卡斯（Ammonius Saccas, 175-242），他設法融合柏拉圖主義與基督宗教，並以寓意法（異於字面法）解釋聖經。他的主張包括：

一、唯一的上帝是純粹精神的，超越了真理與理性，本質與存在。上帝從永恆並且依其本性的必然性，創造世界。上帝是善，恆在自我溝通及自我擴散，所以不可能沒有活力，也因而創造了世界。換言之，由於上帝圓滿自足，不可能為了任何目的去做任何事，所以學者們在「創造世界」這件事上就不得不費心解說了。奧利真的觀點對後代許多學者頗有影響。

二、如何解釋人間的「惡」呢？奧利真認為：惡是「缺乏」，而不是正面積極之物。缺乏應有的善，即陷於惡之中。不可說上帝創造了惡。上帝藉由邏各斯或「言語」（Word）而創造萬物。在此所謂邏各斯或「言語」即指耶穌而言，他是上帝與受造物的中介。他是受造物的原

＊密契主義

從教父時代的格里哥利，經過偽狄奧尼修斯，一路下來從未絕迹，到了十四世紀初期才浮上檯面。此派主張宗教信仰貴在祈禱與修行，希望由此獲得與神密接契合的忘我體驗，有如預先享受死後才有的無比幸福。

型、眾理型的理型。在此，柏拉圖主義的色彩十分鮮明。

三、上帝的「位格」最後顯示了「聖靈」（the Holy Spirit）。聖靈之下有受造的靈魂，這些靈魂藉聖靈之助而提升為上帝子女。各靈魂在性質上的差異來自其未入世之前的行為結果。他們在人間享有自由意志，但也依賴上帝恩典。所有的靈魂，無論善惡，最後都會得救，回歸上帝。這稱為「萬物復原論」。他的說法未必完全符合正統教義，但是他仍可算是基督宗教第一位偉大的綜合思想家。

教父哲學

猶斯定先研習斯多亞學派，發現此派的上帝觀不能滿足他；他轉向亞里斯多德的漫步學派，把握了其中道理之後，又求助於畢達哥拉斯學派，但是他不懂音樂、幾何與天文學；於是再轉向柏拉圖主義，明白了理型論，最後歸依成為基督徒，並於一六四年在羅馬殉道。

教父哲學（二）：融合宗教與哲學

在教父哲學階段，學者大都採取折衷立場，想要協調希臘哲學（以柏拉圖學派為代表）與基督宗教。協調過程中，出現了各種解釋，其中難免會有背離正統教義的觀點，就被無情地視為異端而遭到批判了。當然，所謂天主教的正統教義本身也是處於緩慢而審慎的修正之中。

各種異端之中，值得一談的是諾西斯主義（Gnosticism）。所謂「諾西斯」（Gnosis），在希臘文是指「知識」。加上「主義」，就表示它代表某種特定的立場。此派盛行於第二世紀，其說揉合了聖經、基督宗教的教義、希臘哲學與東方思想等成分。要以知識取代信仰，提供有關上帝、創世、惡的來源、救贖等理論，給那些自視為比一般基督徒更卓越的人。他們肯定神智思辨（theosophical speculation），認為人的思想有辦法知道神的情況，亦即「知識是救贖之途」。主張二元論，上帝與物質分立，存在於兩者之間的是「流衍的系列」或「中介的存在」，而基督的地位可以由此得到肯定。

諾西斯主義的問題在於：知識如何可能取代信仰？它原想協調希臘哲學與基督宗教，結果兩邊都認為它扭曲了原有的意思。

順著時序發展，到了希臘教父大顯身手的時候了，歐塞表斯（Eusebius, 265-399）認為：柏拉圖有如摩西用希臘文在寫作，是上帝救贖計畫的先知之一。他把柏拉圖學派所謂的太一（或善自身）、知性（或心智）與世界魂，說成有如三位一體的上帝，進而批評此一學派的流衍

＊諾西斯主義

此派盛行於第二世紀，其說揉合了聖經、基督宗教的教義、希臘哲學與東方思想等成分。要以知識取代信仰，提供有關上帝、創世、惡的來源、救贖等理論，給那些自視為比一般基督徒更卓越的人。他們肯定神智思辨，認為人的思想有辦法知道神的情況，亦即「知識

論與永恆物質論，認為應該改正為上帝論與創造論；而關於靈魂不死，也不可借用預存論與輪迴論的說法。

希臘教父的代表人物是格里哥利（Gregory of Nyssa, 335-395）。他主張信仰居於優越地位，但哲學可以為它提供理性基礎，亦即理性必須依循聖經的啟示。他的觀點如下：

一、由宇宙秩序可以證明上帝存在，並且上帝是唯一而至善的。有關「三位一體」，他說上帝必須有言語，此言語與上帝的本性相同，也是永恆的。兩者的區別只是「說者」與「言語」之異，這是「關係上」的不同。如此可以反駁三神教（Tritheism）之譏。

二、由於柏拉圖主義的影響，人有理型人與經驗人之分。前者存在於上帝的「觀念」中，沒有性別差異；後者則是前者的不完整體現，是由上帝的邏各斯中創造出來，並非由流衍而成的。

三、上帝是無限的善與愛，祂願意分享，所以創造世界，但此一創造不是必然的，而是自由的。其次，上帝給人自由，而「惡」是人自由選擇的結果，不可歸咎於上帝。上帝預知人會為惡，但仍然創造了人，因為祂也預知最後祂會引導所有的人歸向祂。在此，格里哥利接受奧利真的「萬物復原論」。

四、他反對柏拉圖學派所說的靈魂預存論（亦即靈魂在與身體結合之前已經存在）。他認為靈魂是「受造的本質（或實體）」，有活力、有知性、非形體、精神的、單純而非組合成的；靈魂在受造時，即是與身體結合之時。格里哥利否定上帝的物質性，也否定二元論，所以他必須主張：身體是由「本身沒有形體的性質」（如顏色、體積、數量、重量等）所組成。這些性質不是精神的，否則無從區別身體與靈魂。這些性質與世間的物質有本質上的關聯，其功能為構成物質。至於上帝如何「從虛無中」創造這些性質，則不易理解。

五、人生的目的在於肖似上帝，「孤獨的個體要飛向至大的孤獨者」，這是恩典的作用，

是救贖之途」。主張二元論，上帝與物質分立，存在於兩者之間的是「流衍的系列」或「中介的存在」，而基督的地位可以由此得到肯定。

要靠居住在靈魂中的邏各斯（三位一體中的第二位）才可達成。格里哥利是密契神學系統的奠基者。人在世間，所見萬物皆難免虛幻，靈魂也因而陷於絕望，這時需要密契主義。但是靈魂無法得見上帝而陷於「未知狀態之雲霧」。靈魂渴望回歸上帝，於是超越自己，抵達「忘我出神」（ecstasy）之愛。在整個過程中一直存在著「神性黑暗」，因為上帝具有絕對的超越性，使人的靈魂超升永無止境。

格里哥利觀點

格里哥利認為，靈魂即使在天堂也一樣被愛所吸引。靜止不是倦怠就是死亡，而靈性生命必須永不停止地進展，因為人心永遠無法理解上帝。這就是他所謂的「神性黑暗」，以此充分說明上帝的超越性。

奧古斯丁（一）：經歷悔改的聖徒

*代表作品

奧古斯丁的代表作有《懺悔錄》與《上帝之城》等。

奧古斯丁（Augustine, 354-430）是拉丁教父的代表人物。他的生平富於戲劇性。年輕時學習文法修辭，成績優異但生活散漫。他受西塞羅的作品啟發，矢志追求真理，接受摩尼教（Manichaeanism）的觀點。

摩尼教為摩尼（Manes）所創，他把古代波斯人查拉圖斯特拉（Zarathustra）的善惡二元論與諾西斯主義、基督宗教的某些教義混合，宣稱世界由善（光明或善神〔Ormuzd〕）與惡（黑暗或惡神〔Ahriman〕）兩種始元所組成。人的生命兼具善惡二元，亦即靈魂與身體相互爭鬥，因而沒有自主及抉擇的能力，也無所謂報應問題。

奧古斯丁二十歲時，在迦太基（Carthage）創辦一所修辭學學院。由世俗的眼光看來，他是成功者。後來他拜訪摩尼教主教浮士德（Faustus），但無法解惑，比如，為何善惡一直衝突而沒有結果？人類思想有無確切性？真理是什麼？三八四年，他遇到米蘭主教安博洛斯（Ambrose, 333-397）。奧古斯丁的母親是虔誠的基督徒，但是他到此時才真正用心去理解其教義。

三八六年夏季某日，他在花園中散步，聽到隔鄰一個小孩不斷喊著：「拿起來念！拿起來念！」於是他隨手翻開聖經，讀到〈保羅致羅馬人書〉，十三章，十三、十四節，內容是：「行事為人要端正，好像行在白晝；不可荒宴醉酒，不可好色邪蕩，不可爭競嫉妒；總要披戴主耶穌基督，不要為肉體安排，去放縱私欲。」他覺悟信仰與道德實踐的密切關係，乃決心信奉耶穌，行善避惡。他於三八七年受洗成為基督徒。三八八年前往非洲，三九一年在希波（Hippo）受任為神父，三九六年受任為主教。他的代表作有《懺悔錄》與《上帝之城》，以及許多宣教與批駁異端的著作。

奧古斯丁並未明確區分哲學與神學，那是因為他認為基督宗教的「智慧」是整體的，人的理性要努力了解此一信仰，並在其光照之下，認識世界與人生。人也是一個整體，由恩典而信仰上帝。理性可以提供論證，但需要道德實踐配合，其目的是使靈魂得救，與上帝會合。理性有助於一個人預備接受信仰。換言之，宗教上的權威並不能使理性全然盲目。

哲學家首先要探討的課題是：知識是怎麼回事？我們如何判斷自己的知識是正確的？

對奧古斯丁而言，知識是為了追求真理，獲享智慧，由此得到真正的幸福。但是知識的確切性何在？在這一點上，他接受懷疑主義的啟迪，肯定感覺有其作用也有其限制。當某人說，「我覺得如何」，「在我看來或對我而言是如何」，這時我們只有尊重他。但是，由這種相對立場可能引發互相懷疑的結果。懷疑未必不對。我知道自己在懷疑，那麼至少「知道我在懷疑」是真的，是一件不可懷疑的事實。人有懷疑能力，這一點使奧古斯丁確信真理存在。

最精彩的是以下推論。當我懷疑自己是否真的存在時，怎麼辦呢？我若肯定自己存在，而自己其實不存在，那麼我可能受騙。但是我若不存在，又怎能受騙？奧古斯丁說：「若我受騙，則我存在。」（Si fallor, sum.）這句名言使人想起一千兩百年之後的笛卡兒（René Descartes, 1596-1650）所說的「我思故我在」（Cogito, ergo sum）。

由哲學史的角度看來，奧古斯丁深受柏拉圖學派與新柏拉圖主義影響。他由此派的觀點而擺脫唯物論，肯定有「非物質的實在界」以及「惡是一種缺乏」。但是基督宗教的啟示，使

＊《懺悔錄》

奧古斯丁的《懺悔錄》是一篇詩意濃厚的長篇禱文，通篇以上帝為談話對象，向上帝傾訴衷曲。作者在書中所著重的乃是分析自己靈性生活的每一過程，從幼年到少年，又從少年到成年各階段的發展情況。《懺悔錄》表現了他最真實的情感和人格，沒有一點隱諱和做作。

他可以大步跨越出去。他以「位格神」取代非位格的「善」，由此使萬物的存在彰顯明確的目的，亦即要讓人類順利回歸於神，而不是泛泛地提出某種善的理想。同時，身為基督徒，必然肯定創造論（世界是由神所創造），而不可能接受流衍論。於是他把理型安置於上帝的觀念中（亦即上帝心中想到了這些理型），如此可以保障理型的存有學地位，亦即理型並非化生而成，也無任何變動。由此出發，奧古斯丁推展出一套完備的教父哲學。

奧古斯丁軼事

奧古斯丁的母親摩尼卡是虔誠的基督徒，父親則到臨死前才受洗歸依。他十六歲時就到迦太基學習修辭學。在這個充滿聲色誘惑的大城市，他很快就有了情婦，並為他生了一個兒子。他的私生活複雜，但是學習成績極佳，並且始終保持探討真理之心。

＊《上帝之城》*The City of God*
是奧古斯丁的著作之一，他在書中說明了，羅馬的衰退是肇因於道德的衰退；天主教不但不是羅馬衰退的原因，反而有助於道德的提升。但基督徒所歸屬的不是羅馬帝國或任何地上之城，而是上帝之城。地上之城與上帝之城最根本的差別在於，前者人民的共通點在於對自己的愛，後者則是結合於對上帝的愛和因此而生的對彼此的愛。

奧古斯丁（二）：知識得自光啟

奧古斯丁在探討知識問題時，提出三層次的觀點：最低層的是感覺作用，是靈魂運用身體器官為工具所產生的活動，這是日常生活所必備的。其次，處於中層的是心智依理型所做的判斷，這是我們一般所謂的知識。最高層的是心智直接觀想永恆的智慧。值得再做說明的是後兩種。

由於奧氏肯定理型位居上帝觀念之中，那麼在肯定人的心智可以認識理型時，是否他也可以認識上帝的本質？

答覆是(1)一個人可以辨認理型，但未必知道其究竟真相，此中關鍵在於人還需要「道德上的淨化」，否則易受世俗干擾。(2)理型在上帝觀念中扮演「生發觀念」（ideogenetic）的功能，它們是上帝給所有人的「光」，使人心受到啟迪，可以看見永恆真理的不變性與必然性。因此，人可以認識真理，但並未看見上帝。

上帝是「可知的光」（intelligible light），人的心智「在上帝中，藉著上帝，經由上帝」，才理解一切可被理解之物。這種神性之光有如太陽，使心智可以看見永恆之物。理型的層次高於人的理性（亦即心智能力），因此，在神性光啟（Illumination）之下，理智才可理解真理（亦即理型）。「光」並不涉及觀念內容，而涉及人類判斷的形式，亦即依理型來辨別某些觀念是否必然而永恆。

＊奧古斯丁名言

‧我們最危險的敵人其實就是我們對敵人的仇恨，仇恨之心在我們內心造成的傷害，遠遠超過我們打擊敵人而給敵人造成的傷害。

奧氏認為，上帝除了創造及監管萬物之外，還須以「光啟」使人心了解永恆而必然的真理。而永恆真理的存在，又證明了上帝存在。試問：人的心智如何了解比人更卓越的真理？答案當然是：因為有上帝存在並作為真理的基礎，而上帝的光啟保障了此一可能性。這是奧氏著名的「光啟」理論。

接著，他說：「這個世界以及一切可見之物，其安排、秩序、美妙、變化及運動，都在默默地宣告：它們只能是被上帝所創造的。」這是由受造物來證明造物主的存在。他還提出比較特別的共識論證：除了少數人過分墮落以外，凡是使用理性的都「共同承認上帝是世界的創造者」。

我們在中世紀哲學這一部分，將會看到許多哲學家為上帝存在提出論證。這時我們的理解是：(1)他們要為變化的宇宙找到永恆不變的基礎，這自然也是愛智的特徵之一；(2)他們即使證明了上帝存在，這位上帝也未必等同於基督徒所信仰的上帝。因此，我們能以較平靜的心情去看待相關的論述。

那麼，上帝有何屬性？宇宙顯示的規則與秩序，昭示了上帝的智慧與善。上帝是自存的、永恆的、單純的，超越時間與空間。萬物都在上帝之內，而上帝又外在於萬物；上帝在萬物之前，也在萬物之後。奧古斯丁為了說明創造，提出典型論。他說：上帝從永恆就知道祂所創造的萬物。上帝觀念中有萬物的「典型」，祂預見了祂所要創造的一切。上帝的知識與活動不可分開，祂「知道」萬物的典型，自然就「創造」了萬物。萬物是上帝的本質之「外在的、有限的反映」。他後來補充說：典型存在於三位一體中的第二位，亦即聖言。

說得詳細一些：上帝從「虛無」中，自由地創造世界。為何要這麼說？若世界是上帝由「無形式的質料」（混沌）所造成，則混沌豈不獨立於上帝之外？奧氏對此提出駁斥，他說：(1)質料若是「絕對的無形式」，則等同於虛無，則無異於說上帝由虛無創造世界。(2)質料

＊奧古斯丁名言

・時間究竟是什麼？沒有人問我，我倒清楚，有人問我，我想說明，便茫然不解了。

・信仰是去相信我們所未見到的，而這種信仰的結果，是看見我們所相信的。

若有某種不完全的形式，則表示它有接納形式的能力，亦即不等於虛無，那麼它也須由上帝自虛無所造。此一質料在時間上並未先於形式，而是與形式同時被造。

由於聖經記載上帝在同一時間創造了萬物，又記載上帝創造萬物共需「六日」，為了協調這兩種說法，奧氏接受種子理型之說，亦即萬物受造時處於胚胎狀態，然後在時間中開展。由此可見教父哲學必須以聖經為真理的判斷標準，然後想辦法提出合理解釋。我們明白此一背景，也不必多所苛責。

奧古斯丁軼事

奧古斯丁在羅馬也創辦過一間修辭學學院，但由於學生逃避繳費，使他必須另尋一份差事，到米蘭市政府擔任修辭學教授。在米蘭，他聽到主教安博羅斯證道，開始對基督宗教產生好感。後來聽說聖安東尼在埃及沙漠中的苦修生活，內心才出現深刻的嚮往之情。

奧古斯丁（三）：發揚愛的倫理學

人是由身體與靈魂所組成的。奧古斯丁把「人」定義為：使用會朽壞的塵世的身體之靈魂。靈魂是生命的原理，與死亡不相容，所以靈魂不會死。這顯然出自柏拉圖學派的教導。問題是：靈魂是自存的，或者是上帝的一部分？動物也有生命原理，但動物的魂不是不死的。所以要指出人的特色：靈魂可以了解不朽的真理，由此證明其不死性。此外，靈魂還渴望至福，理應不死，否則這種渴望是無謂的。靈魂為上帝所造，但創造的細節則難以說明白。

奧古斯丁與大多數希臘哲學家一樣，主張人生的目的在於追求幸福，但是他肯定真正的幸福只有在上帝那兒才可找到。人間萬物無不處於變化生滅之中，靈魂只有在上帝那兒才可得到真正的安息。奧氏由此主張「愛的倫理學」。人藉著上帝的恩典而立志尋求上帝，愛上帝與愛鄰人，即是追求至高的善。這套倫理學強調意志的動力，也就是愛的動力，他說：「我的力量如何，我的愛也如何。」

意志是自由的，因而有可能偏離正途，亦即趨附於可變的萬物，或者在追求精神上的境界時「未能」關聯於上帝（比如為了求美而享受藝術品，或者為了求真而研究知識）。人生正途在於趨向上帝，一切言行都是為了愛上帝的緣故。人意識到上帝所給的道德律，它刻在人心上，有如「金屬烙在蠟上的印記，而金屬卻不留在蠟上」。因此，人的本性是趨向上帝的，但只有藉著遵循那「反映上帝永恆法則的道德律」，人才可能完成本性的動力所要求的目的。因

＊奧古斯丁名言

・萬物的和平在於秩序的平衡，秩序就是把平等和不平等的事物安排在各自適當的位置上。

此，意志是自由的，但它同時必須遵守道德律所給的責任。愛上帝是一種義務。

奧古斯丁是宗教家，深知人間的各種罪惡。他如何解釋「惡」呢？在此，是專就道德的惡而言。他認為：惡是人的意志背離了上帝。上帝不可能是惡的原因，亦即上帝不可能創造惡；惡來自於人這種受造物的意志背離了無限的善所造成的。因此，惡是「從本質墮落而傾向於不存在……傾向於製造那注定消滅之物」。意志本身是善的，但若缺乏正當的秩序，即出現了惡，這是人自己要負責的。

奧古斯丁

奧氏從新柏拉圖主義的普羅提諾那兒學到，「惡是一種缺乏」，而不是任何實在的東西。這種說法可以用來回答摩尼教的二元論。由於惡是「缺乏」，我們就不必考慮「把惡歸因於善的造物主」，或者「發明一個絕對的惡始元來說明惡」。於是，「惡是善的缺乏」這種說法在後代基督徒中得到廣泛的肯定。

區分善惡之後，人類社會依此分為兩大陣營：一是上帝之城（以耶路撒冷為代表），一是世俗之城（以巴比倫為代表）。奧古斯丁的歷史哲學由此展現開來。人類的墮落與得救，耶穌的降生與復活，上帝的計畫與實現，這一切全都在歷史的發展過程中得以實現。奧古斯丁擔任希波城的主教，希波城在他臨終前正處於蠻族圍攻的局面，西羅馬帝國也即將覆亡而成為一頁歷史資料。身在這種天翻地覆的變局中，他依然滿懷信心，在誦讀聖經聲中安然辭世。

既然區分了上帝之城與世俗之城，接著自然會把有組織的天主教會當作前者，而把俗人組成的國家當成後者了。奧古斯丁說：「沒有公義，國家豈不是一堆強盜嗎？一堆強盜又豈不是一個小王國嗎？」世俗的國家沒有真正的公義，因為真正的公義要求對上帝獻上祂所應得的敬拜。國家是武力的工具，其根源在於原罪，人民為了共同利益而結合。相對於此，教會以「天上的行為原則」來充實國家與社會，要求人民為了愛上帝而彼此相愛。因此，教會比國家優越。這種觀點成為西方基督徒國家的共識。但是，教會如果忽視或遺忘自身的「天上原則」，就變得與一般國家沒兩樣了。基督徒也是如此，不能只是賣弄口號而已。

總之，奧古斯丁提出一套完整的哲學系統，其系統的蓋頂石是基督宗教的信仰。此後一千多年的中世紀哲學大體表現類似的架構。

偽狄奧尼修斯：重視「否定之途」

偽狄奧尼修斯（Pseudo-Dionysius）這個奇怪的名字是怎麼來的？他的背景難以確知，但寫作時以「長老丹尼斯」（Dionysius the Presbyter）為名。有人以為他是耶穌門徒保羅在雅典所收的學生，但他的年代不可能早到第一或第二世紀，所以就以「偽狄奧尼修斯」稱之。

西元五三三年，安提約克（Antioch）的主教塞維勒斯（Severus）引述他的作品，可見他在當時已是知名的權威。此後許多重要哲學家翻譯及註釋過他的作品。他的學說設法調和新柏拉圖主義與基督宗教的信仰。作品可能完成於第五世紀末期，大約是西元五百年左右，出自某一位敘利亞神學家之手。他的著作包括：《聖名》、《密契神學》、《天體的階層》、《教會的階層》，以及十封書信。

中世紀哲學的核心問題之一是「上帝」。但是，人有可能認識上帝或描述上帝嗎？答案是可能的，方法有二：肯定之途（via positiva）與否定之途（via negativa）。

所謂肯定之途，就是人的心智從最「普遍的陳述，經過中介詞，抵達特殊的名稱」。比如，選擇「善、生命、智慧、能力」這些有價值的概念，看它們如何以超越的方式應用於上帝。舉例來說，萬物皆以某種程度分享了善，但是善本身所表達的是上帝的本性，亦即「離開上帝，沒有人或物是善的」。上帝因為是善，所以是創造的源頭，也是創造的目的。簡而言之，肯定之途就是把一切在受造物中所發現的完美，全都歸之於上帝的屬性。不過這些完美存

＊代表作品

偽狄奧尼修斯的著作包括：《聖名》、《密契神學》、《天體的階層》、《教會的階層》等。

在於上帝，與存在於受造物的方式則是不同的。如何不同呢？在上帝是「無限地超越的」。比如，在說上帝有智慧時，祂的智慧比起人類的智慧是無限地超越的。

其次，所謂否定之途，是否定上帝帶有受造物的不完美。這種思考模式是密契神學的主要特色。要排除對上帝說「祂是什麼」，尤其不可使用「擬人的」（或神人同形的）任何概念。只能對上帝說「祂不是什麼」，比如，不是天空或海洋，不是父親或母親，也不是智慧或善良，因為人類所能想像的概念，無論多麼完美，都不適宜用來描述那無限超越的上帝。上帝根本是不可思議者。人的心智在此進入「未知狀態之黑暗」（darkness of unknowing），在黑暗中，心智放棄了所有理性的了解，而被全然不可看見、不可觸摸之物所包圍，再由此連結於不可知的上帝。這種黑暗不是由於上帝不可理解，而是由於人類心智的有限性，在燦爛的光明中反而覺得昏眩有如一片漆黑。

此外，偽狄奧尼修斯試圖解釋「三位一體」。正統的教會觀點是：上帝的本性是單一不可分的，並且上帝的三個位格在實體上也是等同的。像這種屬於教義的觀點，很難用理性的語詞說明清楚。偽狄奧尼修斯認為這兒所謂的「一」與「三」不是我們所能了解的；不僅如此，像「父」與「子」這些借自人類關係的比喻也是不恰當的。看來他很擅長採用否定之途來應付這一類難題。

關於上帝與萬物的關係，他認為：上帝自身存在於萬物之中，但是上帝又是不可分割的、不會增殖的。創造似乎是上帝自發的活動，出於祂本性的必然性。這種說法並不清楚，因為他想要調和流衍論與創造論，同時又必須避免泛神論，結論則是肯定上帝是萬物的始點，也是萬物的終點。

他既然受到新柏拉圖主義的啟迪，對於「惡」的看法就不難猜測了。他認為惡不是積極的存在物，存有與善是同義字，所以惡是「應有而未有」。凡物存在，皆可名為善，但缺乏其應

＊《天體的階層》

智天使，象徵神的智慧。在狄奧尼修斯的《天體的階層》中把智天使和熾天使的區別為「多目」和「多翼」。這一特徵表明了智天使有直接凝視上帝光芒的能力，同時不動情地、純潔地和開放地接受來自上帝的光照。這一說法被後世廣泛接受。

有之善，即為惡。他說：「善來自一個共同的原因，惡則來自各種不同的缺乏。」人有能力知道善並且欲求善，若是反其道而行則是惡。上帝監管人類，但不干涉人的自由選擇，所以人還是要為自己的道德惡負責。

中世紀哲學自奧古斯丁死後（四三〇）直到第九世紀，將近四百年之間少有重要的哲學著作出現，偽狄奧尼修斯的作品受到廣泛的注意，可謂其來有自。

偽狄奧尼修斯軼事

偽狄奧尼修斯認為，人的罪惡不應歸咎於上帝。上帝雖然創造及監管人類，但是這種監管不足以破壞人的本性。人有自由選擇的能力，並且理性也可以分辨善惡，所以人不應推卸責任。

中世紀的哲學教育

如同我們一再重述的，中世紀哲學的主軸是會通希臘哲學與基督宗教。關於希臘哲學，首先上場的是柏拉圖學派以及稍後衍生而成的新柏拉圖主義。至於亞里斯多德學派，則延遲到第十二世紀才產生顯赫的影響。這期間有關希臘哲學家著作的翻譯，以及基本教材的編訂，也值得稍加介紹。

波埃秋斯

波埃秋斯（Boethius, 480-525）翻譯並註釋亞里斯多德的《工具論》，也為波斐利的《亞里斯多德範疇論導引》做了註解，另外編輯了論邏輯的文章以及神學小品，後來還在監獄中完成了他個人的代表作：《哲學的慰藉》。

他受亞里斯多德的啟發，注意一些概念的精確定義。比如，「人」是「有理性的本性之個別的實體」；「永恆」是「同時並且完全擁有無限生命之整體」。他清楚避開流衍論的觀點，他說：「上帝沒有任何變化，不是從自身的實體產生世界，而是藉著只有祂自己才知道，也只有祂自己才能決定的意志的運作，來形成世界。」他的思想缺乏原創性，但是在傳遞亞氏哲學方面，對後期哲學家深具影響。

＊《哲學的慰藉》

是波埃秋斯的代表作品，是他在獄中時寫成。波埃秋斯是很特別的人，人們幾乎把他當作一位教父。但是他在服刑期間寫成的《哲學的慰藉》卻是部純粹柏拉圖主義的書；這書雖不能證明他不是位基督徒，卻說明異教哲學比基督宗教的神學給了他更深遠的影響。

波埃秋斯的學生卡修多勒斯（Cassiodorus, 477-565），首先為教材區分了三門思辨的學問（文法、辯證、修辭）與四門實用的學問（算術、幾何、音樂、天文），後來這些合稱「七藝」，成為中世紀教育的主要科目。此外還有依西多雷（Isidore, 560-636），他編輯二十冊《字源學》，在知識界大受歡迎，幾乎每一所著名的修道院圖書館都有典藏。他在這一部書中探討了七藝，以及大量有關科學與準科學的事實，包括各種以聖經、法律、醫學、建築、農業、戰爭、航海為主題的理論。他還編了三冊《言論集》，收集從奧古斯丁以來的學者在神學與道德方面的文章。這些都有傳遞文化之功。

當時的歐洲地區，以天主教的教宗為共同的精神領袖，政治方面則是各個王朝擁兵自重或爭戰稱雄。西元第八世紀後期，法蘭西的查理曼大帝（Charlemagne）在聲勢最盛時，努力提升國人教育與文化的水平。他從義大利與西班牙找來知名學者擔任宮廷學院的教師。但是教學最具成效的則是來自英國的阿爾昆（Alcuin,730-806）。這個宮廷學院輾轉成了巴黎大學的前身。

阿爾昆並非原創性的思想家，但他似乎是一位成功的教育家。他退休之後，居住於聖馬丁修道院，繼續教學生涯。他在寫給查理曼大帝的信中，描寫他是如何教導一些年輕人享受著聖經的甘甜，另一些人沉醉於古典文學的美妙，再有一些人滋養於文獻研究的碩果，還有一些人追索著燦爛星辰的運行軌道。

除了宮廷學院之外，還有各地主教所辦的教會學院，以及專為培養神職人員所設的學院。除了神學與解經學之外，主要是七藝的學習研究。這裡面只要談到哲學，便只有邏輯或辯證法這一門科目。在亞里斯多德的系統中，邏輯只是哲學的預備科目，而不是哲學本身的學問。在這樣的教育設計之下，也許可以培養一批批對學術有真誠態度，對宗教有熱心關懷，但是在思想上卻沒有原創性的學者。

＊七藝

卡修多勒斯把教材區分為三門思辨的學問：文法、辯證、修辭，與四門實用的學問：算術、幾何、音樂、天文，後來這些合稱「七藝」，成為中世紀教育的主要科目。

這種情況持續到第九世紀，才出現一位具有創意的哲學家。他就是約翰．司各特．愛留根納（John Scotus Eriugena, 810-877）。他是愛爾蘭人（Eriugena即是「屬於愛爾蘭人的」），精通希臘文，把教父格里哥利與偽狄奧尼修斯的作品譯為拉丁文，並加以註釋。

他的代表作是《大自然的分類》，以對話體裁寫成。他的立場引起爭議，因為他一方面說：「在任何事上，皆須遵從聖經的權威。」這當然迎合了正統派的要求。但是另一方面他也說：「未經真正理性所肯定的權威（指教會的權威）是薄弱的，而真正的理性不需要任何權威的支持。」這話不免讓正統教派感到疑慮。

無論如何，第九世紀的哲學界僅此一人，他還被推為「第一位士林哲學家」，理性的運作顯示較大的獨立性，哲學的發展也邁進新的階段。

波埃秋斯軼事

波埃秋斯不是原創的哲學家。他的貢獻在於「傳遞」古代哲學經典，為其作註解。在註解中，他應用的哲學術語及範疇對當時及後代學者產生廣泛的影響。並且，註解的方法也是中世紀最受歡迎的寫作方式。

＊《字源學》

依西多雷編輯的二十冊《字源學》，在中世紀大受歡迎，幾乎每一所著名的修道院圖書館都有典藏。他在這部書中探討了七藝，以及大量有關科學與準科學的事實，包括各種以聖經、法律、醫學、建築、農業、戰爭、航海為主題的理論。這些都有傳遞文化的功能。

愛留根納：為大自然分類

約翰．司各特．愛留根納（John Scotus Eriugena, 810-877）的名字在中文翻譯上，可以簡稱為「愛留根納」，而不宜稱為「司各特」，這是因為四百多年後另有一位名叫約翰．鄧．司各特（John Duns Scotus, 1265-1308）的蘇格蘭哲學家。為了避免混淆，最好分別稱之為「愛留根納」與「司各特」。

愛留根納在第九世紀以《大自然的分類》一書而成為士林哲學的第一位哲學家。這本書所謂的大自然（或自然界），是指所有實在界而言，涵蓋一般所說的自然界以及上帝與超自然界的領域。

用他的話來說，大自然是指「是的物」（things that are）與「不是的物」（things that are not）之總體。所謂「是的物」，包括以下三種：可以被感覺與被理解者；只能作為理性對象者；人的本性藉恩典而與上帝復合之後的狀態。所謂「不是的物」，則包括：在種苗內尚未實現者；只是物質而將會消失者；人的本性因為罪惡而與上帝隔離時的狀態。

那麼，這樣的大自然要如何分類呢？愛留根納將它分為四類：(1)創造而不受造的自然；(2)受造並且創造的自然；(3)受造而不創造的自然；(4)不創造也不受造的自然。這種分類方法，似乎把上帝與受造物都當成大自然裡面的一個「種」（species）。不過，他又聲明：這兩者構成一個總體或整體，但兩者之間仍有「區分」。所以他不是主張一元論或泛神論。這四種大類其實分為以下三組。

一、創造而不受造的自然，所指的是上帝作為萬物的第一因，使萬物由虛無而存在。這裡請注意，他所謂的「不創造也不受造的自然」也是指上帝，但所指的上帝是作為萬物的目的因，亦即萬物變遷發展的歸宿。他由這兩種描述來肯定上帝的自存性與超越性。

他認為，上帝可以說是「在受造物中被造」，或在祂所造的萬物中被造，意思是：上帝在受造物中「彰顯祂自己」。由此可見他受到新柏拉圖主義的影響，但仍堅持上帝與受造物之間的「區分」。忽略此一區分，將為正統教義派所不容。

為了認識上帝，可以採用「肯定之途」，由於「原因」會在「結果」中顯現，所以可以用「類比」方式說上帝是什麼。也可以採用「否定之途」，否定上帝是任何一種「是」的東西。就字面意義而言，人只能說「上帝不是什麼」，因為人的思想範疇對上帝不適用。同時採用上述二途，則可以說，比如，「上帝是智慧的」，「上帝不是智慧的」，然後，「上帝是超智慧的」。愛留根納最後肯定：我們只能由萬物得知「上帝是」（或「上帝存在」）（that God is），而無法得知「上帝是什麼」（what God is）。

二、受造並且創造的自然，所指為初始原因或神性觀念。其受造是由言語或聖子（Word or Son）自永恆就生成的。言語之先於初始原因。是邏輯上而非時間上的。由初始原因（有如原型）再產生萬物，但是從這個原因到結果，對原因本身並無變異或減損。

三、受造而非創造的自然，這是指萬物而言。上帝藉著「言語」的初始原因而產生萬物，於是，「上帝創造萬物，又在萬物中受造，並且即是萬物」。世界不在上帝之外，而在是上帝之內，並且同時是永恆的與受造的。在說這些話時，作者都會再三強調上帝與萬物之間的「區別」。

那麼，人是怎麼回事？人是理性的動物，也是「永恆地在上帝觀念之中所造成的理智」。

＊《大自然的分類》

愛留根納在第九世紀以《大自然的分類》一書，而成為士林哲學的第一位哲學家。由書中融會了基督宗教與新柏拉圖主義為目標，足見愛留根納確有創見。

因此，人的理智可以知道上帝存在，但仍無法知道上帝是什麼。人類墮落之後，需要藉著取得人身的邏各斯（實指耶穌）的引導而回歸上帝。在此，愛留根納呼應奧利真所謂的「萬物復原論」，萬物終將回歸上帝，連惡人也不例外。在答覆有關「惡人受罰」的問題時，他說(1)上帝所造的皆非邪惡，因此魔鬼與惡人的實體或本性也是善的。(2)應受懲罰的是魔鬼與惡人之「邪惡的意志」（執著於萬物）。(3)最後將如太陽升起，消除一切陰影，而萬物亦復歸於上帝。

若以融會基督宗教與新柏拉圖主義為目標，則愛留根納的觀點確實有其創見。

愛留根納軼事

愛留根納約於八一〇年生於愛爾蘭，後來在修道院中求學。在當時，研究希臘文是愛爾蘭修道院的特色，他翻譯格里哥利與偽狄奧尼修斯的著作，還編集過希臘詩文。他四十歲前往法蘭西，在勇者查理的宮廷中擔任宮廷學院的重要職位。不過勇者查理死後他的處境也不再那麼順遂了。

困擾中世紀的共相問題

時序進入第十世紀，東羅馬帝國陷入分裂狀態，政權由法蘭西轉移到日耳曼。教會與修道院也趨於腐化，信徒士氣低落；加以北方蠻族入侵，文化與思想幾乎停滯。這時要談哲學上的創新見解，恐怕過於奢望。

學者的精力轉而注意一些「澄清概念」的問題。討論的出發點是兩個人的著作。一是波斐利所著《亞里斯多德範疇論導引》。在這本書中，作者沒有說明「類」與「種」是否獨立存在之物，或者是否物質的、感覺的等等。比如，以動物與馬為例，動物是類，而馬是動物類中的一種。亦即，在分類的順序上，較高的稱為類，低於類的稱為種。但是在此所說的「種」，必須底下緊接著「個體」。所以「種」又稱為不可區分的或原子式的「種」。若以馬為「種」，則底下可以指出這匹黃馬、那匹白馬等。在柏拉圖學派看來，「種」即相當於「理型」。理型是真正存在的，那麼「種」呢？亞里斯多德認為真正存在的不是「種」而是個體。這裡面就大有爭論的餘地了。

第二個引發討論的，是波埃秋斯對波斐利這本書所做的詮釋。波埃秋斯指出，一個觀念的內容，或者只存在於觀念中而不存在於外在事物，或者是由外在事物「抽象」而得。前者可以形成想像中的組合（如：人首馬身），所以是錯誤的。至於後者，比如由直的東西可以抽象出「直線」觀念，這才是正確的。

所謂「共相」（the universal），原指「普遍物」而言。凡是一個名詞（如：馬）可用來指涉許多個體（如：這匹馬、那匹馬）的，這個名詞就稱為共相。在柏拉圖，是以「理型」代替共相，肯定它存在於真實的理型界。柏拉圖所關心的不是馬或牛這些自然物，而是人類的道德有無完美典型。到了亞里斯多德，一方面批判理型論，另一方面重視個體，如此一來就必須面對「共相」究竟是怎麼回事的問題了。

前面提出「類」與「種」，它們皆由抽象而得。心智由許多個體抽象而得其相似性，構成了「種」；再由許多「種」的相似性而形成了「類」。因此，類與種存在於個體中，它們存在於可感覺之物中，但又不需要個體即可被人理解，此時的共相又宛如存在於觀念中。

因此，問題是：實際存在的個體，與其觀念（共相）之間的關係是什麼？如果共相只是人心所得的觀念，而沒有心外之物為其基礎，則人的知識有何可靠性？人的知識又如何可以應用到實際生活中？在第十一世紀後期，先後出現了四種立場。

一、極端實在論：認為思想共相與事物個體之間，有一種質樸的、完全的對應關係。如果概念所指之物，與心外之物未能完全相同，則概念將純屬主觀，無法產生溝通效果。比如，人的「種」是單一的實體，眾人皆分享此一實體，否則無法稱之為人；然後人與人之間的不同只是附質（偶存性）的差別。這種觀點將導致一元論。

二、羅塞林（Roselin, 1050-1112）的唯名論：他反對極端實在論，認為：只有個體存在，概念只是名稱，共相只是字句或空言。他否定共相有實體形式的存在，亦即共相只是「字詞中的共相」，在語詞之外並不存在。唯名論（Nominalism）與極端實在論針鋒相對，但沒有說清楚共相的由來。

三、尚波的威廉（William of Champeaux, 1070-1121）：他不同意羅塞林的觀點。他原本主張同一性理論（如：人的實體為一，彼此只有附質之異），後來改而主張無差異理論（如：同

＊共相

「共相」原意是指「普遍物」而言。凡是一個名詞可用來指涉許多個體的，這個名詞就稱為共相。

一種的兩個個體之間的相同，不是本質的而是無差異的），亦即以相似性取代相同性。他在學說受到批判之後就退隱了。

四、阿貝拉德（P. Abelard, 1079-1142）：共相不是用來稱述個體的，所指不是一物而是一個名稱。此名稱代表普遍觀念，心智藉此「認識眾多事物之共通而混淆的意象」。經由作為共相的概念，我們認知了「在」對象之中的是什麼，但卻不能「如」其在對象中而加以認知。換言之，共相依然有客觀的指涉。此說接近溫和實在論（Moderate Realism），在經院哲學中受到較多支持。

中世紀趣談

中世紀的辯論題材很多，其中較有趣味的是：「一根針尖上可以站立幾位天使？」由於天使只有形式而沒有質料，所以不需占有空間，因此這個問題的答案是：可以站立無數天使。

中世質料是個體化原理，天使若無質料，那麼要如何分辨不同的天使呢？答案是：天使只有形式，亦即只有某一「種」天使，如智慧天使、仁慈天使、勇毅天使、正義天使等。換言之，沒有個別的天使可言，像這一類問題難免有鑿空蹈虛之嫌。

安瑟姆：倡言上帝存在先天論證

安瑟姆（Anselm, 1033-1109）是英國坎特伯里（Canterbury）的大主教，在哲學上屬於奧古斯丁傳統。他認為，基督徒應該以理性去認知及了解所相信的真理，像上帝存在與三位一體。他對哲學與神學的區分不以為意，因為真理即是信仰所表達的內容。既然如此，他在西方哲學史上還有什麼值得一談的呢？

有的，那就是他在《獨白集》與《對話集》中所談有關上帝存在的論證。他在《獨白集》中提出的是「後天論證」，就是從人類所見的經驗世界去推論上帝存在。這裡有三點可說：

一、由於受造物（萬物）表現不同程度的完美性，如某種善或偉大，那麼就必須有一個完美的標準或絕對的完美，否則如何衡量各種完美？這絕對的完美即是上帝。

二、一物的存在，或由另一物而來，或由虛無而來。由虛無而來是不可能的。若由另一物而來，則它們或是由於相互依靠而存在，或是這另一物由自己而存在。前者為「多數無因之因」，則必有一共同形式，讓這些因分享，那麼這個共同形式必須是外在於萬物的終極之物。不然就必須肯定有一物是由自己而存在。無論是終極的共同形式或由自己而存在者，所指涉的都是上帝。

三、所謂上帝「從虛無中創造」，是要強調「不是從某物創造」，因為起初只有上帝而別

***《獨白集》**

安瑟姆依循奧古斯丁的傳統，主張「信以致知」，努力去了解他所相信的。

他在《獨白集》中提出的是「後天論證」，就是從人類所見的經驗世界去推論上帝存在。

無他物，「虛無」也不可能作為質料。這唯一恆存的上帝是自有的，其屬性超越空間，具備單一性與精神性，也超越時間，具備永恆性。祂是無所限制的生命，又擁有完美的全部存在。

其次，安瑟姆在《對話集》中首度提出了「先天論證」。所謂先天論證，是說不涉及經驗世界就直接由概念推論出存在。方式是：先對「上帝」概念加以定義，然後由其定義推出其必然存在。安瑟姆指出：

(1)上帝是「那不能設想有比祂更偉大之物」。這個定義還算不難理解。

(2)可是「那不能設想有比祂更偉大之物」必須存在，不僅存在於人的觀念中，也存在於實在界。否則這個定義就不能成立了。

換言之，只要你接受了安瑟姆對上帝的定義，你就不得不同意這樣的上帝必然存在。因為這樣的上帝若不存在，則祂就不是「那不能設想有比祂更偉大之物」了。這個論證完全不涉及經驗，直接肯定了上帝存在，所以又稱為「存有學的論證」（Ontological Argument）。相對於此，大多數論證都會涉及萬物的存在，所以可稱為「宇宙論的論證」（Cosmological Argument）。在中文翻譯上，存有學論證常被譯為「本體論證」。

存有學論證提出之後，受到高尼洛（Gaunilo）的反駁。高尼洛認為從心中觀念（合理思維的邏輯秩序）不可跳躍到真實存在（客觀的實在秩序）。這是有力的質疑，但是他接著舉例說，「可能中最完美的島嶼必是存在於某處，因為我們可以設想它」。這個例子涉及「可能的必然存有」，而這個概念本身就難以成立。安瑟姆的存有學論證在後代餘波盪漾，一直受到討論與批判。

十二世紀的中世紀哲學沒有大家，關注焦點在於教育。當時流傳「羅馬有教皇、德國有帝國、法國有知識」這一句口號。巴黎大學逐漸成為學術中心。就其教學計畫而言，邏輯是科學的導論與必備工具；理論科學包括神學、數學與物理學；實踐科學包括倫理學、經濟學、政治

＊《對話集》

安瑟姆在《對話集》中首度提出了「先天論證」。所謂先天論證，是說不涉及經驗世界就直接由概念推論出存在。方式是：先對「上帝」概念加以定義，然後由其定義推出其必然存在。

學；機械學包括世俗的技藝，如羊毛製造、軍械、木工、航海術或商務、農業、狩獵（包括烹調術）、醫藥與演戲等。

在學術上，有夏爾特（Chartres）學派與聖維克多（St.Victor）學派，兩派提出各種理論來解說幾百年來一再被探討的問題，熱鬧有餘而創見有限。在後代較有影響力的則是前一學派的隆巴特（P. Lombard, 1100-1160），他的《言語錄》四篇分別探討了「神，受造物，邏各斯取得人身、救贖與德行，七件聖事與末世」，此書立場為奧古斯丁學派，資料豐富而成為教會的標準教材，直到十六世紀末期。

安瑟姆軼事

安瑟姆年輕時加入本篤會，後升任神父、院長及坎特伯里的大主教。他的文章也表現奧古斯丁的特質：「喔，我主！我不嘗試去探測你的深邃，因為我知道自己的理智絕不足以抵達，但我渴望了解一些祢的真理，那是我所信仰所摯愛的，因為我不是為了相信才尋求理解，而是我相信了，我才能理解。」

波納文德：接續奧古斯丁立場

波納文德（Bonaventure, 1221-1274）是十三世紀士林哲學的重要代表之一。巴黎大學是當時的學術中心，而哲學界處於新的形勢。波納文德與多瑪斯（Thomas Aquinas, 1225-1274）同時在一二五七年受聘為巴黎大學教授。他們兩人各有立場。

天主教內部的革新人士組織成不同的修會，這時逐漸形成氣候。波納文德參加了方濟會，而多瑪斯則屬於道明會。方濟會由聖方濟（Francis of Assisi, 1182-1226）所創，在哲學立場上傾向奧古斯丁主義。道明會由聖道明（Dominic, 1170-1221）所創，在哲學立場上是亞里斯多德主義。這些修會以培養德行、傳揚福音為職志，從事哲學研究只是其中少數人的任務。

波納文德一如奧古斯丁，注意具體而整體的個人，肯定人的超自然使命在於使靈魂回歸上帝。他並未嚴格區分哲學與神學，甚至認為不僅「基督徒哲學」可以成立，並且一切只憑理性的獨立的哲學都有缺陷。哲學的終點是神學的起點。他主張理性可以知道上帝存在，但不知道上帝是三位一體，也不知道上帝的超自然目的、人的死後復活以及永恆幸福。令人滿意的形上學系統必定需要信仰的光照。

他為上帝存在所提出的證明，綜合了奧古斯丁（任何肯定皆預設了真理，有真理則有真理的基礎）、安瑟姆（只要了解上帝概念，即不可懷疑上帝存在），以及由萬物不完美推知完美的上帝，由萬物作為結果推知必有最初原因。較具特色的證明是人對幸福皆有自然的渴望，而幸福在於擁有絕對的善（上帝），因此人皆渴望上帝；但是對此一對象毫無認識則無法去渴望，因此人皆本然已知上帝存在。關鍵在於：如何使隱然的化為顯然的。

其次，上帝與受造物的關係如何？他認為上帝不可能從永恆就創造世界，理由是：⑴若世界從永恆就存在，則世界可以增加到無限。⑵若時間無起點（亦即永恆），則世界不可能通過無限系列而走到今日。⑶不可能同時存在著無限多的具體之物；若世界從永恆就存在，則現在應有無限多的理性靈魂。這些觀點都著眼於「永恆」與「無限」二詞，後來多瑪斯對此做出批評。

他提出一個後來常被談到的話題，「這個世界是否所有可能世界中最好的？」他的考慮是：上帝是否可以創造另一個更好的世界？上帝是否能使這個世界變得更好？他認為答案都是肯定的，只是我們不知道上帝為何沒有這麼做。

自亞里斯多德以來，有關一物之「個體化原理」已經成為一個哲學問題。依亞氏所說，例如，一匹馬由形式與質料所構成，「形式」使它被辨認為馬，但是使它作為這一匹馬的則是「質料」。亦即，質料是個體化原理。波納文德不以為然，他說個體化是由質料與形式在特定時空中的實際結合所出現的。質料有如胚胎，上帝在其中創造了在虛擬狀態中的具體的形式。換言之，種子理型是存在於質料中的主動能力，可以由此引發形式。

人的靈魂是上帝的肖像（Imago Dei），是完整的、單一的、不死的，同時具有理性與感性的機能。靈魂是身體的形式，但不是眾人共有的同一個實體。靈魂本身是精神的實體，由精神的形式與精神的質料所組成。如此可以保障靈魂在身體死後的繼續存在。

人對上帝有「天生本有的觀念」，「每個靈魂都知道自己不是永遠存在的，自己的存在必有一個起點」。人對道德也有天生本有的觀念，即使是不義的人也知道何謂正義。人的靈魂有四層作用，從思考出發到認識，再到理解，最後抵達覺悟，依此逐步上升，觀想內心的上帝肖

＊波納文德

波納文德是十三世紀士林哲學的重要代表之一。他是一位奉行基督信仰的哲學家，德行受人尊敬，學說則須公諸社會大眾接受評論。

像，上升到以上帝為存有本身，為善自身，為三位一體，再到密契境界而忘我出神。在此一過程中，人的意志發揮作用，以愛來契合上帝。

波納文德是一位奉行基督信仰的哲學家，他的德行受人尊敬，他的學說則須公諸社會大眾接受評論。多瑪斯在這方面的表現是：「吾愛吾友，吾尤愛真理。」

波納文德軼事

波納文德幼時患了重病，母親向亞西西的聖方濟祈禱許願，所以他痊癒後年長些就加入天主教方濟會。他在巴黎大學受教於海爾斯的亞歷山大，並在一二五七年十月與道明會的多瑪斯同時出任巴黎大學的神學教授。他後來擔任樞機主教，出席一二七三年的里昂大公會議。

多瑪斯（一）：中世紀哲學的集大成者

多瑪斯．阿奎那（Thomas Aquinas, 1225-1274）出身於義大利貴族家庭，從小矢志修道，後加入道明會。在巴黎大學師事大亞爾伯（Albert the Great, 1206-1280）期間，同學們看他專心治學，稱他為「沉默的公牛」，大亞爾伯說：「你們稱他為沉默的公牛，但我卻要告訴你們，這頭沉默的公牛將大聲咆哮，他的聲音將充盈迴繞整個世界。」

多瑪斯是中世紀哲學的集大成者，熟悉在他之前的所有哲學討論，尤其難得的是，他還精研亞里斯多德哲學，所以有能力會通哲學的每一個領域。中世紀哲學以基督宗教為主軸之一，這是毫無疑問的，但是作為另一主軸的希臘哲學則向來側重柏拉圖學派而忽略了亞里斯多德學派。亞里斯多德的著作經由波埃秋斯而傳下一部分，但大多數則須歸功於阿拉伯哲學家的翻譯工作。阿拉伯世界自穆罕默德（Muhammed, 569-632）創立伊斯蘭教之後，於八三二年在巴格達成立翻譯學院，出版了亞里斯多德作品的阿拉伯文譯本，並培養出阿維塞納（Avicenna, 980-1037）與阿維洛埃斯（Averroës, 1126-1198）等哲學家。經由他們的作品，亞里斯多德開始廣為人知。阿維塞納說他閱讀亞氏《形上學》四十遍而一無所得，可見其用功之勤。多瑪斯對亞氏《形而上學》的註解比原文多出不只十倍，可見其學問功力。

多瑪斯立說的出發點是：要在人類心智所及的範圍，對存在物與存有詳加說明。他特別注意「存在」（esse）一詞，「存在」意指具體的、實在的萬物，要探討的是萬物如何存在、有

多瑪斯禱告

多瑪斯被尊奉為神

何條件、基礎是什麼。至於「存有」（一切存在物的基礎）自身即是存在，這又要如何理解。

說得清楚一些，「存在」是使萬物存在的動力，所以存在即是上帝。上帝的本質包含存在。哲學從經驗世界出發，依理性的自然之光而探討上帝，神學則由上帝的啟示出發，可以抵達三位一體的奧祕。形上學中討論上帝的部分屬於自然神學（Natural theology，異於啟示神學），是哲學所要研究的最後領域。如此可以區分神學與哲學，不過，只有明白上帝是人生目的所在，人的道德才有真正的基礎。多瑪斯認為，亞里斯多德是最典型的哲學家，他的學說是不藉上帝信仰而運用人類心智之最具體表現。不過，若要圓滿達成人生目的，人還是需要信仰的啟示。這種觀點從基督宗教正統派的眼光看來，也是相當穩妥的。

多瑪斯的哲學是個完整的系統，我們先從知識論說起。人有感覺能力，而感覺作用是身體

＊沉默的公牛

多瑪斯・阿奎那出身義大利貴族家庭，從小矢志修道，後加入道明會。他在巴黎大學師事大亞爾伯期間，同學們看他專心治學，稱他為「沉默的公牛」，大亞爾伯說：「你們稱他為沉默的公牛，但我卻要告訴你們，這頭沉默的公牛將大聲咆哮，他的聲音將充盈迴繞整個世界。」

與靈魂的組合體的活動，其對象為個體。那麼如何將它轉化為知性的認識？人的靈魂有主動知性，藉著自己本有的力量（此時不需要上帝的光啟）而抽離出心像中共相的要素。此要素在被動知性中是「印入的觀念」，經由主動知性而成為「顯出的觀念」。人的知性中沒有天生本有觀念，但有潛能可以接受觀念，亦即由心像中抽離出可知的本質。

「觀念」（idea）一詞是指對一物泛泛的認識結果，「概念」（concept）一詞則是指對其本質的明確認識。抽離出概念，是認知作用的方法；而概念是對象在心中所產生的意象，知性藉此才可認知對象。因此，第一義的知識對象是直接的共相，亦即在個體中所理解的共相；第二義的知識對象是反省的共相，亦即了解共相之為共相。多瑪斯清楚指出：「凡在知性者，必先在於感覺。」我們對一物若不先感覺它，則無法理解它。即使是靈魂對自己的認識，也無法離開心像的活動來思考。

阿維洛埃斯

知識論的目的是為了建立形上學的可能性。心智無法直接認識非物質實體，又要如何建構形上學呢？知性以事物的共相為其對象。知性首先是在概念中遇到存在物，它所知者都是已實現的，因此存在物是知性的合宜對象。換言之，人的知性由可感覺之物開始，再繼續超越感覺而不局限於物質的實體，走向非物質領域。於是知性由可感覺之物看出其彰顯上帝，並得知類比的、間接的、不完全的知識，知道上帝是「作為原因」、「經由無限擴大」、「經由否定式

＊**《形上學》**

本書是亞里斯多德的純哲學著作，書中檢驗了「實體」（ousia）的概念，他指出一個特定事物的實體是來自於形式和質料兩者的結合。在第八卷中他總結：實體的「質料」是來自於構成它的結構或材質。

推想」。比如對於上帝，可以說「上帝是有位格的」，而不可說「上帝是一個位格」，人對上帝也因而可以崇拜及禱告。

多瑪斯軼事

多瑪斯的父親是義大利伯爵。父親希望他加入本篤會，他自己卻選擇了道明會。道明會派他去巴黎大學求學，在途中他被兄弟綁架，拘禁於城堡達一年之久。之後，他終於如願前往巴黎大學，受教於大亞爾伯。大亞爾伯對多瑪斯，可以說是蘇格拉底之於柏拉圖。

多瑪斯（二）：上帝存在的五路證明

身為虔誠基督徒，多瑪斯當然相信上帝存在，但他還是綜合前此各家說法，提出著名的「五路論證」。

上帝的存在是本然自明的，但是對人類而言卻非如此，所以要加以證明。首先，多瑪斯無法苟同安瑟姆的存有學論證，因為那是從觀念層次直接跳躍到實在層次；並且，不是每個人都明白或者都同意「上帝是那不能設想有比祂更偉大者」。然後，多瑪斯側重的是「後天論證」（又稱宇宙論證）或來自經驗的論證，要由結果（萬物）推到原因（上帝）。如此一來，即使無法充分明白原因是怎麼回事，但至少可以肯定原因的存在。五路中的前三路可以列為一組，內容如後：

一、由世間萬物之變動來證明。變動是指由潛能到實現，因此除非藉著某一已經實現之物，否則無法促成變動。亦即，凡動者皆為他物所推動，而無窮後退是不可能的，所以最後必須推出第一個不動的推動者（the first unmoved mover），那就是上帝。

二、由一物之存在必有形成因來證明。一物不能是自己的原因，而向後追溯形成因也不能無窮後退，所以有一個第一形成因（或動力因），那就是上帝。

三、由一物之存在為偶存來證明。一物在變化中，有生有滅，是偶存的而非必然的。因此，一定有一個必然的存在物，使萬物得以存在，那就是上帝。

＊五路論證

多瑪斯綜合各家說法，提出著名的「五路論證」：

五路中的前三路可列為一組，內容簡述如後：一、由世間萬物之變動來證明；二、由一物之存在必有形成因來證明；三、由一物之存在為偶存來證明；四、由世界萬物的完美程度來證明；五、從萬物的目的性來證明。

以上三路論證的重點都在於「不可無窮後退」。所謂無窮後退不是指在時間中或水平式的後退，比如，再多的零加起來也是零。它是指垂直式的上溯，比如要從零找到一個一，亦即找到一個獨立自存的存在物，亦即存有本身。即使世界從永恆就受造，它依然是由偶存的存在物所組成，「沒有開始」並不等於「必然的」。然而，即使這三路觀點真的證明了上帝存在，也無法保證那就是宗教信仰中有位格的上帝。

四、由世界萬物的完美程度來證明。只要談到「美、善、真」，就暗示有一個至美、至善、至真的標準，亦即完美的終極原因。既然是完美的，自然也是存在的，那就是上帝。

五、從萬物的目的性來證明。我們所見的萬物，搭配形成某種秩序，朝向一個目的，因此，應該有一個有理性的原因或神性的監管者在安排，而他就是上帝。此路可證明有一位宇宙的設計者、建築師或統治者，但他未必是創造者。

以上五路證明，以第三路訴諸偶存性為其核心。偶存性用於變動，則為第一路；用於因果關係，則為第二路；用於完美性，則為第四路；用於目的性，由無機物之合作以完成宇宙秩序，則為第五路。換言之，偶存性所指明的是：一物之存在必須有其充足理由，而萬物存在之充足理由則是上帝。那麼，如何了解或描述上帝呢？

多瑪斯使用「否定之途」，他說：「我們不能藉著知道祂是什麼來了解祂，卻可以藉著知道祂不是什麼來了解祂。」他所謂的否定，不是指缺乏而是指超越。比如，「上帝不是永恆的，而是永恆本身」；「上帝不是善的，而是善本身」。他也使用「肯定之途」，但是要去除人類經驗的限制，比如，上帝是愛，但並非人所了解的愛。

他最常使用的是類比法，因為結果（萬物）必以某種方式或某種程度彰顯其原因（上帝）。不過，類比法的限制也很大，因為受造物對上帝「有」真實的關係（若無上帝則無受造物），而上帝對受造物卻「沒有」真實的關係（若無受造物，上帝依然存在）。

前三路論證的重點都在於「不可無窮後退」。以上五路證明，以第三路訴諸偶存性為其核心。偶存性用於變動，則為第一路；用於因果關係，則為第二路；用於完美性，則為第四路；用於目的性，由無機物之合作以完成宇宙秩序，則為第五路。換言之，偶存性所指明的是：一物之存在必須有其充足理由，而萬物存在之充足理由則是上帝。

關於上帝創造世界的問題，多瑪斯認為，哲學家無法解決「世界是在時間中或自永恆就受造」這個問題。我們只能說「上帝自由地從永恆創造世界」，而不可說「世界從永恆就開始存在」。上帝最合適的名稱是祂在《舊約》中對摩西所說的"Qui est"（He who is），「祂是自有永有的」，上帝的本質包含了存在，是「自身即是存在」。

多瑪斯軼事

多瑪斯博學深思，擁有聖經學、言語學、神學、哲學等學位。後來在巴黎大學任教，受到各方矚目。他又勤於著述，在神學與哲學方面皆能集其大成。他得年只有四十九歲，在臨終時感慨自己的一系列著作從信仰的角度看來，實在毫無價值。

＊多瑪斯名言

．無論何人，如為他人制定法律，應將同一法律應用於自己身上。

多瑪斯（三）：人生幸福在於信仰

焦點轉到人的身上。多瑪斯認為，人是靈魂與身體的組合；他只有一個實體形式，就是理性的靈魂。此一形式決定了人的具體性，以及生長性、感覺性與知性的運作。換言之，靈魂有感覺能力，但沒有身體則無法操作此一能力，靈魂有知性能力，但沒有天生本有觀念，而須由感覺來形成。靈魂加上身體，可使靈魂全面運作，所以身體不是靈魂的監獄。

這樣一個完整的人，擁有三種層次的能力：(1)生長層次：營養、成長、繁殖；(2)感覺層次：五種外部感覺（視、聽、觸、嗅、味）與四種內部感覺（分辨力、想像力、臆測力、記憶力），以及移動能力、感性欲求；(3)理性層次：主動知性、被動知性、意志。

人有自由意志，欲求幸福，就是普遍的善或善自身，這是出於本性的必然性。人必然追求幸福，但知性未能清楚看出上帝是無限的善。若是閉眼不看真理，轉向感性的快樂，則犯了道德上的過失。意志有其必然的一面（關於目的與幸福），也有其自由的一面（關於達到此一目的的方法選擇）。自由意志是指自由選擇達到目的之方法。此自由來自人的理性，使人看出判斷時的選項，所以，自由意志不能脫離人的思考。

多瑪斯在這方面屬於主知主義（Intellectualism），他認為：知性經由認知作用而占有（亦即理解）其對象，意志則趨向其對象，所以知性較為尊貴。但是對上帝則未必如此，人只能「間接」知道上帝，而意志則「直接」趨向上帝。愛上帝勝過知上帝。但是人死之後，靈魂

＊主知主義

多瑪斯認為：知性經由認知作用而占有（亦即理解）其對象，意志則趨向其對象，所以知性較為尊貴。他在這方面屬於主知主義。

可以直接看見上帝的本質，所以知性還是較為優越。

亞里斯多德的倫理學是幸福論，主張幸福在於人的理智可以「觀想」完美的對象。多瑪斯的立場大致類此，但是他特別指出：人的意志趨向普遍的善，只有上帝是普遍的善，所以看見上帝是人真正的幸福。人的行為要遵循自然法則與永恆法則。

自然法則建立於人性上。人的自然本性包括保存生命、繁殖及養育後代，以及尋求真理（直至最高真理）。人因而有了義務，就是為了約束自由意志去實踐其達成最後目的所必要的活動。永恆法則在於上帝，是自然法則的根源與基礎。至於道德法則，則既是理性的也是自然的，其終極基礎在於對上帝的信仰（如：賞善罰惡）。宗教奠基於人對上帝的關係上。在亞里斯多德看來，有德之人是最獨立的；在多瑪斯看來，有德之人是最能信靠上帝的。

至於「惡」，則依前哲所說，是善的缺乏。人有自由，自由是善的，使人可以行善、愛上帝；但自由也使人「可能」犯罪。人不可能擁有自由而又同時沒有能力去犯罪。上帝期望人可

多瑪斯

＊幸福論

亞里斯多德的倫理學是「幸福論」，主張幸福在於人的理智可以「觀想」完美的對象。多瑪斯的立場大致類此，但是他特別指出：人的意志趨向普遍的善，只有上帝是普遍的善，所以看見上帝是人真正的幸福。人的行為要遵循自然法則與永恆法則。

以自由選擇去愛上帝。上帝絕不意欲道德的惡，而只是允許它，目的是為了更大的善。

人既有超自然的目的，則不能光靠國家，還需要教會。人在本性上是社會性的存在者，分工合作以形成國家，所以不可說國家是罪惡的結果。「即使處於無罪狀態，人也需要社會以謀求共同的善。因此，國家的成立是為了保障人民獲得共同的善。教會的目的是超自然的，要使國家的目的得以提升，國君應該盡力命令那些引人走向天上福祉的事務，而禁止那些背道而馳的事務。」統治者沒有權力宣告違反自然法則（包括良心）的法律，因為一切權力都來自上帝。多瑪斯的學說在基督宗教籠罩的西方世界受到歡迎，是十分合理的。

多瑪斯的代表作是《神學集成》與《駁異大全》，都是大部頭的著作。他總結了一千多年的中世紀哲學，發展出龐大的系統，立論溫和持平，說理清晰流暢。由於近代以來的巨大變化，天主教在各方面都受到嚴峻的考驗，一八七九年，天主教教宗發表〈永遠之父〉通諭，公開肯定多瑪斯主義為正統哲學。學術界也大致同意多瑪斯是具有代表性的大哲學家之一。

多瑪斯軼事

多瑪斯去世之後三年，巴黎主教宣布禁止介紹二一九條主張，其中有些是多瑪斯的觀點。接著牛津也發布禁令，反對主張實體形式的單一性與質料的被動性。直到一三二三年，多瑪斯正式被教廷封為聖徒，對他的批評才逐漸消失。到了一八七九年，他的學說才成為天主教的官方代表觀點。

＊代表作品

多瑪斯的代表作是《神學集成》與《駁異大全》，都是大部頭的著作。他總結了一千多年的中世紀哲學，發展出龐大的系統，立論溫和持平，說理清晰流暢。

司各特：適當定義「善」

司各特（John Duns Scotus, 1265-1308）是蘇格蘭人，曾在牛津大學與巴黎大學受過教育，後來也在這兩所大學教過書。他繼承奧古斯丁與方濟會的傳統，肯定意志優於理性，以合理方式批評多瑪斯。

在知識論方面他認為知性對個體有一初步而未完成的直覺。個體在其自身是可理解的，知性對此有模糊的認識，如此可以保障知識之客觀性。多瑪斯認為神學屬於思辨之學，他則主張神學是實踐之學，亦即啟示有助於人的行為規範，使人得知最終目的。多瑪斯強調知性與沉思，他則側重意志與愛。他的思想有何特色呢？

司各特提出形式區分理論。區分有三種：(1)實在區分，如兩手的區分，或一物之形式與質料的區分；(2)虛擬區分，如一物與其定義；(3)形式區分：如神的屬性（可分為正義與憐憫），如人的靈魂（可分為感覺與理性原則）。形式區分是「不同但不分離」，如此可以保全知識的客觀性，但不損害對象的統一性。

一物的本質與存在之間並無實在區分，只有形式區分。因此，上帝所知者，為受造物的「本質之存在」的狀態，受造物自身則處於「存在之存在」的狀態。簡單說來，上帝知道萬物（本質），但不干涉萬物的具體狀況（存在）。因此，上帝並不需要萬物，而所謂創造，只是增加了受造物對上帝的關係。司各特還指出有三種共相：物理的共相（個體中的本性）、形而上的共相（萬物共同的本性），與邏輯的共相（作為可稱述的、嚴格意義的共相）。長期爭論的共相問題至此可以告一段落。

比較具有爭議性的是有關一物之「個體化原理」。若以質料為個體化原理，則靈魂中必有質料，否則人死之後，不同的靈魂要如何區分？因此，質料在邏輯上「先於」形式，因為是它「接受」形式。上帝直接創造質料，也可以直接保存它。人的身體中也有一具體形式（異於理性靈魂），使這個身體成為這個身體。多瑪斯以「定量質料」為個體化原理，司各特則說：「量」為一種附質，一個實體不能由某種附質而個體化。所以，個體化原理不是原始質料，也不是本性自身，而是個體的本性，亦即「該物性」，又名「個別的或單獨的本體」或「存在物之最終的實在」。它既非質料或形式，亦非組合之物，而是正面的本體，亦即質料、形式與組合物之最終的實在。

關於上帝，司各特認為最好的描述是「存有之無限性」：(1)上帝是第一動力因，可產生無限多的結果，其能力必為無限，其本身乃徹底無限。(2)上帝知道無限多的可知之物，並且是同時一起理解的，所以上帝必為無限。(3)人的意志總是尋求比一切有限更大的善，所以無限的善必然存在。(4)無限與存有可以相容，最高存有也必然是無限的。此外，上帝的屬性（如善、智慧）無法由哲學來證明，各屬性之間有形式區分，但並不損

司各特

＊形式區分理論

司各特提出此一論點，他將區分歸為三種：(1)實在區分；(2)虛擬區分；(3)形式區分。形式區分是「不同但不分離」，如此可以保全知識的客觀性，但不損害對象的統一性。

害上帝的單純性。至於說上帝「由虛無中」創造世界，是指虛無是在邏輯上先於世界。

以上這些討論已經過於細節而讓人感到乏味了。中世紀的經院哲學又有「煩瑣哲學」之稱，不是沒有理由的。

司各特在倫理學上對「善」所做的定義，倒是很有參考價值。道德上的善在於自由以及符合正當的理性，說得詳細一些：一個行為是善的，必須是(1)自由的；(2)在客觀上是善的（合乎禮儀與法律，為眾人所公認）；(3)本於正當的意圖（出於真誠之心）；以及(4)以正當的方法來做（不可不擇手段）。符合這四項條件，才能算是善行。當然，司各特不會忘記說：道德的善的首要原則是「上帝應該被愛」，並且除非以此為考量，一個行為就不能完全是道德的善。

司各特在哲學史上的意義，一般認為是作為多瑪斯與奧卡姆（Ockham, 1290-1349）之間的中介。他的側重點是由知性再度轉向意志，這對奧卡姆後來極力強調神的意志，應該有些啟發。關於奧卡姆的思想，容待稍後再談。

司各特軼事

司各特是蘇格蘭人，年輕時加入小兄弟會，曾在牛津與巴黎求學，以註釋隆巴特的《言語錄》而知名。一三〇三年曾因支持教宗而被反對勢力趕出巴黎。他經常批評多瑪斯主義，在論辯時相當犀利，有「精微博士」的美稱。

***司各特名言**

- 高尚的人無論走向何處，身邊總有一個堅強的捍衛者——良心。
- 在懦夫和猶豫不決者眼裡，任何事情看上去都是不會成功的。
- 時光會使最亮的刀生鏽，歲月會折斷最強的弓弩。

奧卡姆：剃除一切煩瑣

奧卡姆（William of Ockham, 1290-1349）以「奧卡姆的剃刀」（Ockham's rasor）一詞而知名，可見其思想深具批判性。他的思想基調是：為了維護基督宗教有關神性自由與神性全能的教義，而駁斥一切屬於希臘必然性主義的說法，尤其是其中的本質理論。他也批評各種實在論，涵蓋了司各特與多瑪斯等人的思想。他是哲學家，同時也是邏輯學家、神學家與政治家，他的批判有破壞性也有原創性。

所謂「必然性主義」，是把某些既存事物看成必然如此；至於本質理論，則是指本質形上學，主張神依其對人性的普遍觀念（本質）而創造人類。然後，從這樣的人性可以推知自然的道德法則，好像這是神也不能更改的命令。奧卡姆認為，如此將忽略神的自由意志及其全能。他指出：「人」的概念並無任何客觀指涉（因為世間並無「人性」這種東西），因此我們沒有理由說神心中有此一觀念。如此才可保障神的自由與全能。至於萬物，則完全是偶存的與依賴的。

奧卡姆對邏輯與共相提出個人見解。(1)語詞直接指涉一個實在物而有一個意義的，稱為「定言語詞」；其他語詞（如：不，每一個）只有在與定言語詞配合時才有明確指涉，這些稱為「範合語詞」；另外還有「內涵語詞」，則與特定對象（如：父與子）有關。(2)概念的普遍性是約定俗成的（如：各國語言中的「人」），而它其實是自然記號，會在人的心中自然

***奧卡姆名言**

．共相就是語詞，表徵個體，並在命題中代表個體。唯有個體才存在，共相不離人心。

．自由是一種能力，使人可以在不受干擾的情況下，偶發式地製造某種效果。

產生有關某物的概念。(3)語詞是命題的元素，只有在命題中才有「代用」功能。如，「人是一個物種」，此時「人」為簡單代用；「人是一個名詞」，此時「人」為物的代用。(4)共相就是語詞，代表個體；唯有個體存在，共相不離人心。並無共同實體（共相）存在於一個「種」的兩個個體中。(5)為了解釋共相，除了心靈與個體個別事物之外，不必設定任何因素。(6)經濟原則：不必假定有一個可理解的「種」（或理型）。這最後一點即是所謂的「奧卡姆剃刀」，要去除所有不必要的因素。

奧卡姆的經驗主義（Empiricism）有三點特色：(1)人對實在界的一切知識皆奠基於經驗。(2)在分析我們對事物的陳述時，使用經濟原則，不增加不必要的因素。(3)若有人設定一些不必要與不可觀察的東西，那經常是受到語言的誤導。這一類名詞包括：否定、缺乏、條件、本質、偶然、普遍性、行動、被動、運動等。

關於神的存在，奧卡姆認為：人無法由受造物證明神的存在，因果性與目的性皆無確證性。神的單一性與人的靈魂，亦皆無法確證。人也無法論證神的本性包括全能、無限、永恆、由無生有等等。不僅如此，連「神性觀念」一詞

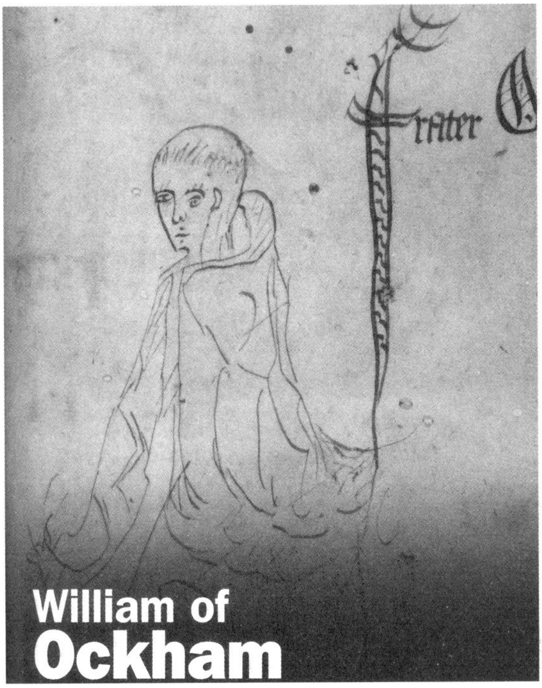

奧卡姆

***必然性主義**

所謂「必然性主義」，是把某些既存事物看成必然如此；至於本質理論，則是指本質形上學，主張神依其對人性的普遍觀念（本質）而創造人類。然後，從這樣的人性可以推知自然的道德法則，好像這是神也不能更改的命令。奧卡姆認為，如此將忽略神的自由意志及其全能。

也是擬人論的結果。奧卡姆為了保護神的全能，不遺餘力地去除一切不必要之物。剩下的只有：人靠信仰才可接受神的啟示。神是完全自由的。神不是「先」表示目的，「再」選擇手段；對目的與手段的選擇，在神皆為完全偶然的。世界秩序全憑神的選擇而定，因此人不可能由「先天的」推理而想要重建世界秩序。

人的主要特徵之一是自由。自由是一種能力，使人可以在不受干擾的情況下，偶發式地製造某種效果。意志除非以神為目的，否則在指向任何事物時，都難免會有憂慮與哀愁。自由意志受道德義務所支配，此義務來自對神的依賴。神沒有義務，是全能的與自由的。神可以做任何事，能夠命令不合邏輯矛盾的任何事。正直理性是道德的規範，一個人在道德上有義務去做他本著誠意相信是對的事。因此，有兩套倫理學：一是權威主義，人的義務在於服從神的意志；二是正直理性，人依良知誠意考量行為。

奧卡姆批判傳統以來的形上學，認為那些論證只具有概然性。他由此保留了信仰的重要性，但也使信仰局限於個人的意願中。經院哲學至此已難再有發展空間。

奧卡姆軼事

奧卡姆曾加入方濟會，並在牛津大學研習神學與哲學。他對許多學術上及社會上的事務都有特別的興趣與獨到的觀點。曾加入巴伐利亞皇帝與教宗之間的鬥爭，對教會與世俗權力的正當關係提出見解。後來他設法與教會和解，一三四九年不幸於慕尼黑染上瘟疫而死。

＊經驗主義

奧卡姆的「經驗主義」有三點特色：⑴人對實在界的一切知識皆奠基於經驗。⑵在分析我們對事物的陳述時，使用經濟原則，不增加不必要的因素。⑶若有人設定一些不必要與不可觀察的東西，那經常是受到語言的誤導。

艾克哈特：密契主義大師

經院哲學到十三世紀的多瑪斯抵達巔峰，接著就往下坡走了。十四世紀初期的司各特變不出新的花樣，而奧卡姆則釜底抽薪，畫清哲學與神學的界線，排斥傳統的形上學。與此同時，基督宗教內部出現了一些哲學家，他們明白經院哲學在說什麼，但是卻把焦點置於實際的修行與體驗上。他們的共同名稱是密契主義（Mysticism）。

所謂「密契主義」，從教父時代的格里哥利，經過偽狄奧尼修斯，一路下來從未絕迹，到了十四世紀初期才浮上檯面。此派主張宗教信仰貴在祈禱與修行，希望由此獲得與神密接契合的忘我體驗，有如預先享受死後才有的無比幸福。在中文翻譯上，向來譯之為「神祕主義」，但是由於「神祕」一詞在中文有些貶義（如：說某人搞神祕），實在不宜用來描述在各大宗教皆可得見之密契經驗。

十四世紀密契主義的代表人物是艾克哈特（Meister Eckhart, 1260-1327）。他的立場是「思辨的密契主義」，因為他以哲學思辨來陳述特定的主張。他生於日耳曼，加入道明會，曾在巴黎講學。

他認為：神創造萬物，是存有與存在物之原因，所以不宜說神是存有或存在物，最好說神是「理解活動」本身。理解是存有之純淨化，比存有更優越、更基本。但是他也說：「只有對神可以合宜地說，祂是存有、一、真與善。」像「存有、一、真、善」這四個詞，都是完美的超級表現。他還提出神性或「神首」（God-head）一詞，用以形容上帝不是一般所謂的神。密契家擅長使用「否定之途」來描述上帝，在基督徒眼中「上帝」與「神」是同義詞，有時必須發明一些新詞來輔助說明。

艾克哈特說：「在神之外，無物存在。」神不在本身之外「創造」萬物。萬物在神裡面「找到、接受及擁有」存在。但是神的單一性與萬物的多樣性之間，又有無限的差異。若不強調此一差異，就會受到泛神論（Pantheism）的指摘。所謂「泛神論」，是說萬物即是神，神即是萬物。這當然違背一神教（Monotheism）的教義，在當時會帶來嚴重的後果。艾克哈特深知此理，所以使用正反論旨（Antimonies，又譯二律背反，就是同時說正反兩方的見解以顯示其立場的超越性）。

比如，沒有東西像神一樣，與受造物是如此的相異；也沒有東西像神一樣，與受造物是如此的相同。「所有的受造物是神；所有的受造物是虛無。」神對受造物是既超越又內存的。超越是說，神與萬物截然不同；內存是說，神遍在萬物之中。神的一切行動皆是永恆的，並無過去、現在、未來之分，因此神在「起初」（以自永恆即已理解的方式）創造萬物，但萬物本身並非永恆的。類似的說法在過去早已多次出現，我們簡單補充一句：神的本質包含了存在，所以神是永恆的；而萬物的本質並未包含存在，所以萬物不是永恆的。

在人的靈魂裡，有一種非受造的「智力」，人由於它才具有神的形式，因為神本身即是「理解」。它有如靈魂的火花，上面印著神的意象，使神可以在此與人密契結合。他說：「神與我，為一體。我藉由理解，把神帶進我裡面，我藉由愛，就進入了神裡面。」正如火將木塊燃燒成火，「同樣的，我們也將變化成神」。這些話充滿比喻的意味，不能只由字面來看。

大多數經院哲學家在進行枯燥煩瑣的思辨時，他們在宗教信仰的個人實踐上，往往會得到

＊密契主義

從教父時代的格里哥利，經過偽狄奧尼修斯，一路下來從未絕迹，到了十四世紀初期才浮上檯面。此派主張宗教信仰貴在祈禱與修行，希望由此獲得與神密接契合的忘我體驗，有如預先享受死後才有的無比幸福。

十四世紀密契主義的代表人物是艾克哈特，他的立場是「思辨的密契主義」，因為他以哲學思辨來陳述特定的主張。

與艾克哈特所說類似的體驗。但是這一部分的體驗卻很難以言語清楚表達。稍一不慎就可能被批判為異端。此所以密契主義在西方一直存在，而又無法受到公開的承認。

總之，十四世紀是個轉捩點，天主教的思想陷於彈性疲乏狀態，文藝復興運動又即將上場，西方哲學正在準備迎向新的契機。

＊艾克哈特名言

．上帝的眼睛正是人們用以看上帝的眼睛，如果沒有上帝，也就沒有人了；同樣，如果沒有人，也就沒有上帝了。

艾克哈特軼事

艾克哈特加入道明會，曾在修道院以德語為修女授課，由於詞彙豐富、思想深刻而大受好評。他曾擔任修道院長與巴黎大學教授，所以有「艾克哈特師長」之稱。他的學說引起爭議，曾被送往宗教法庭接受審判，最後倖免於難。但是在過世之後，他的學說中有二十八條原理被判定為異端。

庫薩的尼古拉：聯繫中世紀與近代

尼古拉（Nicholas of Cusa, 1401-1464）處於新舊思潮的變動局勢中，介於經院哲學與文藝復興之間；他深受新柏拉圖主義影響，本身又是基督徒，還受任為樞機主教（天主教中僅次於教宗的一個階層）。他在教會中的貢獻是：致力於與東正教的協調與復合。

東正教是在一〇五四年與天主教分裂而成的，以君士坦丁堡為首席主教所在地。基本教義與天主教並無二致，基督信徒接受未分裂之前的七次大公會議（三二五—七八七）的決議。所謂「大公會議」，是由所有主教參與討論教義與教規，是天主教的最高議事組織。東正教特別肯定「聖像」的地位，同時強調基督徒的生命互相關聯，「一個人可能單獨地被詛咒，但卻只能與別人一起得救」。他們相信整個大自然與人類歷史最後都將復歸於神。神意是「通過教會的良心」而顯示，不必也不能以教宗一人為其代表。這最後一點與天主教獨尊教宗，宣稱教宗不會犯錯的觀點，可謂積不相容。

尼古拉負責協調天主教與東正教，他的思想對此正有極深的契合。他的基本觀點是「對立之統合」。對立的事物之上，有一統合體，它不僅超越而且蘊涵各對立事物的差異。他對教會的觀點，原本是支持會議派（由會議代表全體信徒，教宗只有行政優位），後來改為支持教宗派（教宗有至高的裁判權），那是因為他擔心和解會帶來分裂。他嚮往的是：差異中的和諧、圓融與統一。

神即是「對立之統合」。神是至大的存有，統合一切的差異；祂也是至小的存有，因為無所不在。他同意「否定之途」，他說：「我們認識神，是認識祂所不是的樣式，而不是祂存在的樣式。」關於神的正面知識，我們的心智處於「無知」狀態。此無知源自神的無限性與超越性，這也正是「博學的無知」（他的代表作之一以此為書名）。

他也使用「肯定之途」，說神是「相反事物的相合」。比如，「神不是一」（因為神不是任何一物）；但是神又是多樣性（萬物）的根源，所以可說「神是一」。人有感性（由此去肯定），也有理性（由此去肯定與否定，因此只能得到近似的與推測的知識），另外還有知性（由此去否定理性所設想的對立物）。是人的知性把神理解為「相反事物的契合」。神是永恆的活動，是「能有」，是絕對的「能力本身」（Posse ipsum）。神是超越的、無限的、不可理解的；同時，神也是內存的。

神包括一切（萬物在神裡面），神也闡明一切（神在萬物裡面）。每一個受造物皆可說是「受造的神」。「人是神，但卻不是絕對如此，因為他是人。因此他是一位人性的神。」「人也是世界」，一個小宇宙，或某種「人性的世界」。他又強調神與萬物（及人）之間的差異性，由此避開了泛神論的指控。

世界來自永恆，而非來自時間。即使天體的運動與時間（作為運動的尺度）都停止了，世界依然存在。世界在潛能上無止境，但並無神的絕對永恆性。宇宙萬物皆在運動中，無一處（如：地球）為其核心，或有任何特權（如：太陽）。世界有五個階層，由下而上是：物質、有機物、動物、人與純粹精神。他特地指出：沒有兩個個別的事物是完全相似的（共相實際上不存在，只有個體存在）；每一個個別的事物皆反映整個宇宙。正如神在宇宙之中，由一「縮型」可以看見一切。人最為特別，因為他擁有每一階層的成分，以致成為「小宇宙」。基督是「最大的聚合」，也是「絕對的媒介」，藉由基督（以教會為其身體），人可以與神結合為

＊庫薩的尼古拉名言

・一個人對自己的無知認識得越清楚，他的學問就越大。

・每一個別的事物，皆反映整個宇宙。正如神在宇宙中，由一「縮型」可見一切。

一。

尼古拉的思想對於即將上場的近代哲學，已經提出不少暗示了。他個人相信地動說，但是尚未抵達可以證明的程度。無可置疑的是，他是聯繫中世紀與近代的重要人物之一。

尼古拉軼事

尼古拉是漁夫子弟。有一次與父親起了爭執，被父親從小船上扔進水中，之後就離家出走，在外學習。他取得博士學位，並以律師為業，但第一場官司就輸了，於是轉而從事神職工作，最後升任樞機主教，並積極推動天主教與東正教之間的復合事宜。此外他對日耳曼地區修會生活的整頓，也做出了具體的貢獻。

蘇亞雷：經院哲學的謝幕者

蘇亞雷（Francis Suarez, 1548-1617）是經院哲學的最後一位代表。從他的年代看來，應該屬於近代哲學，但是我們仍然把他列名於經院哲學。這種情況就像普羅提諾的年代已經進入中世紀，但是依其思想特質仍然將他列於古代哲學一樣。

蘇亞雷是西班牙人，加入耶穌會。耶穌會由西班牙神父羅耀拉（Ignatius Loyola, 1491-1556）所創立，屬於天主教的修會之一，創立之後由於會士嚴守清規並重視學術訓練，吸引了不少有志向的基督徒。他的學說以綜合及折衷前哲的觀點為主，對士林哲學所有重要的爭論，都加以探討、批判並整合於一個系統中。他的代表作是《形而上學的爭論》與《論法律》。

他對形上學所探討的「存有」概念、個體化原理、神的存在等題材，並無特別創見。稍有新意的是，他指出：質料與形式的結合是形體的（或物理的）合成，也是其變化的基礎；本質與存在的結合則是形上學的合成，屬於受造物的存有。談到實體（substance）與附質（accidents）時，還須考慮模式（modes）。以人為例，不僅有一種靈魂與身體賴以結合的模式，並且靈魂（即使在身體內）也有它自己部分現存的模式。如此一來，人死之後，靈魂仍可依其自己的模式而存在。《形上學的爭論》共分五十四個主題。他在〈前言〉中說：「我們的哲學應該是基督徒的，並且是那屬神的神學之僕人。」此書對文藝復興後期的經院哲學產生廣泛影響，直到十七世紀及十八世紀前期，仍為歐洲許多大學的教科書。

***《形上學的爭論》**

《形上學的爭論》共分五十四個主題。此書對文藝復興後期的經院哲學產生廣泛影響，直到十七世紀及十八世紀前期，仍為歐洲許多大學的教科書。

然而，把哲學當作「神學的僕人」（或者說成「神學之婢女」），固然反映了中世紀哲學的一般狀況，但是卻也容易讓人忽略中世紀哲學其實也有一定的成就。比如，人們經常拿來取笑的問題是「一根針尖上，可以站立幾位天使？」這時要先界定「天使」，由於天使只有形式而沒有質料（天使沒有身體），因此無法區分同一「種」之中的個體，亦即每一種天使（如：智慧天使、勇敢天使）都只有一位。並且，由於天使不具形體，因而不占空間，所以一根針尖上可以站立無數天使。這些當然屬於戲謔之詞，但是士林哲學對於希臘哲學得以傳至今日，又豈是只有承先啟後之功而已。

蘇亞雷對世人較有影響的是他的《論法律》。多瑪斯說：「法律是一套規則與尺度，要按照此一標準來引導人們或禁止人們行動。」蘇亞雷說：「法律是一套已充分宣傳之共同的、公正的與穩定的法則。」他進一步說明法律的公正有三個要件：⑴必須為了「共同的善」。⑵立法者須由國民授權而立法。⑶不可以不平等，亦即要兼顧相互的公正與分配的公正。而「公正」是指：每個人擁有能力，可支配其財產或取得應有的報酬。

人有理性，須依適合其本性的方式生活，所以法律是必要的。「永恆法」是出於神的意志自由的法令，要人為了共同的善而遵守。「人間法」是人間的立法者所訂。「自然法」是明示法，也是訓誡法。神是自然法的作者，但並非任性專橫的作為。自然法要求人行善避惡，它符合正直理性，並朝向人的最終目的。自然法依於人性，故不可變，但應用時可以考量情況（此為正直理性的作用）。世俗權威不可改變自然法。

談到國際法時，蘇亞雷認為國家是必要的，因為⑴人是社會的動物，家族是自然的社會，但是家族無法在經濟上、武力上、文明上自給自足。⑵完美的社群需要具備統治的權力，安排公職人員以謀求共同的善。⑶公職人員須制訂法律，以聯繫國家的運作。把統治權授與某些人，則須依賴協定。國家若是偏離其目的，教會可依其精神力量予以導正。

＊《論法律》

蘇亞雷對世人較有影響的是他的《論法律》。蘇亞雷說：「法律是一套已充分宣傳之共同的、公正的與穩定的法則。」他進一步說明法律的公正有三個要件：⑴必須為了「共同的善」。⑵立法者須由國民授權而立法。⑶不可以不平等，亦即要兼顧相互的公正與分配的公正。

以蘇亞雷為例，可知經院哲學家必須認真考慮現實社會的問題了。等到新的宇宙觀與人性觀出現之後，經院哲學也必須告一段落了。

＊代表作品

蘇亞雷的代表作是《形上學的爭論》與《論法律》。

蘇亞雷軼事

蘇亞雷是一位模範神職人員，深富宗教精神，一生專注於研究、講學與寫作。他的目標是要對一切既成的問題做出積極而客觀的解答。對他著作的評論是：「所有重要的經院哲學的爭論，已清楚收集於此，並且接受了批判的檢驗，而且其中許多結論也整合於統一的系統中。」

近代哲學

近代哲學從一四五〇年到一八五〇年。這種年代畫分當然是勉強為之，因為思潮的演變是漸進的。我們可以看到的明確事實是：十五世紀的文藝復興，以回歸希臘人文主義為號召，因而跨越了中世紀哲學環繞信仰議題的思考模式；接著，十六世紀的宗教改革，由天主教再度分裂出新教（中文譯名為基督教），重點從制度面轉向心靈層次；十七世紀科學革命盛大登場，連宇宙觀都刷新了面貌；十八世紀啟蒙運動進而彰顯了理性的一切潛能。隨著這一系列變化而來的近代哲學，其波瀾壯闊的情景實在讓人期待。

近代哲學遠紹柏拉圖與亞里斯多德，與之呼應的分別是理性主義與經驗主義。兩派各有所見也各有所蔽，到了康德（Kant, 1724-1804）提出新的思維，轉移了也超越了傳統的許多觀點。後面發展出德國觀念論，管領一代風騷；到了黑格爾（Hegel, 1770-1831）達於頂峰，建構一套龐大體系，是為絕對觀念論（或絕對唯心論）。統合之後是再度的分裂，唯心與唯物各有支持者，等到這些沒有結果的爭論無以為繼時，近代哲學也接近尾聲了。

介紹近代哲學家，相對而言較為容易，因為人選大都是我們耳熟能詳的。由於篇幅有限，許多觀念只能點到為止，目的在於勾勒出一個完整的畫面而已。

文藝復興與人文主義

對愛好智慧的人來說，使用理性去探討真理，無異於天賦人權。中世紀一千多年，天主教扮演精神世界的指導者角色，在基督徒看來，理性與信仰並不衝突，信仰甚至彌補了理性之不足，幫助人更容易找到絕對真理。但是，天主教形成一個龐大而有權勢的組織，上層領袖在世俗利益的薰染之下，也流露人性的各種弱點，後來還腐敗到相當不堪的程度。天主教的權力與財富在十三世紀達到極盛，教宗積極干預歐洲各國的政治，使宗教俗化現象益趨嚴重。在十四世紀末期還曾同時出現三位教宗的混亂情況（一三七八—一四一七），各自有其支持的國家，相互爭鬥不休。天主教內部雖有積極改革的聲浪，如一些修會的成立，但難以挽回頹勢。

在此之前的十四紀中葉（一三四六—一三六〇），歐洲出現幾次大瘟疫，歐洲人口死亡超過三分之一。倖存者發現許多宗教領袖（如主教、神父、修女）並未倖免於難，這才覺悟光靠信仰不足以應付人間事務。於是他們開始大力支持學術研究，要以理性探尋人生問題的新答案。

文藝復興的時機漸趨成熟。所謂文藝復興（Renaissance）一詞，是由兩個法文字所合成：renaitre（重生）與naissance（誕生）。義大利由於在十四世紀率先出現人文主義而成為文藝復興的搖籃，在各個精神領域人才輩出，再開枝散葉傳至歐洲各國。

當時義大利的情況較為特別，王侯、公爵與教會贊助者，願意重金搜購與拷貝古代典籍

＊文藝復興

文藝復興是由兩個法文字所合成：renaitre（重生）與naissance（誕生）。義大利由於在十四世紀率先出現人文主義而成為文藝復興的搖籃，在各個精神領域人才輩出，再開枝散葉傳至歐洲各國。

的抄本，並且建立不少圖書館。學習與閱讀希臘羅馬作品的風氣流傳開來。於是，一方面有但丁（Dante, 1265-1321）所著的《神曲》，依然反映中世紀的宇宙觀與天主教的信仰觀；但稍後立即出現了人文主義學者佩脫拉克（Petrarch, 1304-1374），他排斥亞里斯多德冷靜枯燥的哲學作品，轉向具有文學審美意味的古典作品，因為後者更能反映人性的真相，彰顯人在情感與想像世界中所遭遇的衝突與幻想。人的偉大並不局限於對上帝的信仰，也表現在以活潑的生命去陶冶優美而高雅的情操。文學的審美素質受到推崇，教育的目標轉向充分發展人的個性上。

人文主義者在當時依然大多數是基督徒，但是他們的眼界顯然較為開闊。比如，佩脫拉克談到羅馬的西塞羅時，他說：「當西塞羅談到神是宇宙萬物唯一的統治者與創造者時，他並不是以純粹哲學的方式，而是幾乎以天主教的方式讚揚神。因此，有的時候你會認為，你不是在聽一個異端哲學家而是在聽一個使徒談話。」別忘了，西塞羅比耶穌早了將近一世紀。像這樣的閱讀方式，也很容易從柏拉圖對話錄中讀出神的啟示了。還好，這樣做的結果並非扭曲古典文學作品，而是開拓了當時基督徒的視野，使人文主義的理想更容易普遍傳揚。

除了西塞羅的文采，伴隨其理性思維與睿智見解受到肯定之外，柏拉圖的對話錄也得到好評與廣泛討論。十五世紀後半葉在佛羅倫斯建立一所柏拉圖學院，由費奇諾（M. Ficinus, 1433-1499）所領導。這位柏拉圖主義者也是虔誠的基督徒，他肯定人是「上帝的代理人」，還讚揚人的靈魂「憑藉理智與意志，亦即憑藉柏拉圖所謂的一雙翅膀，能夠在某種程度上，變成一切事物，甚至變成一個神」。

米朗德拉（Mirandola, 1463-1494）是費奇諾的學生，他在二十四歲時，計畫綜合各種傳統的九百個命題，邀請全歐洲著名的學者到羅馬來做公開辯論，後因教會反對而作罷。他為此編寫了《論人的尊嚴》一書，認為人擁有可貴的自由，可以改變自己，「可以按照你所喜歡的任何一種形式來改造自己，你將能下降到低級形式的野獸中間，也將能由於自己的判斷而再生於

＊《神曲》

《神曲》是義大利詩人但丁在被放逐期間寫的一部長詩，是他的代表作。但丁用中世紀流行的夢幻文學形式，描寫了一個幻遊地獄、煉獄、天堂三界的故事。這是一部奇書，但丁因而成為西方世界四大詩人之一，在現實生活中，人們對它都是敬而遠之的，原因在於大量象徵和比喻的運用，以及典故的層出不窮。有人斷言，沒有人能讀懂《神曲》。

高級的神性存在者中間」。

古希臘對生而為人的榮耀感，以及對人類理性的信任感，看來暫時擺脫了聖經中原罪的牽絆，在西方人的心中重新湧現。文藝復興多采多姿的成就，為近代世界開啟了一個新天地。

＊《論人的尊嚴》

米朗德拉編寫了《論人的尊嚴》一書，認為人擁有可貴的自由，可以改變自己，「可以按照你所喜歡的任何一種形式來改造自己，你將能下降到低級形式的野獸中間，也將能由於自己的判斷而再生於高級的神性存在者中間。」

宗教改革

天主教在大分裂時期（一三七八—一四一七），同時出現三位教宗爭正統的局面，自此以後勢力大衰，改革之聲四起。在此之前，已有馬西格利歐（Marsiglio）在一三二四年批判教會濫權，主張以神父代議原則取代主教專制。接著，哲學家奧卡姆主張神職人員應該為傳福音而過赤貧生活，同時批評教宗的庸俗與貪財。然後，英國的威克里夫（J. Wycliffe, 1328-1384）呼籲神職人員自新，主張建立民族教會，反對羅馬教廷收稅，認為基督徒受上帝感召，應該成為自己生命中的改革者。結果，威克里夫遭到開除教籍的命運；更悲慘的是捷克布拉格大學校長胡斯（J. Hus, 1369-1415），他主張宗教改革，為此受火刑而死。

哲學家之中，布魯諾（Giordano Bruno, 1548-1600）受到新柏拉圖主義的啟發與尼古拉（Nicholas of Cusa, 1401-1464）的影響，強調神的內存性，走向泛神論。他主張：宇宙是「全部無限者」，神是「完全無限者」。但是兩者的差異不夠明顯，他後來還把有限事物當成無限實體的附質，使用「能產自然」（就神本身而言，與萬物無異）與「所產自然」（就萬物皆為神的顯現而言）二詞。他於一六〇〇年在羅馬受火刑而死。

談到火刑，要推溯於「宗教裁判所」（Inquisition）。教宗格里哥利九世（Gregory IX）於一二三三年設立宗教裁判所，以對付異端邪說，以致「互相告密成為高尚的宗教行為」，「證明無罪的責任全在被告身上」。死於宗教裁判所的受冤人士難以計數。想當初基督徒是如何期

＊宗教裁判所
教宗格里哥利九世於一二三三年設立宗教裁判所，以對付異端邪說，以致「互相告密成為高尚的宗教行為」，「證明無罪的責任全在被告身上」。死於宗教裁判所的受冤人士難以計數。

待羅馬帝國寬容他們的信仰自由，後代的基督徒居然成為迫害異議人士的兇手，這真是情何以堪。宗教發展至此，全無「愛神愛人」的崇高表現，反而處處是人性弱點的卑劣行為。由此而說中世紀是黑暗時代，沒有人會反對。

近代宗教改革的具體導火線是赦罪券。教宗英諾森三世（Innocent III, 1198-1217在位）派遣十字軍攻打非正宗信徒時，預先赦免士兵的罪愆，後來演變為「以錢免去一個人的罪罰」，再擴及延伸到免除他死後的懲罰。「當投入錢箱裡的銀幣發出響聲的時候，煉獄中的靈魂便升入天堂。」這種荒謬的陋規一直存在著，到了教宗里奧十世（Leo X, 1510年代），為了籌建聖彼得大教堂而正式販賣赦罪券，終於引起馬丁．路德（Martin Luther, 1483-1546）的正式抗議並引發改革風潮。

由於教會俗化現象嚴重，加上近代民族國家的意識興起，人文主義導向個人主義，以致要求更真純的信仰，宗教改革實為大勢所趨。馬丁．路德原是天主教神父，擔任神學教授。他於一五一七年十月公布「九十五條論綱」，批判教會的俗化表現，主張以聖經為信仰的準則，而信徒個人具有「牧師」身分，不需要教士作為中介。他所否定的包括：教會的儀式、組織、權威、神哲學，以及煉獄之說、教宗無誤論、神父獨身制、崇拜聖母（耶穌之母瑪利亞）的規定等等。他進而主張：身為基督徒，所要依賴的只有「信仰、恩寵、聖經」，其他全屬多餘。

馬丁．路德以其卓越的學識，將聖經（當時通行的是拉丁文版本）翻譯為德文，為日耳曼民族的文學與教育做出重大貢獻，他個人也獲得德國王室與騎士們的支持而建立了新教。緊接著瑞士的茨溫格利（U. Zwingli, 1484-1531）、法國的喀爾文（John Calvin, 1509-1564），然後英國國王亨利八世（Henry VIII, 1491-1547），也都參與了宗教改革而成立各自的新教。新教的原名是「抗議教」（The Protestant），亦即要針對傳統一教獨大的天主教而抗議。在中文譯名，則直接稱為「基督教」。文字的使用以約定俗成為主，我們在使用像「天主教」、「基督

＊宗教改革

近代宗教改革的具體導火線是赦罪券。教宗英諾森三世派遣十字軍攻打非正宗信徒時，預先赦免士兵的罪愆，後來演變為「以錢免去一個人的罪罰」，再擴及延伸到免除他死後的懲罰。「當投入錢箱裡的銀幣發出響聲的時候，煉獄中的靈魂便升入天堂。」到了教宗里奧十世，為了籌建聖彼得大教堂而正式販賣赦罪券，終於引起馬丁·路德的正式抗議並引發改革風潮。

教」（或新教）這些語詞時，必須明白其原始用意，以免滋生誤解。

宗教改革並不純粹是基督宗教內部的事。信仰的多元化，帶來了自由思想的氣氛，肯定了學術研究擁有更大的獨立性，其中的科學探討也逐漸突破傳統宇宙觀的窠臼，演變成聲勢浩大的科學革命。

科學革命

科學革命是文藝復興運動的最終表現，對近代人的宇宙觀也做出明確的貢獻。集多樣才華於一身的達文西（Da Vinci, 1452-1519）是著名的藝術家，對科學的觀察與實驗也表現高度的興趣。比他稍晚的哥白尼（Copernicus, 1473-1543）則是提出科學宇宙觀的代表人物。

要擺脫亞里斯多德的宇宙觀與傳統的托勒密天文學，就可能受到來自教會與聖經的壓力。一般所謂「哥白尼的革命」，是說人類所了解的宇宙從「日動說」（太陽環繞地球，地球為宇宙中心），改變為「地動說」（地球環繞太陽，為太陽的行星之一）。哥白尼在天主教是受尊敬的人物，他在發現這個科學事實之後三十年，才有勇氣在去世之前出版《論天體運行》一書。

相對於此，才脫離天主教不久的新教徒對科學家卻沒有這麼寬容。聖經是新教的絕對權威，人的理性怎能妄加質疑？馬丁．路德說哥白尼是「傲慢的占星家」，他認為哥白尼愚蠢地想推翻整個天文學，同時明顯地違反聖經。喀

哥白尼肖像

＊哥白尼

哥白尼是提出科學宇宙觀的代表人物，在天主教是受尊敬的人，他在發現「地動說」這個科學事實之後三十年，才在去世之前出版《論天體運行》一書。

爾文還說：「誰敢把哥白尼的權威置於聖經的權威之上？」基督徒擔心的是：如果地球真的是在運動之中，那麼它就不再是上帝的創造及拯救計畫的固定中心；人也不能成為宇宙的重要焦點，然後基督降世為人的意義也大為降低，因為人類在地球上的歷史很難繼續作為宇宙的中心事件。

科學的進展並未因而停滯。克普勒（Kepler, 1571-1630）論斷行星皆以太陽為中心，依橢圓形軌道而運行。伽利略（Galileo, 1564-1642）經過望遠鏡的觀察，推翻了傳統所謂「天體皆為完美的、不動的、不朽的」觀點，他宣稱要以數學公式來表述這種新宇宙觀：「哲學是寫在宇宙的書本上，但是要讀懂它，唯有經由數學語言。」近代由此建構了機械論的宇宙觀：「萬物有如機械式的存在，其活動皆可用數學與力學方式來解釋。」

到了牛頓（I. Newton, 1642-1727）於一六八七年發表《自然哲學的數學原理》，才算為古典物理學奠下了穩固的基礎。他闡述了幾條似乎支配整個宇宙的定律，如三條運動定律（慣性定律、運動定律，與反作用定律）與萬有引力定律。到了十八世紀初，西方受過教育的人已經了解：上帝把宇宙造成一個複雜的機械系統，這個系統是由物質粒子組成的；粒子按照幾條可以從數學上分析的基本原理，在一個中立的無限空間中運動。宇宙的中心既不是地球，也不是太陽。這樣的宇宙觀使人眼界大開。

當時的科學家大都仍然信仰基督宗教，他們現在認為：上帝創造世界時，將這一切合乎數學與力學的因素都做了妥善安排。不過，從此大家注意的不再是宇宙的「目的因」，而是其「動力因」，亦即對宇宙本身產生探究的興趣。那麼，科學革命對哲學產生了什麼影響呢？

科學方法有兩個側面：一是觀察與歸納，要依知覺、經驗與直接內省，來判斷事實與知識正確與否；二是演繹與數學，要界定基本公設，由此推廣普遍法則，建構精確而有效的知識。這兩大方法分別啟迪了經驗主義與理性主義，形成近代哲學的兩大系統。事實上，近代初期的

＊哥白尼的革命
一般所謂「哥白尼的革命」，是說人類所了解的宇宙從「日動說」（太陽環繞地球，地球為宇宙中心），改變為「地動說」（地球環繞太陽，為太陽的行星之一）。

哲學家大都同時也是優秀的科學家或數學家。

其次，有別於中世紀的哲學家，近代哲學家不再覺得自己有義務為聖經或教義中的上帝辯護，他們談到上帝時，觀念已經傾向明顯的自然神論（Deism），就是肯定：上帝在創造了這個複雜而有秩序的宇宙之後，就不再繼續監管或干預，而是讓宇宙按照完美與固定的規律去活動。這樣的上帝更像是一位神聖的建築師，一位傑出的數學家或鐘錶匠。然後，人的情況呢？人通過自己的智力，已經洞察了宇宙的基本秩序，現在可以為自己的利益而運用這種知識了。人類承擔更大的責任，要自行在世界上找到安身立命的途徑。近代哲學揭開了序幕。

牛頓

＊**《論天體運行》**全書分六卷：第一卷是運行理論的基礎與全書概要；第二卷是球面天文學與地平天文學；第三卷是以地動說為基礎的太陽運動；第四卷是月球的運動；第五卷是行星在赤經方向上的運動；第六卷是行星在赤緯方向上的運動。

培根：力圖打破偶像

培根（Francis Bacon, 1561-1626）是英國文藝復興時期哲學界的領袖人物。他有作家、律師、法官等多重身分，但是他最關心的是探討「知識」的實際應用價值。他不屬於傳統哲學的任何一派，而是具有近代科學精神的學者。

他在《新工具》一書指出：印刷術、火藥與指南針的發明，「已改變事物的面貌與世界的狀態。其影響延伸到文學上、戰場上、航海上」。就一位作家來說，他當然表現了人文主義的情懷，但是他所強調的是知識的實用性，要由歸納法直接探究自然界，而科學研究目標則是支配自然界。

培根認為，哲學有三個部分：一是關聯於神的，但是不包括宗教界內部的啟示神學；二是關聯於自然界的；三是關聯於人的。換言之，哲學是人類理性的作為，它直接認識自然界，由受造物而間接認識神，以及由反省而認識人。若要關聯於神而不談啟示，則只能局限於形上學的範圍內，而這種形上學無異於物理學中最廣泛的自然法則。哲學家關心的是「質料因」與「動力因」，而不再是「形式因」與「目的因」。他如此區別亞里斯多德所謂的「四因」，正好反映了近代思潮的趨勢。機械論的宇宙觀即是出於此一立場。培根由哲學中排除了對精神存在者（如神）的考慮，但是這並不表示他是無神論，也不表示他否定人有精神的與不死的靈魂。

近代哲學的特色浮現出來了。哲學家不再以基督徒的身分認定聖經是真理的依據，也不再想盡辦法為神的存在辯護。所謂愛好智慧，焦點轉向人與自然界。智慧必須先落實為實用的知識。培根說：「知識與人的能力，其實是同一回事。」我們所習慣的中文翻譯是「知識即是力量」。培根的意思是：「誰對自然界擁有更多知識，誰就越有能力掌握自然界。」那麼，尋求知識的辦法呢？

主張歸納法。他當然知道人們早已在使用歸納法，他要批評的是：一般人依賴經驗上沒有穩固基礎的東西，做草率的推廣。他說：「看來，他們（指過去的邏輯學家）幾乎沒有做過任何認真的考慮；他們用一句簡短的陳述，就把歸納法一筆帶過，還急著列出論證的公式。」現在需要的是合乎科學觀察的嚴謹的歸納程序。

培根較有價值的見解，是他在《新工具》中所提出的：為了破除先入為主的觀念與偏見，必須打破四種「偶像」（又稱「假相」）。

一、種族偶像（idola tribus）：人類本性上會依賴感覺、情感與意志去做判斷。他說：「一個人心中想要某事成真，就容易相信它。」人類希望萬物的存在都有目的，就會想像一個經由完美設計的世界。而這些都是一廂情願。

培根

＊《新工具》

本書是主要的哲學著作之一，培根比較有價值的見解，也是在《新工具》中所提出的：為了破除先入為主的觀念與偏見，必須打破四種「偶像」（又稱「假相」）：一、種族偶像；二、洞穴偶像；三、市場偶像；四、劇場偶像。培根「打破偶像」的說法是探求可靠知識的必經之途。

二、洞穴偶像（idola specus）：每一個人都有自己的性向、教育背景與閱歷經驗，於是就會依此做出錯誤的判斷。「每一個人都有屬於自己的洞穴，它已經扭曲或破壞了理性之光。」這個觀點使我們想起柏拉圖所說過的「洞穴比喻」。

三、市場偶像（idola fori）：語言有如市場中的各種傳聞，會影響人的認知，使人無法適當分析事物。一個社會所使用的語言，難免帶有特定的意義，誰能說自己完全客觀？

四、劇場偶像（idola theatri）：過去的許多哲學系統，有如一齣齣舞台劇，只是作者在表述自己創造的虛幻世界。偽哲學有三種類型：(1)靠「詭辯」，像亞里斯多德以他的辯證法扭曲了自然哲學；(2)靠「經驗」，以狹隘而模糊的觀察為基礎，像一些化學家，如《論磁性》的作者吉伯特（W. Gilbert）所提出的見解。(3)靠「迷信」，亦即涉及神學方面的探討的，如畢達哥拉斯學派與柏拉圖學派。

培根「打破偶像」的說法是探求可靠知識的必經之途。不過，他一手推倒傳統哲學的做法未免有些魯莽，他宣稱自己是科學新世紀的預告者，則有些過於自信了。

培根軼事

培根家世顯赫，十二歲入劍橋大學，對亞里斯多德主義深覺反感，十六歲就受任為英國駐法特使的助理。二十三歲成為國會議員，五十七歲受封公爵頭銜。後來被控收賄並證實有罪，這中間夾雜了當時英國的政治恩怨。他的才華與文筆依然發出耀眼的光芒。

*培根名言

- 人的行為準則是，維護自己的尊嚴，不妨礙他人的自由。
- 讀史使人明智，讀詩使人靈秀，數學使人周密，科學使人深刻，倫理之學使人莊重，邏輯修辭之學使人善辯。
- 凡過於把幸運之事歸功於自己的聰明和智慧的人，多半結局是不幸的。

霍布斯：以國家為利維坦

霍布斯（Thomas Hobbes, 1588-1679）自牛津大學畢業之後，擔任貴族子弟的家庭教師。他把希臘歷史家蘇西底特斯（Thucydides, 460-400．B.C）的著作譯為英文。往來名人有培根、伽利略等。到中年才轉而研究哲學，對笛卡兒的《沉思錄》提出反對意見。晚年時把荷馬的作品也譯為英文。

霍布斯認為，哲學探討因果關係，是要藉由推理為人生謀福利。所謂因果關係，是指：對某一結果的產生過程做科學的說明，如此則可複製所有可能的及實用的結果。因此，哲學的範圍局限於運動的物體，而不必考慮上帝或神學方面的問題。

存在之物有二：一是自然物體，二是國家。對自然物體的探討是自然哲學的工作。而國家，則是「由人們的意志與協議所造成的」。因此，哲學可分為自然哲學與公民哲學。為了知道公民的角色與責任，必須分析人的性情、愛好與行為，這一部分稱為倫理學。比較特別的是，他認為人也是自然物體，所以倫理學被歸類在自然哲學之中。

他採取的方法有二：一是分析法，比如一個行為是否適當，要看它是否合乎法律。分析人性之後，他說：若無限制力量，則人的嗜欲會使人不斷對別人發動戰爭。二是綜合法，要把一切結果視為由第一原理導出的結論。第一原理即是他後來所謂的自然律。

重要的是研究動力因，因為它包含了形式因與目的因。由動力因可以產生結果，這是必然的因果性。由此形成機械式的決定論，排除了人的自由。人是動物之一，動物有生命的運動（如：血液循環）與動物的運動（如：有意的活動），後者由想像表現企圖，企圖有嗜欲與厭惡兩種，演變為愛與恨。善與惡是相對的觀念，由個人自己來決定。對權力（包括財富、名聲、知識）的欲望，是使一個人發展心智能力的基本因素。「個人的嗜欲是善惡的尺度。」「對人而言，別人都是豺狼。」（Homo homini lupus est.）

霍布斯

戰爭是自然狀態，因為人都在追求及保存快樂，所考量的只是利己。「暴力與詐欺是戰爭中兩個最主要的德行」，每一個人都使用自己的力量與機智來保障自己的安全。人有情欲也有理性。情欲導致戰爭，理性則建議「人們可以透過協議而約定和平條款；這些條款又稱為自然律。自然律是正確理性的命令，它告訴我們：為保障成員的生存與發展，要規定在能力範圍內，何事該做與何事不該做，這種自然律與宗教無關，也沒有絕對價值」。

霍布斯的代表作是《巨靈論》（*Leviathan*），書名「利維坦」即是巨靈。其中列出十九條自然律，前三條是大原則，內容為：

一、每個人都應該致力於和平，為此甚至可以使用戰爭的助益。

二、為了和平，有必要自願放棄某些權利。在這一點上人人相等，不過不可能放棄保衛自

＊《沉思錄》

笛卡兒的《沉思錄》是最被廣為閱讀的哲學文本，被視為現代哲學的開端，往往也是在大學哲學系學生，需要去閱讀全文的第一本哲學經典。

己生命的權利。

三、人們要履行大家所制定的契約。

依此，個人可以把權力與權利讓渡給一個人或一個委員會，藉此形成「一個意志」，此即「國家」之由來。它也是「巨靈」，又名「會死的神」，它在「不死的神」（上帝）之下，給與我們和平與安全。

在訂立契約的同時，元首與國家一起成立。元首不參與訂約，而他的統治權卻來自契約。國家以利益為其基礎，元首的權力以恐懼為其基礎。元首的權力不可被約束或剝奪，因為他理當為臣民的利益而行動。宗教團體應該隸屬於國家，這是肯定「國家萬能論」。人有天賦的自由，在其能力與智慧所及的範圍，不受阻礙地去做他所願意做的事。但是，組成國家之後，人的自由局限於元首「在規定他們行為時所不過問的事情上」。但元首不能命令人傷害自己。「唯有在元首保護臣民的能力未消失之前，臣民才對元首有義務。」

總之，霍布斯的政治理論在當時與後代都產生可觀的影響。他對人性的分析與人生的探討是否周全，則是有待商榷的問題了。

＊《巨靈論》

霍布斯代表作。該書有系統地闡述國家學說，探討社會的結構，其中的人性論、社會契約論，以及國家的本質和作用等思想在西方產生了深遠影響，是西方最著名和有影響力的政治哲學著作之一。

全書總共分為四部分，分別為「論人」、「論國家」、「論基督教國家」、「論黑暗王國」。該書寫於英國內戰之時。霍布斯在書中陳述他對社會基礎與政府合法性的看法。

霍布斯軼事

霍布斯出身牧師家庭，牛津大學畢業之後，以擔任貴族的家庭教師為業，交往友人包括培根與伽利略。他在接觸笛卡兒哲學之後無法苟同。英國內戰結束之後，他受查理二世禮遇，領有一份年俸。教會人士以異端與無神論為口實攻擊他，但未得逞。

笛卡兒（一）：建立理性思考的大原則

笛卡兒（René Descartes, 1596-1650）有「近代哲學之父」的美譽。他幼時接受傳統哲學的訓練，對士林哲學印象不佳。他說：「哲學教我們以浮面的真理來談論一切事物，由此可被學識膚淺的人所欣賞。」哲學家雖然心智敏銳過人，但是「哲學中的一切命題都在爭論之中而讓人起疑」。

他是法國貴族子弟，曾學習邏輯、哲學、數學、法律，對數學的清晰性與明確性十分肯定。他在一六一九年從軍，於當年十一月十日起連續做了三個夢，使他相信自己的使命是：「以理性探討真理」。意思是：要把數學方法應用於哲學中，創造一套新的哲學。他於一六二八年定居荷蘭，直到一六四九年。在這段半隱居的生活期間，他潛心思考與著述，出版了《指導理智之規則》、《第一哲學的沉思》（一般簡稱為「沉思錄」）、《方法導論》與《哲學原理》等書，由於立論異於傳統觀念而受到學術界注意。

一六四九年九月，他應瑞典女王之邀，前往講學。在冬天必須清晨五點去為女王上課，結果體力不支，不久染病而死，時間是一六五〇年二月。

笛卡兒的哲學源自一個大膽的構想，他說：「每一個人在一生之中，至少要有一次，要去懷疑所有能被懷疑之物。」這種懷疑會造成什麼結果？在說明這一點之前，最好先由正面看待他的知識觀點。

＊代表作品

笛卡兒代表作品包括《指導理智之規則》、《第一哲學的沉思》、《方法導論》與《哲學原理》等書，由於立論異於傳統觀念而受到學術界注意。

笛卡兒認為，一切知識都應該整合為一個系統，因此需要一套普遍的方法。所謂知識，可以比擬為一棵樹：樹根是形上學（亦即哲學），樹幹是物理學（對自然界的研究），樹枝是實驗科學（主要有三個分支：醫學、機械學、倫理學）。那麼，方法上有什麼問題呢？人都有理智，只要方法正確，就可以找到真理，數學即是典範。他不再依循宗教的指導或聖經的啟示，而想藉由理智重新確立知識的基礎，所以打開了近代哲學的新局面。

所謂方法，是指一組規則而言，亦即正確使用理智的自然能力及其運作之規則。理智的運作方式有二：一是直觀，就是理智直接獲得單純觀念，有如知性的看見，清晰而明白，不容置疑；二是演繹，就是從單純觀念出發，展開必然的推論。在此，笛卡兒提出「天生本具的觀念」（innate ideas）之說，認為有些既清晰又明白的觀念是人類與生俱有的，讓人可以用邏輯演繹的方式來建構物理學與形上學。比如，「無不能生有」、「上

笛卡兒

＊天生本具的觀念

笛卡兒提出「天生本具的觀念」之說，認為有些既清晰又明白的觀念是人類與生俱有的，讓人可以用邏輯演繹的方式來建構物理學與形上學。

帝存在」等。這些天生本具的觀念，是心智在某種經驗機緣（occasion）配合之下，由自己的本性（潛能）中產生出來的。

至於方法的具體規則，笛卡兒列出以下四點：

一、自明律：「絕不承認任何事物為真，除非我明明白白知道它為真。」在直觀中，人可以獲得「清晰而明白的」（clara et distincta）單純觀念。比如，一個物體有形狀、廣延、運動（可動性）；一個心靈（精神體）有思想、意志、懷疑的能力。這兩者共有的是：存在、統一、持續。

二、分析律：「將我所要檢查的每一難題，盡可能分解成許多細小部分，使我能順利解決這些難題。」如：複雜的知識可以化約為最初的命題「我思故我在」。又如：分析一物，可知其有廣延、運動等。

三、綜合律：「依照次序引導我的思想，由最簡單最容易認識的對象開始，一步步上升，如登上台階，直到最複雜的知識。」

四、枚舉律：「處處做周全的核算與普遍的檢查，直到足以保證沒有遺漏任何一例為止。」

以上四律即是我們追求的一切知識所共用的方法，因為它們是理性的規則。人若不經由理性，如何可能建構知識？笛卡兒從此與經院哲學分道揚鑣，開闢另一條愛智之路。

前面提及他所謂的要懷疑一切可被懷疑之物。那麼，笛卡兒是「懷疑主義者」嗎？他的懷疑又會引發什麼樣的震撼呢？這些問題有待進一步的說明。

＊四律

笛卡兒列出以下四點：一、自明律；二、分析律；三、綜合律；四、枚舉律。這四律就是我們追求的一切知識所共用的方法，因為它們是理性的規則。

笛卡兒軼事

笛卡兒出生之後，靠一位保姆細心呵護才得以存活下來。由於體弱，他在就學期間可以較晚起床，這使他終身都有晚起的習慣。後來到了巴黎，沉迷於享樂，但不久就由人群中消失，致力於研究數學與哲學問題，最後為了想要出外旅行而加入軍旅。

笛卡兒（二）：從「我思故我在」展現新格局

「懷疑」是人的思考能力之一。所謂懷疑主義，是把懷疑當成結論，認定一切都不可靠，這種觀點在希臘時代後期曾經出現過。笛卡兒並非如此，他是「以懷疑為方法」，就是在沒有把握之前不認可任何真理。

那麼，要懷疑什麼？感官所得皆不可靠，這不需要多說。理智也不可靠，比如直觀與推理都可能被某個「惡魔」所誤導，這個惡魔「能力超凡，又愛騙人」。然後，現存的一切（連我的身體在內）都可能是在睡夢中出現的。最後，世界與上帝也可能不存在。但是，正在懷疑的這個「我」，卻必須存在。笛卡兒由此論斷：「我懷疑，所以我存在。」他的論斷使人想起奧古斯丁所說的：「若我受騙，則我存在。」

笛卡兒當然不只是修改奧古斯丁的語句而已。他接著指出，「懷疑」屬於「思想」的作用之一，因此，可以說：「我思故我在。」（Cogito, ergo sum.）這個「思」包括懷疑、理解、想像、感受、意願等，亦即「我直接意識到在自己心中運作的一切」。那麼，要如何說明這句廣為流傳的名言呢？

「我思故我在」不是三段論證的推論（凡思想者皆存在，我思想，所以我存在）；也不是假設命題（如果我思想，則我存在）；而是自明的直接判斷：我思即是我在。我思與我在是同時呈現的。其次，由「我思即是我在」所肯定的是「我即是思」，我是「自知其存在的思想」。換言之，我即是心智或靈魂，恆在思想之中；我如果未能覺察這一點，則是因為身體的干擾與影響。

明顯的二元論上場了。我的本質即是思想，其中有天生本具的觀念。靈魂（或心智）是一個獨立長存的實體，至於我的身體，則是另一個屬於物質的實體。所謂實體（substance），是指「由自己而得以存在者」。嚴格說來，只有上帝是實體。如果就受造物而言，則有兩種實體：心智與物體。心智的主要屬性（attribute）是思想；物體的屬性是廣延（長、寬、高）。另外，樣式或模式是指屬性的不同表現。人由兩種實體所組成：心智與身體，這兩者是區分的（有如舵手與船隻），又藉交互作用以形成人的整體性。這是機緣論（Occasionalism）的立場：身體的活動是心智藉以產生觀念之機緣，而設定此一交互作用的是上帝。

笛卡兒

但是，上帝存在嗎？笛卡兒說，「上帝」是指「一個無限的、獨立的、全知的、全能的實體。我自己與其他事物（如果真有其他事物）都是由祂所造的」。上帝即是至善者。笛卡兒甚至說：「我在故上帝在。」他的證明是：(1)「我有一個至善觀念，而我自己卻不是至善的。」我是有限的，因此我的至善觀念不可能由我而來（結果不能比原因更完美）。(2)「有這個至善觀念的我，不能是自有的。」因為我會懷疑，所以我是有限而非至善的；若我是自有的，則不應有任何缺陷。(3)「至善觀念即蘊含了存在。」上帝的觀念即可保證其存在，其本質與存在合

＊笛卡兒名言
- 我思故我在。
- 懷疑是智慧的源頭。
- 讀好書，有如探訪著書的先賢，同他們促膝談心，而且是一種精湛的交談。

一。這一點顯然得自安瑟姆的啟發。上帝使人的天生本具觀念有了由來，祂又安排及支持宇宙的存在。笛卡兒由「我在」推出「上帝在」，是因為若不先有上帝存在，則「我在」將淪為空想。

關於人生問題，笛卡兒除了肯定人的本質即是心智之外，還注意到心智與身體相互之間的關係。身體帶來的各種刺激，會使人產生情欲（passions），它們「在本性上是好的」，但容易受到誤用及過度放縱，所以需要節制。人生幸福在於「讓精神（意即心智、思想、靈魂）完全自足」。這有賴於自己（如：德行與智慧），也需要外在的資源（如：名譽、財富、健康），但以前者為主。獲得幸福的規則有三：(1)盡一切能力去「知道」在人生中該做的與不該做的事；(2)堅定實踐理性的指示，不受情欲所左右；(3)不去欲求自己能力範圍之外的事物。這些想法平實而可行，頗有斯多亞學派的色彩。

笛卡兒另闢蹊徑的思考模式與基本觀點，對西方哲學界的影響有如翻開歷史新頁，引發一個百家爭鳴的時代。

笛卡兒軼事

笛卡兒的軍旅生活更像是個軍事觀光客，他最後選擇搬到荷蘭，以便「孤獨地在寂寞中」過著探究人類精神領域的生活。他說自己「好像演員戴上面具，臉上的害羞不會顯露出來，我就是這樣戴著面具踏上了世界舞台」。對他的著作評價趨於兩極化，直到今日。

＊笛卡兒名言

・要以探求真理為畢生的事業。

・恐懼的主要原因是驚奇，擺脫它的最好辦法是臨事先思考，並使自己對所有不測事件（驚奇是由對它們的害怕引起的）有所準備。

巴斯卡：為上帝下賭注

巴斯卡（Blaise Pascal, 1623-1662）是法國人，他與笛卡兒同樣都是數學家與天主教徒，但是異於笛卡兒的是：他於一六五四年經歷一次深刻的靈修體驗，從此關心的焦點轉而肯定信仰的合理與必要。他的代表作是《冥想錄》。

巴斯卡從小就表現數學與物理學方面的才華，後來發明簡單的計算機，還奠下微分、積分與機率運算的基礎。他批評笛卡兒過度推崇數學方法，甚至想依據數學方法「定義所有的語詞，並證明所有的命題」。他質疑說：誰能定義像「空間、時間、運動、數字、相等」這些名詞？他認為，理性（la raison, reason）無法證明數學的確定性，但是「心」（le coeur, heart）可以靠直覺來肯定像空間有三個向度、數是無窮的等等。在演繹時，數學方法最有效，但自然科學還是要依靠經驗。

在形上學方面，幾何學方法無效，連理性也束手無策。關於上帝，我們既不知祂的存在，也不知祂的性質。「因為祂既無廣延，也無極限。但是憑著信仰，我們知道祂存在；憑著恩典，我們知道祂的性質。」巴斯卡的基督徒觀點可謂毫無保留。他認為我們應該明白雙重真理，就是上帝存在與人的困境。只知前者，將造成哲學家的傲慢；只知後者，將導致無神論者的絕望。知上帝而不知基督，也是無用而貧乏的，最多只能肯定自然神論（Deism）。他批評笛卡兒：「使上帝推動世界，此後就與上帝無涉。」「一個人若只是幾何學家，我不認為他與

＊《冥想錄》
這本書是巴斯卡的哲學隨筆集，也是他的代表作。

能幹的工匠有多大差別。」哲學若不能證明上帝存在，則無法宣告人生的幸福。幸福不在身內也不在身外，而在於上帝，如此則既在身內也在身外。理性可以研究數學、自然科學與自然哲學，但是若無基督信仰，人不能了解自己。

人有理性，可用來認知、思考、推論；人也有心，代表出於本能的直覺、意願，甚至是愛意與慈悲念頭。巴斯卡說「心有它的理由，但非理性所能了解」。意志是信仰的關鍵所在，它會傾向某一側面，使理性看到它所要的部分，所以，人以心打敗懷疑論，以理性打敗獨斷論。心有直接性、自然性、方向性。在常識上，我們對外在世界的真實性，有一自然而直接的認識；在道德上，我們對某些道德價值也是如此；在宗教上，我們對上帝同樣是如此。心的認知本能植基於靈魂的最內在本性。

人同時是可憐的與偉大的。就前者來說，「比起無限，人是無；比起無，人是一；人處在全有與全無之間。若無法理解任何一端，則無法明白他所由來的虛無，或包含他的無限者。」萬物交互涵攝，對任何一部分的認知，皆有賴於對整體的了解。

再就人的偉大來說，他能認識自己的可憐，這一能力本身已足以彰顯他的偉大。思想構成人的偉大。「人只是蘆葦，是自然界中最柔弱的東西；但他是會思想的蘆葦。」「就空間而言，宇宙包容且吸收了我，就像一個點一樣。但是憑著思想，我卻包容了宇宙。」人有欲望，要追求無限，「唯有上帝本身才可以讓人滿足」。

他為那些尚未決定要信仰耶穌的人考慮，設想了一個「賭注論證」。對於「上帝是否存在」，懷疑論者不願下注。但「保持中立」本身也是一種選擇；選擇放棄選擇，是不負責任的，也不符合自己的利益。下注於上帝存在者，顯然有利：「如果你贏了，你贏得一切；如果你輸了，也沒什麼損失。」前者是永恆的幸福，後者是有限的損失（世間享受），但此一損失將造就高尚的德行，所以不能算是損失。參與賭局，是以確定之物去賭不確定之物。在此，是

＊巴斯卡名言

・人是為了思考才被創造出來的。

・你要人們稱讚嗎？那麼不要稱讚自己。

・無論身分高低，只要會消遣就是幸福。

以有限的一生去賭無限的永生。這個論證的有趣性要超過它的有效性。

巴斯卡強調探求真理是唯一合理的事，而人生最怕漠不關心的態度。哲學是愛好智慧，而智慧指向全盤真理，是要讓人的生命得到完全而根本的安頓。因此，哲學在方向上與宗教殊途同歸。他的思想對法國文化界深有影響，形成精神主義的傳統。此傳統前有蒙田（Montaigne, 1533-1592），後有柏格森（Bergson, 1859-1941），都是兼具文學素養與哲學思想的作家。

巴斯卡軼事

巴斯卡有神童之譽，十二歲就獨自推演出歐幾里得幾何學定理，十六歲就寫了一篇有關圓錐曲線的論文。十九歲時為了幫助身為稅務官員的父親估算稅收，他設計了第一部計算機。他蒙受神恩啟示之後，把人文主義看成異教思想，並因而批評耶穌會士是偽善者。

***巴斯卡名言**

・人類既非天使，亦非野獸。不幸的是，任何一心想扮演天使的人都表現得像野獸。

・人是一根蘆葦，卻是一根能思想的蘆葦。

史賓諾莎（一）：一元論的天羅地網

史賓諾莎（Baruch Spinoza, 1632-1677）是荷蘭籍猶太人，自幼接受猶太教育，學習《舊約》聖經與猶太法典。精通多種語言，又學習數學與笛卡兒哲學。他二十四歲時產生泛神論思想，無法接受《舊約》中的上帝觀，經勸導不聽而被逐出猶太教，從此靠磨鏡片維生。他只臣服於真理而不擔憂可能帶來的後果，也不害怕別人的評斷。就此而言，他是一位真正的哲學家。

他匿名出版《神學及政治學論文集》，一出版就被查禁。對他的誤解與咒罵不少，他的孤獨也顯得更為乖僻，曾經三個月不出大門一步，過著極為儉樸的生活。也有支持的聲音傳到他耳中。在一六七三年，海德堡大學邀請他擔任哲學教授，他認為自己已經習慣了不受干擾的生活，就委婉拒絕了。他於一六七七年因病辭世，死後才有機會出版代表作《倫理學：以幾何形式所論證》。

《倫理學》共分五卷：一、神；二、心智的性質與起源；三、情感的起源與性質；四、人的奴役或情感的力量；五，知性的力量與人的自由。每一卷都是先有「定義」與「公設」，再提出一系列「論證」，所以副標題定為「以幾何形式所論證」。他討論的問題包含傳統所謂的形上學與知識論，但由於最終目的是人的自由，所以取名為「倫理學」。

黑格爾（Hegel, 1770-1831）曾說：「只要讀完《倫理學》的每一行，你不可能不喜歡哲學。」這本書在說些什麼呢？

首先，史賓諾莎提出「神即實體，即自然界」的觀點。他所定義的「實體」是：「存在於自身之中，且透過自身而被理解者。」這樣的實體必定是「自因」的（自己是自己的原因），「其本質包含存在」。實體是唯一的，因為若有多數實體，則需要解釋何以是多數，亦即要訴諸某一外在原因，也因而不符實體之定義。然後，這唯一的實體即是「神」，他又與自然界無異。這種觀念不是傾向泛神論嗎？

其次，實體有無限多的屬性。「屬性」的定義是「能被人的知性所知覺之構成實體的本質者」。人的知性所能知覺的有二，所以實體有兩種屬性：思維與廣延。「廣延」是指「運動與靜止的總能量」（自然界充滿變化，但其總能量不變）。「思維」是指理解力，對一切事物皆可產生「觀念」。

神「必然」創造萬物，因此天下無偶然之物。但必然被造，並不等於必然存在。因此，可以說神是自由的，在此「自由」是指「依其自身本性的必然性而行動」；也可以說神不是自由的，意即神無法不創造這個世界，或創造另一個不同的世界。

史賓諾莎在「澄清概念」方面立下了典範。他的思想像數學家一樣清晰，而他所處理的題材則是高度複雜的。界定了實體之後，他繼續推論：實體是唯一的，形成單一系統及單一秩序。這是一元論。他揚棄了笛卡兒「心智與身體為兩種實體」的看法，而主張這兩者只是從「思維與廣延」的觀點所見的屬性，是一物的兩面。「觀念的秩序與關聯，與事物的秩序與關聯，是同一的。」人是一個整體，有心智與身體兩面，其間的交互作用不是問題，不必談到機緣論。心智是「對身體的觀念」；身體的一切活動，皆造成心智的觀念。此外，心智也有「對心智的觀念」，人有自我意識，「知道自己知道」。

＊《倫理學》

史賓諾莎的代表作品，共分五卷：神、心智的性質與起源、情感的起源與性質、人的奴役或情感的力量、知性的力量與人的自由。每一卷皆先有「定義」、「公設」，再提出一系列「論證」。

史賓諾莎認為，不必再像傳統哲學一樣，特別考慮「目的因」。神即是自然界，顯示一體兩面：「能產自然」（natura naturans）與「所產自然」（natura naturata）。這是布魯諾（Bruno, 1548-1600）使用的一對術語。神創造萬物，是依其本性而來的「邏輯關聯」，在人類眼中卻成了「因果關聯」。這是一種誤解。不僅如此，人類行動時設定目的，並以為自己是自由的，但是對於「自己何以會有這樣的意志與欲望」則完全無知。因此，目的因只是人類的無知所帶來的虛構的幻想。

垂直看來，神（或實體，或能產自然）必然地造成世界，其中並無目的因。水平看來，一切現狀皆可由在先的狀況依動力因來解釋，神並不由外加以干涉，而是在系統中決定之。這種說法有如一張天羅地網，一旦跨進去就找不到出口了。

史賓諾莎

＊史賓諾莎名言

·害羞是畏懼或害怕羞辱的情緒，這種情緒可以阻止人不去犯某些卑鄙的行為。

·最大的驕傲與最大的自卑都表示心靈的最軟弱無力。

·我們對於情感的理解愈多，則我們愈能控制情感，而心靈感受情感的痛苦也愈少。

史賓諾莎軼事

史賓諾莎的祖先是由西班牙遷入荷蘭的猶太人。他自幼熟悉《舊約聖經》與猶太法典，並精通多種語言、數學與笛卡兒哲學。他因為思想因素，被逐出猶太社區之後，以磨製鏡片維生，過著寧靜生活。他與倫敦皇家學會的主席有信件往還，一六七六年萊布尼茲前來拜訪他。

史賓諾莎（二）：由理性走向真正自由

在史賓諾莎的龐大體系中，人還有出路嗎？有的，要靠智慧。這要從知識說起。

知識有三種。一是混淆的認知：人的身體受外界影響而產生變化，由感官知覺而得到混淆的、合成的意象。這種知識也是有用的，可以做簡單推算而難免於錯誤。二是科學的知識：基於恰當的觀念，在思考時不涉及客體，而具有真實觀念的性質或內在特徵，如邏輯或數學的知識，以及演繹而成的知識。三是直觀的知識：「始自對神的某些屬性的形式本質之恰當觀念，而達到對事物本質之恰當知識。」「我們愈了解個別事物，我們就愈了解神。」由此產生幸福與完美之感。因此，要學習「自永恆的形相去觀看」，以便了解萬物必然如此的理由。

對人來說，最難的是「認識自己」。人是自然界的一部分。「人的行為與欲望，與線、面、體無異」。心智與身體無異，他們只是分別由思維與廣延這兩種屬性去看人的結果。因此，心智活動正如身體活動，也是被決定的。不知被什麼原因所決定，並不等於沒有原因在決定。

凡物皆努力維持其自身的存在。此一努力稱為「性向」。一物只能做順應其本性的事，亦即本性決定了行動。身與心的性向又稱為嗜好；人對此有所意識，則稱為欲望，要求自我保存與自我完成。合乎此一要求，則為樂；反之則是苦。一物本身無所謂善惡，是因為我欲求它，它才是善的。這是自然主義（Naturalism）的立場，不牽涉自然狀態之外的目的。一切情緒皆

＊史賓諾莎名言

．上帝的意志是無知的避難所。

．對濫用榮譽和世人的虛榮抱怨得最響的，正是那些最渴望得到榮譽的人們。

來自欲望、快樂與痛苦。比如，我愛一物，是因此物的觀念與我生命力的增強有所聯繫。情緒是被動的，又名「激情」。不過，有些情緒是主動的，因為源自心智，可予理解。比如，「勇敢」是「藉此每一個人單單根據理性的命令，努力保存那些屬於他自己的事物」。（包括節制、清醒、臨危不亂等）。又如，「高貴」是「藉此每一個人單單根據理性的命令，努力在友誼中幫助或聯合其他所有的人」（包括謙虛、厚道等）。因此，要增進道德，就須把被動情緒轉變為主動情緒，也就是要增進理智。

善與惡，是由事物相互比較所形成的觀念。只要對一情緒形成清晰而明白的觀念，該情緒就不再是激情。依理性而行動，即是有品德，即是對自己有用，可以保存自己。只要了解「人是根據其本性的必然性而行動」，我就不會憎恨別人或心存報復。「不要哭，不要笑，要理解。」

理解是化解激情，走向自由之路。人的心智的最高功能是認識神。了解神是萬物之因，所以祂也是痛苦之因，如此則痛苦不再是激情。人只有喜悅。「自永恆的形相」去理解萬物，則是在認知神，也就是對神有「知性之愛」，這時的快樂伴有神的觀念，亦即永恆原因的觀念。「神對人的愛，與人的心智對神的愛，乃是同一回事。」

人類若能結合為一，則為自己即是為人人。然而，人各不同，「我們不要輕視、憎恨或嘲笑任何人，也不要生氣或羨慕別人」。道德與知性攜手並進。這當然並不容易做到。史賓諾莎總結說：「正因為此事困難，所以值得一試。」

在政治哲學方面，史賓諾莎指出：人依其本性，追求自己的利益；但是人需要群居，所以要由社會限制個人的自由，以求共利。個人的權利只受他的能力極限所限制。人有無上的權利去尋求或取得他認為有用之物，「而不論憑藉的是武力、詭計、乞討或任何其他手段」。人為了保全自己，天生即互相為敵，所以需要協議與互助。社會契約來自開明的自利。「立基於理

＊《神學及政治學論文集》

史賓諾莎的主要著作之一。一六七〇年匿名出版。

十七世紀荷蘭社會面臨著劇烈的鬥爭，史賓諾莎出來向封建教會進行了堅決的、勇敢的鬥爭。《神學及政治學論文集》一書也正是適應於這個要求而寫的。

性並且接受理性指導的國家，是最強盛、最獨立的國家。」

史賓諾莎的思想格局讓人驚艷。他說：「朝向永恆無限的事物的熱愛，使心智獲得快樂的滋潤，還可免除一切痛苦，所以它非常值得我們渴望並全力追求。」

史賓諾莎軼事

史賓諾莎生前只發表過兩本書，一為對笛卡兒《哲學原理》所做的「幾何形式」的闡釋；另一則為匿名發表的《神學及政治學論文集》。他最重要的作品《倫理學》在他死後才出版。《神、人及其幸福簡論》到一八五一年才被人發現。他在生時常遭謾罵，死後才得到稱譽。

萊布尼茲：深信「預定和諧」

萊布尼茲（G. W. Leibniz, 1646-1716）是德國哲學家。由年代看來，他應該稍後上場。但是近代理性主義（Rationalism）以笛卡兒、史賓諾莎與萊布尼茲三人為代表，這已成為共識，所以我們接著先介紹他。

萊布尼茲深通經院哲學，對邏輯、數學、法律皆有研究，學識淵博。一七〇〇年出任柏林科學院（後為普魯士學院）首任院長。他的著述極多，自亞里斯多德之後，無人能及。他還讀過傳教士以拉丁文譯成的《易經》，深受啟發而設計了一部計算機。代表作有《單子論》、《人類悟性新論》、《神義論》等。

他的創見是單子論（Monadology）。單子（monads）是單純實體，構成萬物的基本單位。單子沒有部分，不具廣延、形狀或可分割性。單子在「質」方面彼此可以區別，亦即各有某種程度的知覺與欲望。每一個單子天生就具有某種知覺程度以反映宇宙，能以自己的方式反映整個體系。它是形上學的「點」，在邏輯上先於物體而存在，並且可以類比於靈魂，具有內在的區別原理。換言之，單子有內在目的性，顯示內在活動與自我發展的傾向。實體的本質是力量、能量與活動。因此，目的論的與機械論的自然觀可以相輔相成。

萊布尼茲是多元論者。每一單子皆不同，各自形成一個世界。單子無限多，但單子無窗戶，彼此不交往；同時又有一種「預定的和諧」，使所有的單子可以協調。任何一物的改變，

＊代表作品

萊布尼茲的代表作品有《單子論》、《人類悟性新論》、《神義論》。

都會使萬物與現存情況出現差異。上帝根據完美律而預先設定和諧體系。以人為例，「靈魂的活動根據目的因的法則，身體的活動根據動力因的法則，這二因彼此搭配協調，並無矛盾」。歷史有其目的，為了建立「在自然世界之內的道德世界」而進展。

人有知覺（由外在事物得到表象）與統覺（反省的意識）。由統覺可知靈魂存在。人有四分之三的行動是只靠經驗的，有如動物的本能。靈魂是主導性單子，與身體之間沒有物理性的交互作用。人的主動性來自清晰的知覺，被動性則來自含混的知覺。人有先天本具的觀念（如：方異於圓），意即：心智從自身之中引生出這些觀念。

萊布尼茲

萊布尼茲談到：「這個世界是否所有可能的世界中最好的？」他認為，可能的世界不只一個，但是上帝選擇了這個世界，則必有其充足理由。他提出完美性原則：上帝的選擇必有充足理由，為了理解充足理由，又必須推溯於完美性原則。上帝的一切作為都是為了最美好的事物得以實現，正如人的行動是為了得到自己覺得最美好的事物。上帝自由做選擇，祂永遠並且必定選擇客觀上最好的。

關於上帝問題，萊布尼茲主張「上帝存在」是個分析命題。只要分析「上帝」概念，就知道祂「存在」。上帝是「最完美的存有者」，而存在是一種完美。「假定上帝是可能的，則祂

＊《神義論》

萊布尼茲在該書裡有系統地說明上帝的至善、人的自由，以及惡的起源，並使上帝的正義這個古老的哲學問題，正式成為基督教神哲學研究中一大專門領域。想要全面理解西方基督教的傳統神義理論，《神義論》這部經典是必讀著作。

存在，這是神所獨具的特權。」上帝是必然的存有，屬於自身的存有，萬物依祂而存在。他還指出：(1)由永恆真理（如：數學），可知上帝存在；(2)由事實真理（如：張三存在），可知其充足理由在於上帝；(3)由單子之間的預定和諧，可知上帝存在。在《神義論》中，萊布尼茲談到「惡」的問題，他的看法是：

一、形上學的惡：受造物的不完美並非取決於神的選擇，而是取決於受造物注定的本性。此世界乃是一切可能世界中最好的。

二、形體的惡或苦難，是常態現象，但是善仍多於惡。

三、道德的惡是「缺乏」正當秩序，人還是要自己負責。

四、理性主義主張人有「先天本具觀念」，由此才可肯定知識的普遍性與必然性。但是如此一來，心智與身體（或心與物）之間的協調就成了問題。笛卡兒以「機緣主義」來說明，史賓諾莎以「一體之兩面」來化解，萊布尼茲則訴諸「預定和諧」。理性主義至此走入獨斷論（Dogmatism）的死胡同，虛擬一個合理的宇宙而離開了真實的人生。

萊布尼茲軼事

萊布尼茲八歲就自學拉丁文，十五歲上大學，二十一歲曾拒絕教授職位。此後他身負外交任務，到處旅行，廣交賢友。他的學術興趣極廣，著作之豐富是亞里斯多德以來沒有人比得上的。一七〇〇年出任柏林科學院首任院長。還設計過計算機與潛水艇。他想調和各派基督教，但未成功。

＊萊布尼茲名言

・自然界沒有跳躍。
・這世界是一切可能有的世界中最好的一個。
・想有創意並不難，避免愚笨卻不易。

洛克：為經驗主義奠基

洛克（John Locke, 1632-1704），英國哲學家，教過希臘文、修辭學、道德哲學，還擁有醫學學位，擔任政府高官，後因政治問題避居荷蘭五年，回國後出任英國商務大臣。對笛卡兒的著作很感興趣，但發展出英國經驗主義。個性溫和，肯定常識，重理性而反獨裁，有信仰但能包容。代表作有《人類悟性論》、《公民政府二論》、《基督宗教的合理性》等。

他的立場是經驗主義（Empiricism），主張知識的材料（亦即觀念）是由感覺與內省所提供。人沒有「天生本具觀念」。比如，思辨上的原則（如：同一律與不矛盾律）對小孩與文盲並無意義；實踐上的原則（如：所有人都同意的道德法則）究竟是什麼？然後，自然的傾向並不等於天生本具的原理。觀念來自感官知覺與內在反省，意即：經驗是一切觀念的來源，人的心智只是一塊「白板」（tabula rasa）。

談到觀念，主要是來自被動接受的簡單觀念，共有四種：(1)感覺觀念：由一種或多種感官所帶來的知覺（如：白色、香味、動、靜）；(2)反省觀念：知覺或思考，意欲或意願；(3)伴隨前兩者所產生之苦與樂；(4)與前兩者同時出現之「存在、統一、力量」。其次有複合觀念，由整合上述簡單觀念而形成，如：樣態、實體、關係等。

那麼，實體是什麼？洛克說：「我們不能想像這些簡單觀念能夠獨立存在，所以就假定有某種托體（substratum），作為它們存在的依據與產生的根源，然後就稱之為實體。」此一實

＊代表作品

洛克的代表作品有《人類悟性論》、《公民政府二論》、《基督宗教的合理性》等。

體「支撐了那些能在我心中產生簡單觀念的性質；這些性質稱為附質（accidents）」。接著，他提出關於性質的著名解釋。性質有兩種：(1)「初性」是能在我們心中產生簡單觀念的力量（如：堅實、廣延、形狀、動靜、數字）。(2)「次性」並非對象本身所具有，而是藉其初性在我們心中產生各種感覺的力量（如：色、聲、香、味）。換言之，次性是物體中的力量，作用於吾人感官者。次性是主觀的，與物體毫無相似之處。觀念即是人的感覺或知覺，並不等於物體。

人的知識只與觀念直接交往，涉及觀念之間的相合與不相合，由此出現四種類型：(1)同一性或差異性（如：白是白，白不是紅）；(2)相關性之合與不合（如：數學命題）；(3)共存性之合與不合（如：火與熱）；(4)真實存在之合與不合（如：上帝觀念與真實存在物）。洛克因而對自然科學覺得悲觀，因為人所能思考的只是觀念，而非物體本身。判斷或命題只有概然性，數學並不陳述外在世界，而只是探討吾人觀念之知識。道德知識也像數學一樣，要依定義與公理來判斷真偽，不涉及它是否真正存在。那麼，上帝呢？由於「無不能生有」，所以必須有一個「無始之物」存在，它是永恆的、全能的、全知的。人們是否稱之為上帝，並不重要。

洛克提出一套政治哲學。在

洛克

＊《人類悟性論》

英國人約翰・洛克是首先將經驗主義系統化的哲學家。在他的名著《人類悟性論》導論後的第一章中，即以各種論證批評人生來具有先天觀念與先天原理知識的主張。

自然狀態中，人類天生是自由的與平等的。人們依理性而群居，沒有任何具有權威的上司去裁決。理性是人的自然法則，教導人們「不應傷害別人的生命、健康、自由、財產，因為人皆為上帝所造，皆平等而獨立。人有良心，受到自然的道德法則所約束」。人也有自然權利，如：私有財產權。人類結合成為國家，是為了保護人民的生命、自由與產業。在原始的「契約」下，個人放棄權利而交給大多數人，但絕不會放棄自由而陷於奴隸狀態。國家應該三權分立，就是：立法權、行政權（包括司法權），與聯邦權（發動戰爭、促進和平、結合同盟、簽署合約）。

洛克是啟蒙運動初期的傑出人物，表現了自由探討的精神、溫和理性的立場，以及厭棄獨裁主義的心態。他所謂的心智有如白板，實體有如托體，初性次性之分，以及簡單觀念源自經驗等，都為經驗主義奠下了基礎。與笛卡兒所啟導的理性主義對照之下，也形成了鮮明的對照。

洛克軼事

洛克自牛津大學畢業後，教過希臘文、修辭學與道德哲學，後來還取得醫學學位與行醫執照。一六六五年他開始從事外交與政治事務，一度流亡荷蘭，一六九六年擔任英國商務大臣，他是提倡宗教自由原則的代表人物，不贊成宗教狂熱，卻欣賞大家習慣的常識觀點。

＊洛克名言

．教育上的錯誤比別的錯誤更不可輕犯。

．把子弟的幸福奠定在德行與良好的教養上面，那才是唯一可靠的和保險的辦法。

．規則應該少定，一旦定下之後，使得嚴格遵守。

．禮儀的目的與作用在使本來的頑梗變柔順，使人們的氣質變溫和，使他尊重別人，和別人合得來。

貝克萊：取消物體存在

貝克萊（George Berkeley, 1685-1753）曾研究數學、語言學、邏輯、哲學。一七三四年出任基督新教（英國教派）的主教。代表作有《視覺新論》、《人類知識原理》等。

他探討視覺作用，試圖說明吾人經由視覺去察覺對象之距離、大小、位置等「知覺」的方式，並且考量視覺與觸覺所得「觀念」之不同，以及是否有觀念是這兩種感官所共通的。視覺的適當對象，構成了造物者（創造自然者）的普遍的語言。可見的對象是在心智之內，可觸的對象則在心智之外。後來貝克萊修訂此說，把一切感覺對象都收入心智之內。

他提出質疑：「一個物體或可感覺對象，在事實上未被知覺的情況下，仍然存在。」這句話是什麼意思？為了回答這個質疑，必然考察「存在」一詞的性質、意義與內含。他的結論是：「存在即是被知覺。」（Esse est percipi.）一物體如果不被人（或其他能知覺者，如神）所知覺，則不能說它存在。比如，說「這張桌子存在」，即是說「這張桌子被知覺或可被知覺」，如此而已。由於「存在即是被知覺」一語，所指涉的是可感覺的對象；因此，更完整的說法是：「存在即是被知覺或去知覺。」（Esse est percipi vel percipere.）亦即除了可感覺對象之外，還有能知覺的主體（心智）存在。換言之，真正存在的是：上帝（無限精神體）、人（有限精神體），以及精神體所知覺到的觀念。可感覺對象就是由「被知覺」所生的觀念。

貝克萊認為，觀念不能離開人的心智，因此洛克所謂的「托體」如果是指吾人所見的對象

＊《人類知識原理》

貝克萊主要哲學著作。一七一〇年都柏林出版。是貝克萊計畫寫作中闡述自己哲學體系的巨著的第一部分（哲學部分）；第二部分為倫理學，手稿為貝克萊在義大利旅行時遺失，後來沒有重寫，只把《人類知識原理》以單行本形式發表。

該書開宗明義

底下的支撐物，則它並不存在。「不要說我把『存在』拿走，我只不過是如我理解它的意義那樣，說出它的意義而已。」再就洛克所謂的「初性、次性」來說，貝克萊認為，我們不可能完全脫離「次性」來思考「初性」；初性並不比次性更獨立於知覺之外，所以初性也是觀念。結論是：「物質實體」是一個無意義的名詞。總之，可感覺對象即是觀念，但這不表示觀念全由人的心智所造。意思是：既然是觀念，就不能不依賴某一心智。因此，吾人一切知識與思想，皆局限於吾人自己的觀念中。這裡還須強調一點：觀念不是吾人對事物的觀念，因為觀念即是事物。貝克萊為何提出這麼怪異的觀點呢？這要推源於他對精神體的分析。

觀念（等同於可感覺對象）不能獨立自存，而要倚賴精神體，精神體在知覺觀念時，被稱為知性；在產生或運作觀念時，被稱為意志。我們對精神體不可能造成觀念（因為觀念是可感覺對象，是被動的、有惰性的）；我們對精神體只能有「理念」（notion）。比如，我對一

貝克萊

提出他的唯心主義的根本觀點，發表之後，並沒有受到當時學術界和宗教界的重視，書中的結論卻成為一時的笑柄。但此書所論述的唯心主義經驗論，對後來西方哲學發生了很大的影響。

張桌子可以有觀念（確定不移），但對一個人則只能有理念（他不是確定不移的）。我們經由內向的感受或反省而覺察自己的存在，並且經由理性推論而覺察其他精神體的存在。至於上帝，「我確實在一切時間與一切地方，都看到那些顯示上帝存在之可感覺的記號」。

關於自然界，貝克萊認為它是可感覺對象之整體，其規則是上帝刻印在人的心智上的。亦即，上帝依一定秩序把觀念刻印在吾人心智上。如果可感覺對象是觀念，並且如果這些觀念並不只是倚賴人類心智，則它們必須歸因於一個異於人類的心智，亦即上帝。試舉一例說明：一座無人去過的深山中，開了一朵百合花，請問這朵花存在嗎？答案是存在，因為它被上帝所知覺。貝克萊的經驗主義提出許多異乎常理的觀點，對洛克的溫和見解也一併批判，其目的是為了護衛有神論的信仰。他認為，若是肯定物質實體的存在，就會促成無神論（atheism）。

最後，貝克萊認為，道德需要理性的法則，以尋求人類共同的善。道德不是自律的，必須與宗教連結，「良心總是預設了一個上帝的存在」。看來這位哲學家在思考一切問題時，念念不忘的是他的宗教家身分。

貝克萊軼事

貝克萊十五歲進入都柏林大學就讀，研習數學、語言、邏輯與哲學，一七〇四年取得文學士學位，一七〇七年發表《算術論》，以二十二歲之齡成為母校三一學院的院士。他結交歐洲的名人並曾遠赴美洲，於一七三四年受聘為克朗恩的主教。他研究焦油溶液，認為那是治療人類疾病的萬靈丹。

＊代表作品

貝克萊的代表作品有《視覺新論》、《人類知識原理》等。

休姆（一）：以自我為一束知覺

休姆（David Hume, 1711-1776）從小熱愛文學與哲學，留居法國期間寫成《人性論》，後來申請愛丁堡大學「倫理學與精神哲學」教職失敗，因為他當時已經是知名的懷疑論者與無神論者。他做過的工作包括圖書館管理員、英國駐法大使館祕書。一七六六年自法回英時，邀請盧梭（Rousseau, 1712-1778）同行，但不久兩人決裂。他還出任過副國務卿兩年。他的代表作有《人類悟性研究》、《道德原理研究》、《大不列顛歷史》、《自然宗教對話錄》等。

休姆描寫自己為「性情溫和，開朗合群，輕鬆幽默，在一切情緒中（主要是對文名的熱愛）皆能自我節制，即使在常有的失望中亦然」。英國經驗主義以他為集大成者。

休姆認為，心智的內容是知覺，知覺有印象與觀念之分。印象由感覺而來，是經驗的直接材料；觀念是印象的拷貝或微弱影像。印象先於觀念出現。印象與觀念的區別在於生動性。最生動的思想觀念也比不上最遲鈍的感覺印象。先是有感覺之印象，接著出現感覺之觀念，然後是反省之印象，以及反省之觀念。不可能無印象而有觀念，所以形而上學不可能成立。印象的運作有二：(1)記憶力：可重複形成觀念，保留了簡單觀念及其次序與位置。(2)想像力：可重現印象，任意組合或重組（如：詩、小說）。由此產生聯想的規則是：相似性、時空鄰接性與因果性。

那麼，實體存在嗎？休姆指出，「實體」觀念是一組簡單觀念的集合，由聯想與虛構而

＊代表作品

休姆的代表作品有《人類悟性研究》、《道德原理研究》、《大不列顛歷史》、《自然宗教對話錄》等。

成，所以實體不存在，甚至精神實體也不存在。這種看法比貝克萊的又更激進了。他對因果性採取明確立場。一般人認為：(1)因果性建立在鄰接性上，二物由於直接或間接的相鄰而被視為具有因果關係；(2)因對果具有時間上的先在性；(3)從因到果之間有必然的連結。休姆認為：由於一因生多果，一果由多因所生，所以因與果並無一一對應關係。所謂的因果性，只存在於人的觀念中而已，是由習慣（感受加上記憶）所造成的觀念，此一習慣構成人的性向，形成一種根深柢固的信念。即使把眼光擴大到萬物的層面，我們要問：凡有開始之物皆有原因，真是如此嗎？休姆認為這只是無法證明的預設，因為它的反面（萬物並非如此）並不構成矛盾。

面對自然界，我們所知的一切，包括日夜輪替、四季運行，難道不是可靠的知識嗎？休姆認為：這些依然只是人們對「自然齊一性」的信念，相信自然界是統一的整體，會按照自然規律來運行。所謂「信念」，是指：與一個當前的印象相關聯之生動的觀念，是每一個人在日常生活中都充分理解的一個語詞。在哲學上，可以把信念稱為感受。許多信念是教育（人為的原因）所造成的。我們應該接受自然的原因（恆常的連結關係）所帶來的信念。人生的一切都由習慣

休姆

＊《大不列顛歷史》

一七五四年開始，休姆陸續出版了他六卷的《大不列顛歷史》。作為歷史學家，休姆得到比作為哲學家所能得到的更高的評價。伏爾泰說：「這部歷史的聲望高得無法再高了，他大概是迄今為止用任何一種語言寫成的歷史中寫得最好的一部。」萊頓．史特雷奇評論：「像如此卓越和有份量的著作應該歸入哲學探究，而不是歷史敘述。」

與信念所決定。

我們無法證明身體存在，因為感官不足以肯定真有一個獨立的身體，理性也無法由知覺推論出真有一個對象。因此，肯定身體存在，也只是一種信念，是由想像力而來的習慣。想像力基於恆常性與一貫性，就會相信自己的身體是持續而獨立地存在著。

人局限於知覺世界中，無法區別知覺與對象，所以並無「實體」存在。靈魂若是「非物質的實體」，則不可談論或證明它存在。那麼，人們常說的「自我」又是怎麼回事？休姆認為，人對「自我」的觀念也來自印象。所謂自我（或人格）乃是若干印象與觀念「被假定為」擁有一個所指涉的東西。換言之，「自我只是一束知覺」；「我永遠沒有在不帶有一個知覺的任何時刻中，捕捉到我自己；而且除了知覺以外，永遠不可能觀察到任何東西。」

休姆的說法讓人驚訝。貝克萊強調精神體的存在，但是否定了物質實體。現在休姆連人的自我也一起質疑，這樣的哲學下一步要如何發展呢？

休姆軼事

休姆的父親希望他做個律師，但是他執意探究哲學。他曾從商，但失敗了。一七三四年，他前往法國三年，寫成《人性論》，但是這本書「一出版就死亡」，甚至沒有激起反對者的抱怨。他比較受人注意的作品是《大不列顛歷史》。

＊《人性論》

一七二九年，十八歲的休姆已經在構思他的最著名的著作《人性論》的第一部分了。十年後，休姆的《人性論》終於出版了，但是得到的反應十分冷淡。休姆感到十分失望，這本書可以說「一出版就死亡」。

休姆（二）：懷疑論者的道德觀

在休姆看來，人的「心智」是一個舞台，各種印象在它上面來來去去，其中並沒有「在同一時間中的單純性」，以及「在不同時間中的同一性」。意思是：就在此時此刻，我的心智充斥著各種意念，旋起旋滅，並沒有所謂單純的自我可言；並且，我的心智在不同情況中變來變去，並沒有所謂一致的自我可言。記憶力加上想像力，才讓我「虛構」出一個「人格同一性」（personal identity）觀念，以為有一個「自我」或「靈魂」存在。至於靈魂在人死後繼續存在的可能性，「就像一塊煤炭放在火上而不燃燒一樣」，根本是個不合理的幻想。

解消了人的自我之後，還能談道德問題嗎？休姆繼續提出他的見解。人的行動依循信念，理性並不重要。他直接說：「理性是，並且應該是，情緒的奴隸。不僅如此，理性永遠不能假裝它負責任何其他的職務，它所要做的只是為各種情緒服務，並服從它們。」因此，道德行為完全基於道德感（moral sense）。

情緒包括情感與好惡，來自強烈的反省的印象。三點值得注意：(1)要區分一個情緒之對象與原因。如：傲慢與自卑的對象是自我，愛與恨的對象是別人；但是這些情緒另有充分的原因，如：自己擁有什麼或別人做了什麼。(2)要區分一個情緒的原因中，起作用的性質與此一性質的主體，如：某人以其豪華的房子而自負。(3)情緒若非指涉自我，即是指涉他人，兩者之間要靠聯想而連結成一切情緒。因此，道德的基礎是同情。

＊休姆名言

·當我們專注地研究人類生活的空虛，並考慮榮華富貴空幻無常時，也許我們正在阿諛逢迎自己懶惰的天性。

其次，談道德不能忽略意志。意志是「當我們故意引起身體的一個新的活動，或心智的一個新的知覺時，我們所感受到與意識到的一種內部印象」。那麼，人有自由嗎？自由若指「否定必然性」，則涉及語言誤用的問題。自由若指「自發性」，則可以說人有自由。不過，只靠理性，永遠無法找到意志行動的動機；並且，在對意志的指導方面，理性永遠無法反對情緒。因此，道德的區分不來自理性，而來自感受，亦即對行動、性質或性格所產生的讚美或責怪的情感。這種區分是無私的（因為不涉及個人利益），正如美感的快樂也是無私的。所謂「品德」，是指「心智的行動或性質，能使旁觀者產生愉快的讚許情緒者」；其反面則是惡行。這種看法符合常識所見。比如，休姆認為：人們行善不是為了別人的讚許（因為你不能保證會得到大家的讚許），但是別人的讚許確實會鼓勵人們行善。

休姆幼年的教育使他信奉新教中的喀爾文教派（Calvinist），後來擺脫信仰，成為著名的無神論者，而事實上他的觀點是不可知論（Agnosticism）。他批判各種上帝存在論證，認為這一類論證主要基於自然界的秩序，由果推因而成。但是如此推出的因，不可能有超越果的性質；並且，不可能由這樣的因，推出已知之果以外的東西。因此，人無法由宗教推出任何超越世界之上的事物，也不可能推出人類行為的原則與判準。所以這些都是無用的假設。他在批判設計論證（由自然界的秩序可知有一上帝存在，作為全能設計者）時，所用的理由十分犀利。他說，宇宙的秩序是長期演變的結果，在時間過程中一切都會搭配協調，由此顯示有秩序的外觀。因此，即使真有原因，也可能是「有些微類似」人類智力的東西，而不必聯想到所謂的上帝。這種立場是不可知論，不肯定也不否定，亦即存而不論。

休姆的經驗主義已經成為懷疑論了。近代哲學一上場，就出現理性主義與經驗主義兩大思潮。理性主義由笛卡兒的懷疑出發，肯定心物二元論，經過史賓諾莎以實體統合二元成為一元論，到了萊布尼茲提出預定和諧的多元論，就有些不可理喻而陷於獨斷論了。經驗主義由洛

＊喀爾文教派

約翰．喀爾文（John Calvin），是喀爾文教派的創始者。他在瑞士完成他的神學思想體系，提出「預選說」，主張信徒得救與否，皆由上帝預先選定。信徒唯一能做的就是勤儉、刻苦與努力工作，積聚財富以榮耀上帝，這促進資本主義的茁壯。喀爾文的教義迅速傳到西歐各地。在英格蘭的喀爾文教派稱為「清教徒」，在蘇格蘭及愛爾蘭的稱為「長老會」信徒。

克區分初性與次性開始，還能承認托體的存在，經過貝克萊的「存在即是被知覺」就只剩下精神體存在了，然後休姆把精神體（自我與上帝）一併化為不可知之物，就難免於懷疑論的質疑了。近代哲學在上述雙重困境中有無出路，就須等待後之來者了。

休姆軼事

休姆觀察人們日常生活的習性頗為深刻。他認為人們行善未必是為了受人稱讚，但是受人稱讚無疑可以鼓勵人們行善。他對人性的看法顯然較為實在。康德坦承，是休姆使他從獨斷論的迷夢中驚醒。閱讀休姆的散文，會有親切的明晰之感。

＊休姆名言

·自然賦予人類以無數的欲望和需要，而對於緩和這些需要，卻給了他以薄弱的手段。人只有社會，才能彌補他的缺陷。

盧梭：批判文明的罪惡

盧梭（Jean-Jacques Rousseau, 1712-1778）生於日內瓦，為鐘錶匠之子，未受大學教育，靠自學成名。一生做過雕刻匠、家僕、稅務員、家庭教師、樂譜抄寫員、外交官祕書、演奏家、作曲家，最後發現思考與寫作才是他的本行。他最初屬於喀爾文教派，後來改信天主教。一生在生活上、感情上、信仰上皆飄泊流浪。代表作有《論人類不平等的起源與基礎》、《社會契約論》、《愛彌兒》、《懺悔錄》等。

首先，盧梭批判文明所造成的罪惡。他認為：天文學來自迷信，辯論術來自野心、懷恨、虛假、諂媚，幾何學來自貪財，物理學來自無益的好奇心，道德哲學來自人類的自負。換言之，人文科學與自然科學的誕生，可歸因於人們的不道德。然後，人的心靈需要各種裝飾，結果卻變成了鎖鍊。像藝術、文學與科學，都是拋在鎖鍊上的花環。「我們不再敢去想像什麼是我們的真面目，只能在一種永遠的束縛下說謊。」因此，盧梭批評當時啟蒙運動所持的觀點，就是相信理性使人樂觀看待社會的進步，進而可以嚮往世界主義。

他分析人類不平等的起源。在抽離掉社會，取消所有外加於人的非自然條件之後，才能對人的本性狀態做一「假設性的說明」，此說明為：人在原始的自然狀態是善的，並且在人性中沒有原始的邪惡或罪過。此一「性善論」是個假設命題，因為我們不但難以想像「不在某一社會規範中的人」，也無法界定什麼是「不涉及惡概念的善性」。盧梭指出人與動物的差異有兩

＊代表作品

盧梭的代表作品有《論人類不平等的起源與基礎》、《社會契約論》、《愛彌兒》、《懺悔錄》等。

點：一是人對自由的意識，這是純粹精神性的活動，不是機械論原理可以解釋的；二是人的可完美性，亦即有能力改善自己。

問題出在私有財產，他說：「誰第一個把一塊土地圈起來，並想到說『這是我的』，而且找到一些頭腦簡單的人居然相信了他的話，誰就是文明的真正奠基者。」由私有財產引發了不平等，以及後續的戰爭狀態，因而必須成立社會、法律、政府。為了保障自由，所有的人都輕率地跑進了枷鎖中。

「人類生而自由，卻處處活在枷鎖之中。人以為自己是萬物的主人，結果卻反而比萬物更是奴隸。」轉機在於「社會契約」：每一個人把自己的權利共同置於「普遍意志」的最高指導下，並在團體的力量中，接納每一個成員為整體所不可分割的部分。自然的自由轉化為公民的與道德的自由，只有道德的自由可以使人做自己真正的主

盧梭

＊《愛彌兒》

盧梭試圖在《愛彌兒》中描繪一個教育體系，使他在《社會契約論》中的「自然人」能在不可避免趨於墮落的社會中生活。盧梭描寫愛彌兒和他的家庭教師的故事，來說明如何教育出一個理想的公民。愛彌兒不是一本詳細的育兒指南，不過書中確有一些教育子女特別的忠告。這是西方第一個完整的教育哲學、第一部教育小說。

人。「普遍意志」代表普遍的主體（人民為主權者）的意志，是為了共同利益的目標。另外，還有「全體意志」，是指個別意志的總和，計入了私人利益。人們需要啟蒙才會知道什麼是普遍意志。普遍意志是法律的來源。「人民的聲音就是上帝的聲音。」（Vox populi, vox Dei.）人的美德是使個別意志與普遍意志合一。服從法律即是服從自己的理性與判斷。

盧梭對情感深有體驗。他認為：自愛是人的基本衝動，「我們所有的本能起初都是朝向我們自身的保存與福祉」。自愛並非個人主義。同情「是一種自然的情感，藉著節制每個人自愛的強度，而對全體種族的保存有所貢獻」。在假設的自然狀態中，同情取代了法律、道德與善行。「最後一種被發展並成為主動的愛的，名為良知。」有了正義與秩序的觀念，良知才可運作。道德是人類自然情感不受阻礙的發展。惡對人而言不是自然的，它來自對人的本性之扭曲。

不受文明腐化的人，是傾聽良知聲音的人。他換個方式來描述良知，「在我們心中有一個正義與美德的天賦原則……我們藉它判斷自己與別人的行為是善是惡；這個原則才是我所謂的良知」。此一良知是直覺而有的。這種直覺也能由世界萬物的關聯與秩序，而肯定有一神性智力存在。「我相信這世界是由一明智而有力的意志所統治，我看到這件事，或者說，我感覺到這件事，並且知道這是一件偉大的事。」盧梭以他特有的方式，打動了許多人的心靈，也為思想界帶來不少震撼。

盧梭

＊**《社會契約論》**

盧梭在一七六二年寫成的一本書，書中主權在民的思想，是現代民主制度的基石，深刻地影響了逐步廢除歐洲君主絕對權力的運動，以及十八世紀末北美殖民地擺脫英帝國統治、建立民主制度的鬥爭。美國「獨立宣言」和法國「人權宣言」體現了《社會契約論》的民主思想。

盧梭軼事

盧梭是鐘錶匠之子，直到有一天他把手錶丟掉，才體驗到何謂自由。他與法國百科全書派的學者（如狄德羅、伏爾泰、孔地雅）曾相往來，並為他們撰寫有關音樂的文章。他於一七六二年出版《社會契約論》與《愛彌兒》之後，因為觀點新潮而受批判，必須到瑞士避難，最後還是歸老於巴黎。

高舉理性大旗的啟蒙運動

啟蒙運動（the Enlightenment）一般用以指稱歐洲十八世紀的思潮，其特色是：自由運用理性於公共領域與私人領域。在此之前，理性仍然受到權威與教條的束縛。這個運動代表了西方真正由中世紀轉化成為「近代」：從「超自然主義的、神話的、權威主義的」思維模式，轉向「自然主義的、科學的、個體主義的」思維模式。當時法國的百科全書派思想家認為，這是真正運用「理性原則」在自然界找到各種規則的時代，所以應該稱為「哲學的時代」。學者們試圖建構一套完整的知識體系。一般人開始追求塵世的幸福：「幸福是十八世紀最普遍的執著。」於是要求新的社會制度與新的道德標準。人有義務尋求人性的尊嚴與價值，不必再依賴宗教。

先談法國啟蒙運動。其特色一方面是反宗教，從自然神論到無神論，再到唯物論，接著是反政治制度，最後引發法國大革命（一七八九）。至於正面立場，則是為了理解世界與人類自身（如：心理、道德與社會生活）。科學觀念由物理學擴展到心理學、道德理論與社會生活，深信人類正在「進步」，因而覺得「樂觀」。

不過，既然稱為「啟蒙」，學者們就要充發揮理性的功能，表現各自的見解而不求共識。比如，貝爾（Pierre Bayle, 1647-1706）認為應該區分宗教與道德，人的道德不必依賴宗教；不談宗教，也可能建立一個有道德的社會。孟德斯鳩（Montesquieu, 1689-1755）暢談政治制度與

＊百科全書派

通常指十八世紀法國一部分啟蒙思想家於編纂《百科全書》過程中型塑之派別或組織。參加編纂的主要人員有孟德斯鳩、伏爾泰、盧梭等不少法國啟蒙運動時期之著名人物。

法律精神，他所謂的三權分立是指立法權、執行權與審判權，而人民在政治上的自由是指有權去做任何法律所允許的事。

伏爾泰（Voltaire, 1694-1778）主張自然神論，公開批駁無神論與極端的倫理相對主義。他倡導寬容，厭惡獨裁，也曾嘲笑盧梭的平等觀念。他的理想是仁慈的君主政治，但需接受哲學家的指引。他原先主張宇宙樂觀主義，宣稱「對你而言是惡的，在整體裡卻是善的」。但是，一七五五年葡萄牙里斯本發生大地震，死傷慘重，他這才正視「惡」的問題，而其結論是「上帝並未『主動』選擇去創造惡」。關於自由，他認為動機決定一個人想要做什麼，但是在做與不做上面，他才是自由的。所以，人沒有意志自由，只有行動自由。他傳播「進步」觀念，要以理性促成知識的與經濟的進步。

在法國聲勢較大的還有百科全書派，代表人物有狄德羅（Diderot, 1713-1784）與達朗貝（D'Alembert, 1717-1783）。前者認為人與動物只有「程度上」的差異；後者則是實證主義（Positivism）的先驅，認為形而上學必須變成一門探討事實的科學。另外，主張唯物論最有名的是拉美特立（La Mettrie, 1709-1751），他在《人即機器》中說：「當我行善或為惡，當我早晨善良夜晚邪惡，其原因乃在於我的血液。」霍爾巴哈（Holbach, 1723-1789）是徹底的唯物論者與決定論者。卡巴尼士（Cabanis, 1757-1808）說：「大腦分泌思想，就像肝臟分泌膽汁一樣。」

那麼，德國啟蒙運動又如何？托瑪修斯（Thomasius, 1655-1728）支持新教觀點：神的旨意是要人進步，在世間得到幸福。道德生於理性之愛，只有神的恩典才能救人脫離道德上的無力感。沃爾夫（Wolff, 1679-1754）代表士林哲學，把哲學分為理論哲學（存有學、理性心理學、宇宙論、自然神學）與實踐哲學（倫理學、經濟學、政治學）。康德（Kant, 1724-1804）所批評的傳統形上學，所指的就是沃爾夫的觀點。鮑姆加登（Baumgarten, 1714-1762）的《形

＊啟蒙運動

「啟蒙運動」一般是指稱歐洲十八世紀的思潮，其特色是：自由運用理性於公共領域與私人領域。在此之前，理性仍然受到權威與教條的束縛。這個運動代表了西方真正由中世紀轉化成為「近代」：從「超自然主義的、神話的、權威主義的」思維模式，轉向「自然主義的、科學的、個體主義的」思維模式。當時法國的百科全書派思想家認為，這是真正運用「理性原則」在自然界找到各種規

上學》是康德講課的教材之一，他也是首先使用「美學」（Aesthetics）一詞的人。最後還有萊辛（Lessing, 1729-1781），他認為神的啟示分為三階段：⑴嬰兒期：《舊約》，靠賞罰來教育人類；⑵青少年期：《新約》，以內在心靈的淨化，作為天國的預備之路；⑶壯年期：行善不是為了天上或人間的獎賞，而是為了善而行善。

啟蒙運動的內容既豐富又複雜，並且大家以「理性」為基礎，爭論不休也莫衷一是。哲學家仍以提出一貫的體系為愛智目標，不能只在運動中消耗生命。

伏爾泰軼事

當盧梭把他討論人類不平等啟蒙運動的書寄給伏爾泰之後，伏爾泰如此回信：「先生，我已接到你反對人類的新書，謝謝你。……在試圖把我們變為野獸的企圖上，沒有人如你這般聰明，讀你的書真讓人想用腳在地上爬行。但我放棄此一行動六十年，要再重溫已不可能。」

則的時代，所以應該稱為「哲學的時代」。

康德（一）：把握哲學的四大問題

康德（Immanuel Kant, 1724-1804）是德國人，一生未曾離開家鄉科尼斯堡（Koenigsberg），在那兒念完大學，取得哲學博士學位之後就在母校教書，所教課程包括：物理、數學、地理、人類學、教育學、礦物學，以及邏輯、形上學、道德哲學等。他的生活極有規律，言行一絲不苟。他與柏拉圖相似之處是：終身未婚，享年八十。代表作有：《純粹理性批判》、《實踐理性批判》、《判斷力批判》等。

康德在哲學上面臨了雙重挑戰：一邊是理性主義與經驗主義陷入困境，就是分別走入獨斷論與懷疑論，以致難以為繼；另一邊是自然科學快速發展，而哲學論述無法跟上腳步，形成哲學界的重大危機。康德於是重新思考「知識」的有效性問題。知識由判斷所構成，判斷有兩種：先天判斷（或分析判斷）與後天判斷（或綜合判斷）。先天判斷是普遍的與必然的，因為它是由分析主詞而得到述詞，比如，「凡物體皆有量積」，「三角形有三個角」。但是這種判斷無法擴張或增加我們的知識。後天判斷是由綜合具體經驗所得的結果，如「地球繞著太陽轉」，「人是會死的」。我們由此知道得更多，但是這種判斷只有概然性與局部性。那麼，有沒有可能找到「先天綜合判斷」，以保障人類知識的有效性呢？

康德要探討「人類知識如何可能成立？」他認為：在肯定人的理性可以認識事物之前，

＊《純粹理性批判》

康德的第一批判：《純粹理性批判》是其三大批判著作、也是其全部哲學著述中意義最為特殊和重大的巨著。正是這部巨著開始了十八世紀末至十九世紀四〇年代的德國哲學革命，改變了整個西方哲學前進發展的方向和進程，莫

必須先剖析理性本身的能力。傳統以來的哲學，談到知識時，都是以理性針對事物去認識，現在康德反其道而行，要先針對「理性」本身加以考察。他認為這就像自然科學中「哥白尼的革命」一樣，從日動說轉向地動說。說得清楚一些，要由以前的「心智（有如太陽）依從及符合對象（有如地球）」，轉變為「對象依從及符合心智」。由於人的心智或理性的結構是固定的，對象必須以理性所要求的特定方式才可呈現出來。因此，在探求知識的有效性之前，要先研究「理性」，看看人「能夠」知道什麼？

康德的哲學又稱為「批判哲學」與「先驗哲學」。所謂「批判」，是針對理性功能而言，他的代表作是三大批判；所謂「先驗」，是指先於經驗並作為經驗之基礎者，亦即要由此找出一切經驗（包括認知、道德、審美等）之所以可能的條件。他一生努力探討四個問題：

(1)我能夠知道什麼？
(2)我應該做什麼？
(3)我可以希望什麼？
(4)人是什麼？

針對「我能夠知道什麼？」康德寫了《純粹理性批判》。所謂「純粹理性」，是指「理性」在理論上（不涉及實踐）的運作而言。這種「批判」的目的是要確定「先天綜合判斷」（亦即有效的知識）是否可能。他探討四個問題：(1)純粹數學如何可能？(2)純粹自然科學（以物理學為主）如何可能？(3)形上學作為自然傾向，如何可能？(4)形上學作為一門科學，是否可能？前三個問題都是「如何」可能，意思是可以成立，只是要說明其「如何」可能。第四個問題則是「是否」可能，而答案是否定的。何以如此？因為形而上學的對象是真實的「本體」（或「物自體」），而人的知識只能達到「現象」。這裡就涉及了對理性所做複雜的分析了。

知識的構成需要質料與形式。質料來自外界事物，由感性去把握；形式來自理性主體，

定整個批判哲學體系以及往後的全部哲學研究工作的認識論、方法論、邏輯學和形上學的基礎，成為康德哲學對後世直到當代西方哲學經久不衰的深刻影響的源泉。

由此確保知識的普遍性與必然性。兩者合作，不是兼具先天性與綜合性嗎？這是康德的簡單想法。康德使用的「理性」一詞有廣義與狹義之分。廣義的理性是指人的心智基本能力而言，其中包含四個由上而下或由內而外的層次：理性（狹義）、知性、想像力、感性。狹義的理性扮演統合或規範的角色，然後知性、想像力與感性這三個層次，都各有雙重作用，亦即本身具有先天形式，並且可以接納後天質料，這種複雜的結構可謂別出心裁而深富理趣。

康德

＊《實踐理性批判》

本書結構與《純粹理性批判》的結構大體相同，但細節安排、劃分卻迥異，甚至相反。本書任務並不是批判「純粹實踐理性」，而是立足於無人可以懷疑的「純粹實踐理性」去批判理性的「全部實踐能力」；即不是像《純粹理性批判》那樣考察人的各種知識「如何可能」的先天條件，而是從人的純粹理性現實具有的實踐能力出發並以之作為標準，批判和評價一般的（不純粹

康德軼事

康德生於普魯士一個製馬鞍匠之家，屬於基督新教的虔信派。他一生欣賞此派信徒良善的美德，但對於學校中規定的宗教儀式卻頗有怨言。他的拉丁文極好，在大學期間熟讀了物理學、天文學、數學與哲學方面的書籍。畢業後擔任八年家庭教師，然後才在大學教書。

的）理性在實踐活動中的種種表現，從中確認純粹理性的先天普遍規律，那就是道德律。

康德（二）：人只能知道「現象」

為了建構知識，人的理性首先藉著感性與外界接觸。感性有直觀能力，可以直接掌握外在對象。這種直觀之所以可能，是因為感性具有兩個先天形式：時間與空間。康德把時間與空間收納為感性的先天形式，這是他的學說特點之一。

以空間為例，假設你前面有一張桌子，你把桌子搬開，就出現了空間；但是請問：是先有空間才可放置桌子，還是先有桌子才能在搬開之後出現空間？答案是前者，先有空間；不但如此，空間其實是人的感性所提供的，否則外在物體怎能有特定形狀或某種排列秩序（如前後左右）呢？時間也是如此，一物之存在及延續，使人衡量其久暫的，也都是人的感性所提供的形式。簡單說來，從人的感性所捕捉的時空，與其他生物（如：魚、狗、螞蟻、麻雀）所捕捉的時空是一樣的嗎？當然不一樣。因此，時空並非存在於外的客觀實體、屬性或關係。

康德認為，時間是：一切感覺之必要條件，將一切（包含內在的與外在的）感性事物關聯起來。空間是：外在感覺之必要條件，將外在的感性事物關聯起來。因此，外界事物本身無所謂時間與空間，而只是渾沌一片；人在使用感性能力時，把時間與空間這兩個先天形式「加在」這種渾沌之上，才使它成為某一「對象」，進而可能被人認知。這種「對象」因而永遠只是「現象」，而不是「本體」（或「物自體」）。所以，人所能認識的是現象，形而上學作為一門科學不能成立。康德認為本體不可知，哪些本體呢？自我、世界與上帝。依此而說，他是

＊康德名言

．老年時像青年時一樣高高興興吧！青年，好比百靈鳥，有他的晨歌；老年，好比夜鶯，應該有他的夜曲。

不可知論者。

感性所得的現象，接著交給上一層的「想像力」去處理。想像力是連接感性與知性的中介橋梁。想像力可以產生及保存圖式（schemata），圖式提供規則與程序，使感性所得的現象成為意象（image）。這也是個先天形式與後天質料合作的方式。圖式是普遍的，與知性的範疇可以配合；意象是特殊的，與感性直觀所得的雜多相近似；如此可以作為感性與知性的中介。

到了知性層次，它本身有十二個先天的普遍範疇。我們說過，任何知識皆以判斷的形式出現。判斷有十二種，所以範疇也有十二個。康德的知性十二範疇分為四組：量、質、關係、樣態。每組有三項內容，正好是「正反合」的順序。

先看判斷表：

(1)量：全稱、特稱、單稱
(2)質：肯定、否定、不定
(3)關係：定言、假言、選言
(4)樣態：或然、實然、必然

再看範疇表：

(1)量：統一性、殊多性、全體性
(2)質：實在性、虛無性、限制性
(3)關係：內在性與潛存性（實體與附質）
　因果性與依存性（原因與結果）
　團結性（主動者與被動者之交互關係）
(4)樣態：可能性與不可能性、存在與不存在、必然性與偶存性

由上述四組十二項範疇看來，四組顯然是從亞里斯多德十大範疇中選出來的。這說明人類

在判斷時所使用的範疇大體是類似的，康德加上正反合的辯證思維使其更為完備。

最後，狹義的理性上場了。理性以其規範功能，使知性所做的一切判斷得到系統的整合。因此，人的知識對於本體，只能把握其現象，形成「宛如」（als ob, as if）的認知。比如，心理學的研究基於「宛如」有一自我；自然科學的研究基於「宛如」有一世界；神學的研究基於「宛如」有一上帝。於是，傳統形上學受到致命的一擊。

關於「我能夠知道什麼？」答案是「現象」。康德接著要問：「我應該做什麼？」這就涉及理性的實踐功能了，而「應該」一詞也指向了道德領域。康德封閉了傳統以形上學為「自然學之後」的思維模式，同時展開了他「道德形上學」的新領域。

康德軼事

康德最初教書時，採用鮑姆加登的《形上學》為課本，但經常批評其中觀點。他的講演雋永風趣，富於寓言，目的是要激發學生自行思考，提煉出個人觀點。他從未離開家鄉，但樂於與到處遊歷的人交談，以他從書本所得到的知識讓他們驚訝。

＊康德名言

．人，實則一切有理性者，所以存在，是由於自身是個目的，並不是只供這個或那個意志利用的工具。

康德（三）：道德實踐的優先地位

所謂「形上學」，不管其進路是什麼，目的都是要探討真實的存有（在此可以稱為本體或物自體）。康德所建構的「道德形上學」，是要藉由人類普遍的道德經驗，說明其所以可能的條件，再肯定某種本體的存在。康德為此寫了《實踐理性批判》、《道德形而上學》等書。

所謂「實踐理性」，是指理性在其實踐上的（亦即道德上的）功能。它不再只是規定其對象，而是可以使對象成為實在（如：人的意志抉擇可以產生行動）。簡而言之，實踐理性是「依據一原則或一格準而做的意志活動」。

道德要求行善避惡，但什麼是善？世間所謂的善皆為相對而有條件的，如財富、才華、性格特質上的優點，但這些皆可用於惡的目的，而不是在其自身即為善的。唯一的、無條件的、在其自身可以稱為善的，只有「善的意志」。所謂善的意志，是指「出於義務」而做的行動，而不是指「符合義務」而做的行動。前者由內而發，是理性給自己的命令，後者只是回應外在的要求。何謂出於義務？這是指出於尊敬道德律而行動。道德律來自理性，是普遍的，有如物理定律。

接著，要分辨原理（principle）與格準（maxim）。原理是奠基於實踐理性之中的基本而客觀的道德律。格準是主觀的決意的規則，是行動者實際上所依據並決定其抉擇的規則。由此可知，原理是普遍的，格準是個人的。如果個人決意之主觀規則是出於對道德律的尊敬及

＊康德名言

・美，是道德上的善的象徵。

・道德首先被要求的是支配自己。

服從，則此一格準所決定的行為就具有道德價值。因此道德的定言命令（直接而無上的要求）是：「我一定要如此意願，讓我的行為格準成為一個普遍的原理。」

比如，我做生意奉行「童叟無欺」的格準。我的考慮如果是想本於誠信而獲得效益，則沒有道德價值可言。我的考慮如果是出於尊敬童叟無欺的普遍原理，那麼我個人的格準與原理結合，我的行為就具有道德價值了。

人是有理性的存在者，理性會賦與人定言命令，所以人本身即是目的，不可被當成手段或工具。康德說：「你當如此行動，要把人性——無論在你自身的位格中或者其他人的位格中——在任何情況下，都要同時視之為目的而絕不僅僅視之為工具來使用。」比如，我搭計程車時，不可把司機僅僅當成工具，而同時也要把他當成一個人來尊重。由此可以推知，康德反對自殺，因為自殺是藉著消滅自己（把自己當成手段）來解除某種痛苦，以致完全忘了自己也是應予尊重的目的。

由於理性為自己立法，所以道德意志不是他律，而是自律的。「你當如此行動，使你的意志透過其格準，同時把自己視為能普遍地立法。」在社會中，每一個有理性的人都是成員，也是元首。「有理性的存在者應如此行動，宛如他們能透過其格準而成為目的王國的成員。」與目的王國相對的是自然王國（自然界）。康德的墓碑上寫著：「在我頭上是眾星的天空，在我心中是道德的法則。」他對自然與自由所做的二分法是很明顯的。

實踐理性為了使道德行為成為可能，就必須肯定三個設準（有如先決條件）：⑴人的自由。因為人透過理性而得到法則，並且認為自己只受此一法則所決定，像這樣的自律就是自由的前提。若無自由，則無義務與責任，也無道德法則可言。⑵靈魂不死。由於道德行為的責任，必然涉及善惡報應，要求「德福一致」，亦即德行與幸福有一實踐上必然的關聯，並且還要求抵達圓滿狀態。如此一來，靈魂必須在人死後繼續存在，以滿足此一要求。換言之，世間

＊《道德形上學》

定言令式，是哲學家康德在《道德形上學》書中所提出的哲學概念。

康德認為，道德完全先天地存在於人的理性之中。只有因基於道德的義務感而做出的行為，方存在道德價值。因心地善良而做出的義舉，或是因義務而做出的德行，都不能算做真正有德的行為。道德應當，而且只應當從規律概念中引申演繹而來。儘管自然界中的一切事物都遵循某種規律，但只有理性生物（人）才具有按

的善惡報應不可能圓滿完成，所以必須假定靈魂不死。(3)上帝存在。「幸福是指有理性的存在者，能在世間使一切都依他的願望與意志而發生。」只有全知與全能的上帝可以保證此一結果。上帝是「一個不同於自然界，但卻是整個自然界的原因；此一原因是德福依其比例而關聯的基礎」。換言之，沒有上帝的絕對公正，則談不上真正的德福一致。

因此，康德的道德形上學從人類普遍擁有的道德經驗出發，探討其所以可能之條件，亦即它的先驗基礎，結果肯定了三個設準：人的自由、靈魂不死、上帝存在。三大本體（自我、世界、上帝）之中有兩項（自我與上帝）重新確立，如此回應了「我應該做什麼？」也使人的道德價值提升到罕見的高度。

康德軼事

康德每天五點起床，用餐、品茗抽菸一小時，思索當天要做的事，然後準備授課資料。八點到十點上課，接著就埋首著述，直到午餐時間。這時他與別人交談數小時，接著按慣例散步一小時，黃昏及晚間一般用來閱讀與思考，十點上床就寢。

照規律的理念而行動的能力。就客觀原則對意志的約束規範而言，其命令儘管是強制的，但同時也是理性的。這種理性命令的程式，就叫做「令式」。

康德（四）：重新為宗教定位

人有理性，可以認知，但是認知必須通過感性這一關，而感性只能把握到「現象」，因此傳統形上學靠認知去探索「本體」的構想是行不通的。不過理性在實踐上又能為人立法，讓人由自律而決意去做道德行為，依此必須先設定人的自由、靈魂不死，以及上帝存在。這是康德所謂的道德形上學。接著要問第三個問題：「人可以希望什麼？」這就無異於在認知與意志之間，加上感受或感情因素。

康德在《判斷力批判》處理了一般所謂的美學問題。「美學」在希臘文的字源中與「感覺」（aisthesis）是同一個字。美不能離開一個人主觀的感覺，那麼審美判斷如何可能？若想在主觀中超越主觀，只有一個辦法，就是保持「無私趣」（與個人沒有任何利害關係）的態度。所謂無私趣，是指不涉及個人的欲望，甚至不關心對象是否存在。既然無私趣，就可能成為普遍的，「不需要任何概念，卻普遍讓人愉悅」。然後，美是不涉及任何目的，但是又合乎目的性。比如，我在欣賞一朵玫瑰花時，我心中不存任何目的（不想占有，不想知道其品種或價格）但是又覺得這朵玫瑰花的形式體現了「花」之為花的完美的目的。如果別人不同意我的判斷，我也無法用概念或理論去證明，而只能邀請別人再看或再感受一遍。因此，美是不具概念卻被辨認為一必然的滿意之對象。這兒所謂的「必然」，既不是理論上的客觀必然性，也不是實踐上的必然性，而是例證上的必然性，亦即一個難以說明的普遍規則的一個例子。

總之，康德把藝術作品看成本體界的價值領域在現象界的表現，使我們可以把自然界本身看成本體界的現象顯示。康德在道德形而上學所肯定的本體界只有自我與上帝，現在透過感覺也把自然界帶進來了。本體界是相通的，他說：「美是道德善的象徵。」其意在此。

康德的宗教觀不能離開他的道德觀。他認為，道德法則引人走向宗教，亦即辨認一切義務都是上帝的命令，因為只有源於一個全善而全能的意志（亦即上帝），並由於與祂和諧，吾人才有希望獲得至善（德福一致），這正是吾人的義務所追求的對象。

道德基於「人」的概念。人是自由的存在者，但同時因其理性而服從無條件的法則（亦即定言命令）。至善要求自然秩序與道德秩序的和諧，由此必然引致宗教信仰，因為除非藉由上帝的助力，這種和諧是不可能的。除了遵行道德的生活方式以外，人沒有任何途徑可以取悅上帝。

康德本人是新教虔信宗（Pietism）的信徒，他肯定人有原罪，亦即根本惡，軟弱的人有必要信仰宗教。他的貢獻在於：改變傳統以來「以宗教為道德之基礎」的觀點。他的建議是：宗教不離道德，甚至「要以道德為宗教之基礎」，使人的善行與上帝所定的普遍法則相結合。在討論宗教問題時，他也約略答覆了第四個問題：「人是什麼？」

近代哲學從笛卡兒提出「我思故我在」，把我與思畫上等號開始，已經跨出了唯心論的第一步，到康德才完成了這個系統。所謂唯心論，並不是說一切物質都是意識的作用，而是說：一切物質必須通過人的理性結構才可成為認識的對象。簡單說來，我們所認識的世界並非世界本身，而是「能被我們認識的」世界。

康德曾說，是休姆使他從獨斷論的迷夢中驚醒，讓他採取批判立場去探索知識的先驗條件。他也承認，是盧梭的啟發，使他在探尋人的本質時，不再著眼於「人是什麼？」而專注於思考「人應該是什麼？」人的本質在於他的道德本性。從康德奠下的基礎上，開展出「德國唯

＊康德名言

・那最神聖恆久而又日新月異的，那最使我們感到驚奇和震撼的兩件東西，是天上的星空和我們心中的道德律。

心論」（或稱「德國觀念論」），產生可觀的影響。往後的哲學家都必須「經由」康德而不可「繞過」康德。當然，康德哲學也必須接受後代的檢驗，最常見的批評是「形式主義」，就是重形式而輕質料，在落實於具體人生時，他的說法顯得太過抽象了。

康德軼事

康德由於在著作批評聖經中的神學教義而受到官方警告。康德拒絕收回他的見解，但答應不在公開場合（包括演講與著作）中引申其說。他平常很少參加教堂的儀式活動。他對道德的熱中顯然多於對宗教的虔敬。

＊康德名言

‧生氣，是拿別人的錯誤懲罰自己。

費希特：界定自我價值

康德之後的德國唯心論以費希特、謝林與黑格爾為代表，他們三人的思想有如「正反合」的辯證，分別主張主觀唯心論、客觀唯心論與絕對唯心論。這裡所謂的「心」兼指意識（思想的作用）、觀念（思想的內容）與精神（思想的主體）而言。

費希特（J. G. Fichte, 1762-1814）幼時家境貧困，受人資助念書。大學時閱讀史賓諾莎的《倫理學》，但不欣賞其中的決定論傾向。畢業後以家庭教師為業，應學生要求而讀康德著作，深受啟發，後來專程去向康德請益。一七九二年出版《一切啟示批判試論》，聲名鵲起；一七九四年由於歌德（Goethe, 1749-1832）的大力推薦而獲聘為耶拿（Jena）大學教授。一八一〇年柏林大學成立，他出任哲學學院院長，後升任校長，一八一四年辭世。代表作有《全部科學理論之基礎》、《倫理學體系》、《告德意志國民書》等。

依費希特所說，哲學的任務是闡明一切人類經驗的基礎，而人的自由與道德活動具有最優先的意義。哲學的源頭在於「自我」，它是使一切對象化作用成為可能的條件，也是意識統一的條件。這是純粹的或先驗的自我。吾人對此純粹自我，享有「知性直觀」。康德只同意人有「感性直觀」，而費希特認為：唯有通過直觀，我才知道是我在執行活動，「生命的根基即在於此，沒有此一直觀即是死亡」。知性直觀無法由概念來證明；任何對象化行動皆以純粹自我為其預設。純粹自我並非某個在活動的東西，它本身即是一項活動或作為。

他的基本哲學原理包括：(1)純粹自我是自己安置自己的。(2)「非我與自我完全對立」。所謂非我，是指一般客體，而此一對立乃由自我所為。若無此一對立，意識無從產生。(3)「我在自我裡安置一個可分離的非我，作為一個可分離的自我之相對立者。」為了自我意識，他者（the other）的存在是需要的。

純粹自我本身即是「活動」，它根本上乃是一無限的奮鬥。奮鬥蘊含了克服，需要有一等待被克服的阻礙。因此，自我必須安置非我。換言之，對於自我所欲達成之道德的自我實現，自然界是一項必要的媒介或工具，是為活動而存在的場所。

人的本性即是他的「道德或倫理本性」。在人裡面有一種衝動，此衝動之所以執行某些行動，只是為了要執行它們的緣故，而與外在的目的或目標無關。「當你想自己是自由的，你就不得不想你的自由是服從於某種律則的；當你想這種律則時，你就不得不想自己是自由的。」這兩者是一個完全的綜合。費希特強調，以良心作為道德行動的形式條件。「一直依照你對你義務的最佳信念來行動，或者，依照良心來行動。」良心是對自己確定義務的直接意識。它是一種直接的感受，表現了吾人的經驗自我與純粹自我之間的一致或和諧。良心本身不可能錯誤，但它可能被蒙蔽以致消失。

由道德可以接上宗教。道德律的存在，要求我們相信神。神可以支配自然界，祂也是結合德行與幸福的力量。神是道德理想的具體實現，全然神聖的存有，無上的善。費希特曾經在一七九八年因為「把神等同於有道德的世界秩序」而被控告主張無神論。他的神觀念有些游移不定。神是絕對自我嗎？還是無限意志？他說，「神是一種主動去安排秩序的行動」，但不可將神描寫為具有位格的（因為位格在本質上仍是有限之物）。他心目中的「神」傾向於動態的萬有在神論（Panentheism），神是一切表象之終極而絕對的根基。人的生命是一個無止境的自我發展之生命，它在無盡的時間之流中，一直朝向一個更高的自我實現。人上升到真實生命的

***代表作品**

費希特代表作有《全部科學理論之基礎》、《倫理學體系》、《告德意志國民書》等。

***《倫理學體系》**

費希特在本書中倡導一種自我實現的倫理觀，是在德國哲學和古典文化的氛圍下使倫理學體系化的一個嘗試，涉及的內容十分廣泛，並有許多獨到的見解。

特徵，是對神的愛，因為愛是生命的核心。

費希特強調自我，以自我建構一切價值，所以被稱為主觀唯心論。他於拿破崙（Napolean,1769-1821）占領普魯士期間發表十四篇《告德意志國民書》，以通俗方式發揮他的自我哲學，由此振奮了廣大民眾，印證了哲學對社會與人心的指引作用。

費希特軼事

費希特大學畢業之後擔任家庭教師。一七九八年發表有關世界秩序的文章而被人控告為無神論者。他由耶拿大學轉往柏林發展。在拿破崙入侵期間，他振奮人心的演講，以高雅熱情的措辭談論德意志民族的文化使命。後來出任柏林大學校長。

＊《告德意志國民書》

費希特於拿破崙占領普魯士期間發表十四篇《告德意志國民書》，以通俗方式發揮他的自我哲學，由此振奮了廣大民眾，印證了哲學對社會與人心的指引作用。

謝林：關注自然世界

謝林（F. W. J. von Schelling, 1775-1854）是英才早發的哲學家，十五歲入大學，十七歲開始發表論文。早期依循費希特思想，但不滿意費氏以自然界作為「道德行動的工具」。他肯定自然界為絕對者的直接顯示，形成動態的目的論系統，朝向「意識」的出現，然後，自然界通過人，在人裡面認識它自己。這是謝林二十歲時的見解。

他比黑格爾年輕五歲，但表現優異，二十三歲就擔任耶拿大學教授。直到一八〇七年，黑格爾出版《精神現象學》而聲名大噪，兩人在學術上的合作互動才告結束。謝林於一八四一年出任柏林大學哲學教授，平淡以終。

謝林認為，一切哲學的主要工作，都在於解決「世界的存在」這個問題；換言之，就是要回答：「為何是有而不是無？」他專心探究自然界，所以有客觀唯心論之稱。

自然界是可見的精神，精神是不可見的自然界。進入哲學的第一步，是理解那在觀念秩序中的絕對者，即是在實在秩序中的絕對者。絕對者是唯一的，是主觀性與客觀性的「純粹同一者」。絕對者本身是一個永恆的自我認識行動，此行動沒有時間先後，但有三階段：(1)絕對者把自己客觀化於觀念的自然界中（亦即自然界的普遍形式）；(2)作為客觀性的絕對者被轉變為作為主觀性的絕對者；(3)此兩種絕對性成為同一的絕對性。

換個方式來說，絕對者是永恆的本質或觀念。它先是將自己客觀化於自然界中；再以作為

＊《精神現象學》

本書是黑格爾闡述自己哲學觀點和方法論原則的第一部綱領性巨著。黑格爾稱此書是他哲學體系的導言。於一八〇七年出版。「序言」的前半部分是黑格爾逝世前親自修改過的。

《精神現象學》總結了黑格爾前此的哲學研究，宣告了未來哲學的大

表象世界中的主觀性返回到它自己；然後經由哲學反省並且在哲學反省中，認識到自己是實在與觀念的同一者，是自然界與精神的同一者。因此，人對自然界的知識，即是自然界對它自己的知識，有如睡著的精神變成清醒的精神。

自然界是一個目的性系統，是永恆觀念必然的自我開展。低層次是作為高層次的根基而存在的，高層次在邏輯上先於低層次（亦即作為低層次的發展目標），機械物與有機物之間的對立消失了。自然界整體是一個有機統一體。自然界是無限絕對者的自我客觀化表現。自然界是絕對者直接而客觀的顯示，因而它是觀念的；它之為觀念的，是由於它表現了永恆的觀念，並朝向那通過人的心靈並在人的心靈裡的自我反省。

謝林的客觀唯心論除了關注自然界之外，也強調藝術哲學。他說：「客觀世界只是精神之最初的、尚無意識的詩；哲學的普遍求知工具，以及它整個結構的基石，乃是藝術哲學。」美感直觀顯示了「無意識與意識，實在與觀念」的統一。因此，人在觀看藝術作品時，心靈享有一種終極目的性的感受，感受到根本問題被解決了。藝術作品是無限絕對者的有限的顯示，美與真在終極上是一體的。

依宗教而言，絕對者即是神。但謝林不是泛神論（世界等於神），也不是無世界論（Acosmism，只有神存在）。神是自我啟示的生命，與萬物仍有區別。人有位格，但位格是要人去贏得的。「一切誕生，皆是由黑暗到光明的誕生。」人有黑暗根基（無意識、生命驅力、自然衝動），要由此上升以建立位格性。神的位格有其根基，但根基本身是「非位格的」，可稱之為意志。若神只有意志（無意識的、自我中心的態度），則神不會有創世行動。因此，神是理性的意志，亦即愛的意志，是擴展性的與自我顯示的。相對於此，人是自由的，又有內在必然性。謝林說得很深奧：「此內在必然性本身是自由的，人的本性在根本上即是他自己的行動；必然性與自由是彼此內在於對方的，有如同一實物之不同側面。」

綱，它的出版標誌著黑格爾和謝林在哲學上的徹底決裂。黑格爾在「序言」中承認謝林關於主體和客體的絕對同一性的唯心主義原則是哲學應有的出發點，但批判了謝林對於「絕對」的理解。

謝林的哲學又被稱為「同一哲學」，因為他總是要把表面的差異回溯到根源的同一。的確，就絕對者（或稱絕對精神）而言，一切原本為一。自然界的歸宿也是絕對者，至於中間的轉折過程，大概要等黑格爾上場才說得清楚。

謝林軼事

謝林是牧師之子，十五歲入杜賓根大學，與黑格爾、賀德齡等人為友。二十三歲出任耶拿大學講座，著作受歌德與費希特的稱讚。他是英才早發的典型，中間因為黑格爾的崛起而暗淡，晚年擔任柏林大學教授，聽眾中有齊克果、布克哈特、恩格斯與巴枯寧等人。

*謝林名言

- 若是憂慮就應抱希望。人生最大的幸福經常是希望、希望。
- 正如建築可以說是凝固的音樂一樣，它也可以說是一種空間音樂。
- 客觀世界只是精神原始的，還沒有意識的詩篇。

黑格爾（一）：絕對者即是精神

黑格爾（G. W. F. Hegel, 1770-1831）在杜賓根（Tuebingen）大學求學期間，與謝林等人為友，一起研讀盧梭的著作，對法國大革命（一七八九）頗為嚮往。一七九三年畢業之後，擔任家庭教師，一八〇一年在耶拿大學得到教職，與謝林合辦雜誌，直到出版《精神現象學》一書而聲名大噪，與謝林也分道揚鑣。一八〇八年至一八一六年擔任紐倫堡中學校長，出版《邏輯學》，後來到海德堡大學任教，出版《哲學各部門概觀百科全書》，一八一八年出任柏林大學哲學講座。在世時，他的哲學著作已經成為多所大學的教科書，備受推崇，但是反對的聲音也陸續出現。

他比謝林大五歲，但是在哲學史上談到德國唯心論時，通常會將他排在謝林之後，作為「絕對唯心論」的代表人物，也有集其大成的意味。他的興趣涵蓋哲學的每一部分。早期的他，認為希臘宗教是民族宗教，而基督宗教則是由外在加給人的，敵視人的幸福與自由，也忽略了美。後來因為研讀康德著作而發現：希臘文化缺乏道德的深度與熱忱，至於基督宗教的教義與制度，則使人與真實自我之間出現了異化（alienation，亦即疏離隔閡的情況）。他認為：真正的神是無限整體、無限生命，由愛來克服一切對立，而這種愛體現在耶穌身上，由此導致合一。無限者是內在於有限者，並將有限者含括於自身之中。

黑格爾認為，哲學的根本目的是要克服對立與區分。如：主體與客體之區分、心智與自然

***代表作品**

黑格爾終其一生著述頗豐，其代表作品有《精神現象學》、《邏輯學》、《哲學各部門概觀百科全書》等。

界之區分，都要靠哲學來予以統合。他肯定費希特取消了康德的物自體，並且提出知性直觀，但是仍有二元對立（如：客觀世界只是非我）的情況。到了謝林提出同一性原理，才說明了自然界是看得見的精神。謝林認為：絕對者本身超越了概念思維，因此要由「否定之途」（忘記有限者的屬性與區別）才可接近同一者。黑格爾則認為：絕對者是「通過有限者，在有限者裡面」的自我表現或顯示之整體歷程。

黑格爾所謂的「絕對者」或「無限者」，所指的都是神。這個「神」在開始使用時，並不等同於基督宗教的神，到了結論則仍歸一致，使哲學與宗教合流。絕對者是整體，是整個實在界，也是宇宙；它是無限的生命，是一個自我發展的歷程。絕對者是「它自己的生成歷程，是一種預設其終點為其目的，並以其終點為其開始的循環。它只藉著發展並經由終點，才成為具體的或實際的」。為了理解這段話，必須想像只有一個唯一的、真實的整體。這唯一真實的絕對者，不只是實體，也是主體（subject）。若絕對者是主體，則其客體（或對象）呢？也是它自己。所以，絕對者是：思想著自己的思想，是自我思想的思想（這是亞里斯多德用過的術語）。換言之，絕對者即是精神（spirit），它是一個自我省思的歷程。此一歷程所採取的方法是：通過人的精神（此為有限精神）並在人的精神裡進行。哲學對人的反省就是絕對者的自我認識。宇宙的歷史與

黑格爾

＊《邏輯學》

黑格爾的《邏輯學》，通稱《大邏輯》，以區別《哲學各部門概觀百科全書》中的第一部分「邏輯學」，即通稱的《小邏輯》。本書共分為「存有論」「本質論」「概念論」三部分，前兩部分合稱客觀邏輯，分別出版於一八一二年和一八一三年，第三部分稱主觀邏輯，於一八一六年出版。

關於這三部分的關係，是層層漸進的：只有概念是真理，或者說，概念是存在與本質的真

人類的歷史，乃是絕對者的自我展現。

實在界的整個歷程是為了實現「自我思想的思想」此一目標之目的性運動。絕對者認識它自己為整體，為它的整個變化歷程；同時也知道它自己生命各階段之間的區別。哲學的工作是解說絕對者的生命，要把無限理性（亦即絕對者）通過有限者、在有限者裡面的自我實現活動，系統地展示出來。因此，「凡合乎理性的即是實在的，凡實在的即是合乎理性的」。換言之，實在界是無限理性（自我思想的思想）實現它自己所必須經過的歷程。

黑格爾說：「絕對者即是精神，這乃是絕對者的最高定義。發現這個定義，並理解這個定義的意義與內容，可以說，曾是一切教化與哲學的絕對目標，一切宗教與科學都曾渴望達到這一點；只有從這種渴望出發，世界史才可以被理解。」

他的學說稱為「絕對唯心論」，可謂名副其實。至於這個體系如何展開，則是一個龐大的工程。

黑格爾軼事

黑格爾出身公務員之家，大學期間與謝林及賀德齡為友，分享他們對法國革命的熱愛。畢業時，證書上提及他品格良善、對神學與語言學頗有認識，以及對哲學的了解不太充分。比起謝林，他在哲學上的成就屬於大器晚成的典型。

理。因為存在與本質只是直接的和間接的東西，所以如果兩者堅持在孤立的狀態中，那麼都不能是真理。

黑格爾（二）：精神展現的過程

黑格爾以《精神現象學》一書而享有盛名。他所謂的「精神」，包含意識、理性、思想等相通的詞，亦即等同於唯心論的「心」字。此書意圖說明：人對絕對者的知識，與絕對者對自己的知識，乃是同一個實在界的兩面，那麼，「意識」這種由低而高的歷程是怎麼回事？這裡側重的是變化所需的矛盾（對立）與辯證發展（正反合）。

意識的發展有三個階段：⑴意識：意識到對象是那與主體對立的感覺事物。感覺的確定性（如：我看到這個、那個）其實最不確定，亦即可用於任何一個當下的對象。⑵自我意識：對外物產生欲望，對他者產生「我們」意識。但是自我與他者之間，出現了主奴關係：主人是獲得他人察覺者，把自己當作他人的價值；奴隸是在他人那裡見到自己真實自我的人。主人由於未察覺奴隸為一實在的人，因而無法察覺自己的自由，使自己降低到次於人的層次。奴隸由於執行主人的意志，經由那改變物質事物的勞動而把自己客觀化。這種主奴分裂的現象，代表不幸的意識，其實發生在同一個自我裡。⑶理性（普遍自我的意識）：以自然界為無限精神的客觀表現，並以自己為與無限精神相結合。整個《精神現象學》的系統由此展開。

黑格爾的系統充分顯示了辯證特色，他以「正反合」的方式建構一套完整的學說。絕對者即是精神（或意識），精神有三階段：在己、為己、在己兼為己。這三者分別構成了三套學問：邏輯、自然哲學與精神哲學。

＊黑格爾名言

・與所愛的人長期相處的祕訣是：放棄改變對方的念頭。

・凡是合理的都是存在的；凡是實在的都是合理的。

邏輯揭示了絕對者的內在本性。絕對者為純粹思想，邏輯是討論思想本身（運思規則）的學問，所以邏輯即是形而上學。邏輯是絕對者對於「在其自身」（在己）的自己之知識。

邏輯分為正反合三階段：

一、存有之邏輯

(1)存有（being）：泛泛的未定狀態，有如虛無。

(2)非存有（non-being）：不是固定存有。

(3)生成（becoming）：或稱變化，在存有與非存有之間。

二、本質之邏輯

(1)本質（essence）：內在的本質。

(2)存在（existence）：外在的現象。

(3)實際性（actuality）：實體與附質，因與果……。

三、概念之邏輯

(1)主觀性（subjectivity）：概念在其形式面，如普遍概念、判斷、三段論法。

(2)客觀性（objectivity）：概念在其質料面，如機械論、化學論、目的論。

(3)觀念（Idea）：概念自知而成為觀念：分辨生命與知識，以及兩者在絕對觀念裡的統一。

簡單來說，這三階段分別代表了：(1)確有某物（存有）；(2)它是什麼（本質）；(3)形成觀念（概念）。一旦形成觀念，就有主客對立，然後進展到居於客觀面的自然哲學。

絕對者是一個整體，是思想自己的思想。為進行此一運作，須以自然界為其必要條件；換言之，自然界是絕對者的「為己」，走出自己而成為自己的對象。絕對者是精神，精神是自由的與動態的；自然界則是必然性的領域，但其中也有偶發性，這偶發性是由於自然界本身的無能而產生，並非由於有限心靈（人）不足以對自然界做純屬理性的說明。自然界亦可說是觀念之墮落，偶發性代表自然界針對觀念之外化性；因此，不可神化自然界。既然承認偶發性，就必須接受某種二元論，不然就必須把偶發性當成虛幻。

自然哲學的正反合三階段有如演化的過程：

(1)數學（或機械學）：有空間性，離精神最遠，純屬外在性。

(2)物理學：落實於具體物中。

(3)機體學：有內在性，主體性出現於動物機體中，但未達自我意識的程度。

絕對者的「在己」是精神，但它是潛在而非實際的精神。絕對者的「為己」（自然界）也是精神，但它是自我異化的精神。只有抵達人的精神時，絕對者才開始存在一如其在自身，這是它的「在己兼為己」。黑格爾由此走上精神哲學的層次，這也是他的學說最重要的部分。

黑格爾軼事

黑格爾的課堂門庭若市。他的口才平平，但講課時每一個字都是吃力地吐出，顯示扣人心弦的質樸，讓所有聽眾覺得他的心靈擁有特別的深度。他有寫日記的習慣，在日記中認真反省有關上帝、世界、幸福、迷信、數學、自然科學等題材。

＊黑格爾名言

・真理是在漫長發展的認識過程中被掌握的，在這一過程中，每一步都是它前一步的直接繼續。

黑格爾（三）：完成絕對唯心論的系統

精神哲學的三階段是：主觀精神、客觀精神與絕對精神。

主觀精神分為：魂、意識與心智（或精神）。「魂」作為感受與感覺的主體，此時精神仍在睡眠狀態，有自我感覺，但未及反省的自我意識，身體與魂為外在與內在的關係，探討的學科是人類學。其次，「意識」是主觀精神遭遇一個對象，於是由意識到自我意識，再到普遍的自我意識。此時由意識現象學加以探討。然後，出現了「心智」或精神，代表有限精神本身的力量，包括理論方面（直觀、記憶、想像）與實踐方面（感受、衝動、意志）。自由意志為這兩方面的統合，亦即意志知道自己是自由的，或者意志即是自由的知性。人在其自身，注定要達成最高的自由。接著進入客觀精神的領域。

客觀精神分為：法律、道德與倫理。「法律」是個人意識到自己的自由，但需有外在表現。它首先用於外在事物，形成財產權。人可以放棄外在的物質事物，但不能放棄內在的自己（或以自己為奴隸），也不可放棄道德意識、宗教信仰等。由財產權衍生合約，使兩人的意志在買賣或交換上相會合，由此而有罪過或失當的情況出現。

接著，由法律轉向「道德」。道德意志是自由的，不受外在權威左右，它自覺為行動的原則。在此要探討目的、意圖（個人福祉）與良知。良知表現了主觀的自我意識之絕對權利，就是在其自身並由其自身知道何謂權利與義務。除非自己知道某事物為對，否則不以其為對。並

＊黑格爾名言

．無知者是不自由的，因為和他對立的是一個陌生的世界。

且，肯定自己知道及意欲其為善者，也確實正是權利與義務所在。個別的意志與意志的在己（理性的意志本身）之結合即是善。這是自由的實現，也是世界絕對的終極目的的實現。至於倫理的實體，則指(1)家庭：一個情感的整體；(2)市民社會：分工的經濟階級與社團，法庭、法官與警察；(3)國家：由前兩者發展完成，是有自我意識的倫理實體，其目的是保障個人自由以符合成熟理性的要求。

最後，黑格爾探討絕對精神，其內容依序是藝術、宗教與哲學。

首先，就藝術來說，絕對者首先在感覺對象的偽裝下，呈顯為直接性的形態，被領悟為美。美是觀念之感性的外觀。藝術美（黑格爾在此不談自然美）是精神所直接創造的，藝術作品是精神內容與外在的或質料的具體表現之結合。在感性形式裡，把觀念呈現給直接的直觀。

精神內涵與感性形式的結合有三種情況：(1)感性形式多於精神內涵。此為象徵藝術，如埃及的人面獅身像，使精神局限於自然界。此為人類早期，自然界與精神之間是神祕難解的謎。絕對者為一神祕而不具形式的太一。(2)感性形式與精神內涵結合，成為和諧的整體。此為古典藝術，以具體形態把精神設想為具有自我意識的個別精神。其感性的具體表現是人的身體。以希臘的雕刻為代表，精神被表現為有限的、具有身體的精神。(3)精神內涵超出了感性形式。此為浪漫藝術，關心的是精神的生命。它是運動、活動與衝突，必須死亡以得生命，有如耶穌之死而復生。表達形式為繪畫、音樂與詩。其中尤以使用語言的詩最能表達精神的生命。

其次，就宗教來說，宗教是絕對者的自我顯示，經由圖像式的思想。它異於藝術，因為它思索絕對者，但是又不像哲學的純粹思想，它是思想加上意象。宗教也可分為三階段：(1)自然宗教，把神設想為「少於精神」，還可再分為：直接宗教或魔術，實體宗教（如中國宗教、印度教、佛教），些微精神性宗教（如波斯、敘利亞、埃及的宗教）。(2)精神個體性宗教，設想神為精神，但有如一個個人般。還可再分為：猶太教（崇高）、希臘宗教（優美）、羅馬宗

＊黑格爾名言

．只有經過長時間完成其發展的艱苦工作，並長期埋頭沉浸於其中的任務，方可望有所成就。

．人們以為當他們說人性本善時說出了一種偉大的思想，但他們忘記了，當他們說人性本惡時說出了一種偉大得多的思想。

教（實利）。(3)絕對宗教，亦即基督宗教，以神為既超越又內存的無限精神，人類經由「神人基督」的恩典而分享神的生命，與神結合。

最後的蓋頂石是哲學，哲學與宗教是同一回事，它以純粹概念的形式來表達同樣的真理。黑格爾認為他的哲學總結了絕對者的任務，使絕對精神成功地領悟了自己。一般認為黑格爾建構了一棟哲學華廈，但是未必適合人類居住。

黑格爾軼事

黑格爾一生崇拜康德，並且嚮往法國大革命，每年的紀念日都會獨自寧靜地享用一瓶紅酒。黑格爾也有性格暴烈的時候，他與同事叔本華、施萊爾馬赫都處不好，還與後者在校園內討論一篇博士論文時持刀相向。他的影響力極大，成為當時德國哲學的代表人物。

叔本華：以意志為物自體

叔本華（Arthur Schopenhauer, 1788-1860），德國富商之子，大學時代由醫學轉讀哲學，自視為世界主義者，獲耶拿大學博士。後來在柏林大學教書，與黑格爾排在同一時段上課，不受學生歡迎。自一八五〇年以後聲名大噪，代表作是《作為意志與觀念的世界》。他強調世界的罪惡與生命的空虛，認為人應該轉離生命以從事美感默觀與禁欲苦修，有「悲觀哲學家」之稱。

關於《作為意志與觀念的世界》這本著作，他的用意是要探討「世界」，而把世界分由兩個側面來看，一是「世界作為意志」，二是「世界作為觀念」。所謂「觀念」在此有「表象」（representation）的意思。世界（整個實在界，或經驗的總額）是主體的對象，它的實在性在於它之顯現給主體，或者被主體所知覺。表象有直觀表象與抽象表象之分。叔本華所說的是前者，比如：我所知覺的樹，只存在於它與我這個知覺主體的關係中。它的可知覺性即是它的全部實在性。

直觀表象需要感性與知性，抽象表象則靠理性。直觀表象的世界包含了知覺者與被知覺的事物。這整體在經驗上是實在的，在先驗上則是觀念的。以此而論，他自視為康德的繼承者。抽象表象所形成的抽象概念，乃由於理性的運作。但理性的功能是特別屬於人這種生物的，亦即「知識可以溝通傳達，又可以恆久保存，因而具有實用性」。知識是滿足身體需要的工具，

＊代表作品

叔本華的代表作是《作為意志與觀念的世界》。

是身體的僕役。進而可說：知識是意志的僕役。換言之，理性主要關心如何培養及繁殖「個體與種族的身體上的需要」；它無法穿透面紗，找到背後的實體。

關於形上學如何可能，叔本華認為：理性除了滿足身體的需要，還有「多餘的能量」，使它能暫時由意志（欲望）的僕役狀態下解脫出來。如此可以使人變成一個「無關心（無私趣）的旁觀者」，由此產生美感默觀。叔本華借用柏拉圖的理型論，主張意志把自己直接地客觀化於理型中，讓人去默觀。藝術天才能夠領悟理型，再將它表現於作品中，如此可以超升於暫時性與變化之上，去默觀永恆不變者，使欲望在此得到平息。

其次，康德主張物自體不可知，而叔本華認為物自體即是「意志」。尋找物自體，要由人的自我著手。我由內在意識而覺察身體的行動跟隨著意志。事實上，身體與意志沒有分別。身體是「被客觀化的意志」，是那變成觀念或表象的意志。一切現象都是那唯一的形上意志之表現。意志是一個不具任何知識的、盲目而不停止的衝動，是一個無盡的追求。意志又可稱為「求生意志」。理性的主要功能表現了意志作為求生意志的性格。於是，叔本華陷於形上學的悲觀主義：意志總是在追求而從未停止。欲望代表需要或缺乏，亦即痛苦。快樂只是欲望之暫時中止，幸福只是痛苦之暫時解除。意

叔本華

＊叔本華名言

．人就像寒冬裡的刺蝟，互相靠得太近，會覺得刺痛；彼此離得太遠，卻又會感覺寒冷；人必須保持適當的距離過活。

．人生實如鐘擺，在痛苦和倦怠之間擺動。這兩者就是人生的終極要素。

．通常所見，快樂常不是我們所希望的快樂，而痛苦則遠遠超過我們所預計的痛苦。

志即是本體，萬物皆為了自己的存在而犧牲其他事物。世界成了衝突的場所，表現了意志自我折磨的本性。

叔本華為人生解脫提出兩個方案：一是前面說過的美感默觀；二是禁欲苦修。為何要禁欲苦修？人的心中有一頭野獸，「它正等待機會狂暴咆哮來傷害別人。若未受到阻止，就會毀滅別人」。這頭野獸或根本惡乃是求生意志的直接表現。因此，道德如果可能，則必須包含對意志的否定，亦即禁欲主義與自我否定。

叔本華閱讀印度教經典而相信萬物都被「面紗」（maya）所遮蔽。若能看透面紗，就可以超越個體性而看出唯一的本體，由此對他人產生同情，再推至無關心的愛。「一切真實而純粹的愛都是同情。」如何解脫呢？當意志轉而否定自己時，「我們的世界以及一切恆星與銀河都是空虛無物」。在我們面前的其實只有虛無。他認為哲學必須接受一個結論：「沒有意志存在，沒有表象存在，也沒有世界存在。」

自叔本華開始，「意志」與「生命」逐漸成為哲學探討的核心觀念。

叔本華軼事

叔本華自稱「藐視人類者」、「憤世嫉俗者」，能與他相處的只有他那條忠實可愛的捲毛狗。他後來終於成功時，歡欣鼓舞地表示：「儘管整個哲學界的教授多年來團結一致地反對我，最後我還是成功了。」由此可見他的悲觀哲學是以親身體驗為基礎的。

＊叔本華名言

．普通人只想到如何度過時間，有才能的人設法利用時間。

．人在一生當中的前四十年，寫的是正文，在往後的三十年，則不斷地在正文中加添註解。

．財富就像海水，飲得越多，渴得越厲害；名望實際上也是如此。

費爾巴哈：以人類學取代神學

費爾巴哈（L. A. Feuerbach, 1804-1872）年輕時聽過黑格爾演講，印象不深；也研究過新教神學，非常失望。他說：「神學是把自由與依賴、理性與信仰湊合而成的大雜燴。它與我所認定的真理，亦即要求統一、果斷、絕對性的心靈，至死都互相違背。」他獲得博士學位之後，匿名出版《對死亡與不朽的思考》，其中顯示自由思想、無神論與反基督的傾向。他的講課十分無趣，他說：「我沒有資格成為哲學教授，正因為我是哲學家。」他的代表作是《基督宗教的本質》，他說：「這並不是為根本上已經沉淪墮落、被引誘迷惑的當代人所寫的。這是為即將來臨的、較好的、較高尚的下一代人所寫的。」

費爾巴哈首先批判黑格爾的思想。黑格爾的絕對唯心論肯定絕對精神是唯一存在，形成龐大體系。但是這個體系無法站立起來，而必須回到實在界，並且是具體的實在界。「存有」應該是自然界，而非觀念或思想。具有時空性的自然界才是根本的實在界，意識與思想是第二序的。自然界才是人的根基。「人所依賴的，以及人所感受到自己所依賴的，在根源上只是自然界。」

感覺是人的本質，也是真理之所在。「真理、實在、感官，是同樣的東西。」超越感覺之上的一切，現在煙消雲散了。宗教當然站不住腳，費爾巴哈主張：宗教的主要對象是自然界，古人把自然界予以神格化，這種做法的根源是：人對一個外在可感覺的實在界之依賴感受。他

＊費爾巴哈名言

．宗教的前提，是意志與能力之間、願望與獲得之間、目的與結果之間、想像與實際之間、思想與存在之間的對立或矛盾。

的說法是針對當時頗為流行的觀點而發。士萊馬赫（F. E. D. Schleiermacher, 1768-1834）主張：宗教在本質上是對無限者的依賴感受。費爾巴哈顛覆此一觀點，把一切都化約為自然界。

他要以人類學取代神學。人的本質擁有「理性、意志、情感」三種能力，這三者被設想為「未受限制的」完美狀態時，就產生了「神」概念。換言之，神擁有無限的知識、無限的意志、無限的愛，亦即全知、全能、全善。如此，人把他自己的本質提升到無限程度再予以投射出去，就形成了一神論的神。神的本質只是人的本質。宗教源於人對自然界的依賴感受，再經由自我投射，而形成「位格神」概念。自然界可以滿足人的物質需要，也可以滿足人的自由想像，使人以為自然界是為人而存在、具有某種內在目的，並且是智慧的創造者的產品。

這種自我投射顯示了人與自己的異化。他說：「宗教是人與自身的分離；人把神當作一個對立者。神是人之所不是者，人是神之所不是者。」神是無限的存有，完美、永恆、全能而神聖。人是有限的存有，不完美、暫時、無能而有限。神與人是兩極：神是絕對的積極者，是一切實在界之本質；人是消極者，是一切虛無之本質。以上這些看法大有問題。人只要理解「神」是他自己被理想化的本質，是被投射到一個超越領域時的名稱，那麼人就克服了宗教中所包含的自我異化。

費爾巴哈拒絕黑格爾主義與一切宗教，尤其是基督宗教。他說：「人類必須放棄基督宗教，才會成為人類。」「無信仰取代了信仰，理性取代了《聖經》，政治取代了宗教與教會，俗世取代了天堂，工作取代了禱告，物質的困窘取代了地獄，人類取代了基督徒。」

那麼，人類的未來何在？費爾巴哈是自然主義的人本主義（naturalistic humanism）的代表，是從黑格爾過渡到馬克思的橋梁，他不願被稱為無神論者，因為他認為真正的無神論者主張「一切屬性的主體是虛無」，但人類並非虛無。現在，人類學取代神學，人成為自己的目的，但是這並非利己主義，因為人在本質上是社會性的存在。他不只是一個人，也是與別人同

＊代表作品

費爾巴哈的代表作是《基督宗教的本質》。

＊《基督宗教的本質》

費爾巴哈在書中陳述，真正的異化是人投射出一位上帝，然後把原本該屬於人類自己的種種品質歸之於他。換句話說，針對人的無法自我滿足，於是乎，人進而投射出一個對象，來滿足自己。

在的人。哲學的最高原則是人與人之間的合一，是表現在愛裡的合一。不僅如此，政治必須成為人的宗教，政治上的大公主義要取代宗教上的大公主義。

在黑格爾之後出現了左右兩派，費爾巴哈的自然主義與唯物論為左派奠下了理論基礎。絕對唯心論的體系遇到了空前的挑戰。

費爾巴哈軼事

費爾巴哈在埃爾朗根擔任教授時，生活簡樸：「上午一杯水，中午一頓適度的午餐，晚上一壺啤酒，最多再加上一根白蘿蔔，我就別無所求了。」他後來娶了富妻，但依然深居簡出，他說：「我們所有的社會關係都在那些規矩誠實的外在假象中沉淪墮落了。」

＊士萊馬赫

德國神學家、哲學家。他的父親是牧師。他就讀哈勒大學時，尤其對神學和釋經學有興趣。他廣泛閱讀哲學著作，尤其是柏拉圖、亞里斯多德、史賓諾莎、康德、費希特的著作。在一七九九年完成《論宗教》。

馬克思（一）：哲學應該改變世界

馬克思（Karl Marx, 1818-1883）是德國籍猶太人，父親從猶太教改信新教，他也於六歲受洗成為基督徒。高中畢業論文是《信徒與基督的結合》。他先在波昂大學念法律，後來轉到柏林大學念哲學，這時他成了無神論者。二十三歲在耶拿大學獲博士學位。

他在柏林時期參加青年黑格爾主義者所組成的「博士俱樂部」。在黑格爾之後，思想界形成左右兩派：右派認為哲學即是宗教，國家與君主政體有其宗教基礎，而普魯士（後來的德國）是絕對精神發展到最後階段的具體表現。左派則認為，國家應該奠基於理性，而國家脫離宗教，才會帶給社會一個公平的秩序。

當時的左派學者很難取得正式教職。馬克思於一八四二年主編《萊因河時報》，就近關懷政治、社會及經濟問題。他認為，理論若要生效，必須導致實際行動。他出版《黑格爾國家權利批判》，反對黑格爾所謂「客觀精神在國家裡得到最高表現」，他主張「家庭與市民社會才是人類社會的根本事實」。他把費爾巴哈所謂的「宗教是人自我異化的表現」，轉移到政治層面，認為與個人對立的是國家。

一八四三年《萊因河時報》被查禁，馬克思轉往巴黎創辦《德法年報》（只出版一期），他為文質疑費爾巴哈：為何人要自我投射於宗教信仰？他提出自己的觀點：宗教反映或表現了

＊代表作品

馬克思的代表作品有：《資本論》、《政治經濟學批判》等。

人類社會的扭曲現象；人的政治、社會與經濟生活無法實現人的真正自我，因而創造了充滿幻象的宗教世界，在其中尋求幸福。因此「宗教是人自己調製的鴉片」。社會需要革命，廢除私有財產，讓無產階級解放自己。一八四四年起，他與恩格斯（F. Engels, 1820-1895）合作，第二年，他被逐出巴黎，前往布魯塞爾，他為文宣稱：「至今為止的哲學家只是以各種不同方式試圖理解世界，但真正需要的卻是改變世界。」一八四八年起草「共產主義宣言」，第二年再度被逐出巴黎，前往倫敦，在那兒終其餘生。他的代表作是《資本論》、《政治經濟學批判》等。

馬克思

馬克思主張辯證唯物論。所謂唯物論，是否定有任何心智或觀念是先於自然界而存在，並將其自身顯示於自然界中。他接受費爾巴哈之說，認為最初的根本實在界是自然界，除了自然界以及其中的人類，沒有任何事物存在。唯物論並不否認人有心智，因為自然界在由量到質與由質到量的轉變中，心智可以作為一種新的質的因素而出現。不過，心智的意識是受其社會或經濟條件所決定。黑格爾認為，辯證是精神在世界及人類歷史中的運動之反映；但是馬克思認

＊《萊因河時報》

一八四二年馬克思主編《萊因河時報》，就近關懷政治、社會及經濟問題。他認為，理論若要生效，必須導致實際行動。一八四三年《萊因河時報》被查禁，他轉往巴黎辦《德法年報》（只出了一期）。

為，辯證運動首先出現於實在界（自然界），而人的思想的辯證運動只是其反映而已。

人面對自然界，自然界也面對人。那麼，人性是什麼？人性有兩個側面，一是普遍的、經常的欲望，如食與色。二是相對的欲望，這是一個人在生命過程中逐漸形成的。「人性是人自己在歷史發展的過程中製造出來的。」人有自我意識，當他發現世界與他對立時，就著手改造世界，進行某種生產活動，使世界成為人的世界，在這個過程中他也塑造了自己的人性。因此，人性、自然界與人的生產活動是連貫的。

人的活動即是勞動，勞動是自我實現的過程。勞動具有創造性，它本身即是目的，而不是達成其他目的的手段。換言之，人在進行創造性或生產性的勞動時，就是在自我實現，因而，也應該是自由而快樂的。但是，馬克思當時所看到的社會現狀卻完全不是這麼一回事。原因是，在早期工業社會中，大多數工人的勞動都出現了「異化」現象。工人努力勞動，只獲得微薄工資，他的產品不但沒有歸屬於他，反而造成愈來愈富的老闆，成為與他對立的一面。人在工作中不但沒有實現自己，反而導致自我否定。工人變成無產階級，其勞動力在勞動市場上被交易買賣，聽任顧客擺布。無產階級的內心世界變得愈來愈空乏，他們人性的特質與尊嚴也逐漸消失了。這種情況必須改變，所以馬克思提出了「共產主義宣言」。

馬克思、恩格斯和馬克思的三個女兒

＊《政治經濟學批判》

《政治經濟學批判》是馬克思早期作品，其內容大半被後來的《資本論》吸納。此外，馬克思準備《資本論》時的草稿後來也以「政治經濟學批判大綱」為名出版，對於研究馬克思的方法論具有相當價值。

馬克思軼事

年輕的馬克思認為自己是個天生的詩人，他寫過〈仙女之歌〉、〈精靈之歌〉、〈女妖之歌〉等作品。父親對他說：「你要是以一個平庸的小詩人身分登台上場，我將感到悲嘆。」馬克思不久就放棄了寫詩的念頭。

馬克思（二）：共產主義的原始理想

馬克思年輕時，熟知猶太教與基督宗教的傳統，了解「彌賽亞」（救世主）的觀念為世人帶來深刻的希望。他所宣揚的共產主義也具有類似的性質。

共產主義要積極揚棄私有財產與人類自我異化。它透過人類也為了人類，使人類獲得真正本質。人類為了自己而回歸成為社會人，也就是成為具有人性的人。共產主義是人類與自然、人類與人類之矛盾對立的真正化解，是自由與必然性之間爭鬥的真正消除。馬克思心目中的理想社會是：每個人都可以做他所願意做的事。今天當獵人，明天做漁夫，後天變成詩人，這樣才是真正的快樂人生。沒有人只是某種職業的工人而已，這樣才可保持完整的人格。這與《聖經》所描寫的樂園有些類似：所有的生物都和諧相處，沒有相互的威脅與傷害。

馬克思提出一套唯物史觀，作為支持共產主義的理論基礎。首先，文化的上層結構（包括政治、法律、道德、宗教、藝術、哲學），是直接或間接受到下層結構（指經濟及生產活動）的制約與決定，經濟結構是指生產力與生產關係；生產關係依賴生產力，但兩者之間有矛盾，由此持續形成了人類歷史，此一歷史即是階級鬥爭史。「生產力」是指一切物質事物，由人在其生產活動中使用作為人造工具者。人的生產活動總是包含了社會關係。至於「生產關係」（又名財產關係），則是指在勞動過程中所包含的人與人之間的社會關係。馬克思說：「物質生活的生產模式，支配一般的社會、政治與精神的生活歷程。並非人的意識決定其存在狀態，而是人的社會存在狀態決定其意識。」人的觀念雖受經濟條件所支配，但也對這些條件產生反作用。

歷史發展源於生產力與生產關係之間的矛盾，由此出現改變或革命，形成歷史的不同階段。歷史的階段有五：

(1)原始共產社會（亞洲時期，氏族組織），人們共同擁有土地，聯合生產，沒有私產。後來私產出現，加上鐵的冶煉，乃由戰爭俘虜得到奴隸，大量投入生產活動。

(2)奴隸社會（希臘及羅馬時期）。

(3)封建社會（中世紀）。在此階段，中產階級逐漸發展。

(4)資本主義社會。這是馬克思當時的世界處境。要靠革命才可達成無產階級專政。

(5)共產主義社會。

馬克思的共產主義理想，其實包含在更廣含的社會主義觀念中。他心目中的社會主義是：「這種社會，應該設定某種生產模式或社會組織，使人在其中可以克服異化。」因此，社會主義是為了使個人完成其生命理想。社會有各種階級，但是階級中的人不是整合的，只有化除經濟上、社會上、宗教上的自我異化，人才可能成為完整的人。在最後階段，人性的倫理將取代階級倫理，成為真正的人本主義（humanism）。馬克思的人本主義之路雖然崎嶇難行，但仍是西方哲學的一個重要觀點。

馬克思主義對二十世紀的哲學產生可觀的影響。就哲學作為「愛智」而言，馬克思的特定見解是：(1)實在界（真實的一切）具有歷史的與辯證的性質；(2)哲學與經濟及政治之間有本質的關聯；(3)要以特殊方式去理解個人與社會的關係；(4)哲學是一種行動的形式，而不再只是玄思構想。

哲學家應該深入現實人生，不應關在象牙塔中沉思，也不必害怕弄髒自己的手。這種觀點

＊馬克思名言

．宗教是人民的鴉片。

．人的思維是否具有客觀的真理性，這並不是一個理論的問題，而是一個實踐的問題。

已經瀰漫於現代哲學中了。不過，任何哲學如果與具體現實（如政治、經濟、社會）過於密切結合的話，就很可能隨著時空條件的改變而顯得過時。現代的新馬克思主義者在歐洲進行修正與重新詮釋的工作，成效並不顯著，亦即未能再度引發思潮，而社會主義國家也在參考資本主義的做法而修訂具體政策，期能回應時代的要求，真正朝向馬克思所揭示的人本主義的理想社會前進。

馬克思軼事

馬克思在柏林大學念書時，曾經一整個學期沒有踏進校園，但他還是在二十三歲時獲得從未待過的耶拿大學的博士學位。他參加由黑格爾的年輕擁護者所組成的「博士俱樂部」，朋友都說他是「一座思想的倉庫」、「各種創新想法的公牛頭」。

*馬克思名言

．在民主的國家裡，法律就是國王；在專制的國家裡，國王就是法律。

．哲學並不要求人們信仰它的結論，而只要求檢驗疑團。

現代哲學

西方哲學從一八五〇年以後，稱為現代哲學。距今雖然只有一百多年，但是哲學界已經出現百家爭鳴的壯觀場面。這固然是現代社會多元主義的特色，也顯示了哲學與人生各方面的緊密關係。更主要的原因是：我們與這些哲學家在時間上的距離太接近了，以致目前還很難判斷誰將在哲學史上留下重要的影響，因此在篇幅上這一百多年並未少於前面三個不同的階段（古代、中世紀與近代）。

換言之，在選擇現代哲學家時，標準比起前面的階段較為寬鬆。只要在「澄清概念、設定判準、建構系統」這三方面可以表現獨到見解的，或者，只要針對某些時代問題提出個人觀點而引起廣泛的討論，都有可能加以介紹。這其中難免也有作者主觀的考量，比如，「存在主義」的幾位代表全部入列，這是因為他們分由不同側面探討現代人切身的問題，對人生的啟發既生動又深刻，並且直至今日依然有效。

從近代到現代，這兩者之間的連續性與相關性幾乎是不可切割的。不過，既然劃分為兩個階段，我們還是試圖就以下三點稍做說明：(1)浪漫主義思潮；(2)生物學及心理學的革命；(3)尋求意義的現代人。在我們探討現代哲學的同時，「後現代主義」已經悄然來臨，西方哲學將走向何方，確實讓人感到迷惑。

浪漫主義思潮

近代哲學的發展以十八世紀的啟蒙運動為高潮，肯定理性與科學，鼓舞了樂觀與進步的信念。但是，理性可以涵蓋人生的全部嗎？科學可以窮究宇宙的奧祕嗎？

十九世紀的浪漫主義（Romanticism）就是針對啟蒙運動而起的反動思潮。思潮發源於德國，時間約在康德之後的十九世紀初期，代表人物除了唯心論哲學家之外，還有文學家與藝術家。一時之間風起雲湧，大放異彩。

浪漫主義的特色有以下三點。

一、**以豐富的生命整體取代單調的理性分析與概念架構**。所謂實在界，包括一切在內，由自然與精神形成不可分割的有機體。原先的機械論宇宙觀與自然神論（甚至無神論）的宗教觀，現在必須重新檢討了。歷史的進展不等於進步，所以要回溯傳統的民族精神與語言特色。

二、**要重視人的整體生命**。人有理性與意志，但也有感受力與想像力。詩與藝術更能表達人的生命特質。以席勒（J. C. F. Schiller, 1759-1805）為例，他受到康德審美思想的啟發，提倡人應該「與美遊戲」，使理性與感性調和會通，由此產生有生命的形式。亦即由靜態到動態，使生命在變遷中也可以得到理解。他進而主張：「唯有透過審美，人才是完整的人。只有當人遊戲時，他才完全是人；只有當人完全是人時，他才遊戲。」

三、**個人的獨特性脫穎而出**。浪漫主義者最先注意到出類拔萃的「天才」人物，然後推

＊席勒　德國十八世紀著名詩人、哲學家、歷史學家和劇作家，德國啟蒙文學的代表人物之一。席勒是德國文學史上著名的「狂飆突進運動」的代表人物，也被公認為德國文學史上地位僅次於歌德的偉大作家。

擴到肯定個人在宇宙中的特殊地位。由個人再推及內心世界，要深究內心的種種奧祕。探討情緒與動機、愛與欲、恐懼與擔心、衝突與矛盾、記憶與夢幻；體驗極端的與無法言傳的意識狀態，以獲得內在覺悟的狂喜。甚至還要測知人的靈魂深度，意識到無意識，了解無限的存在。

歌德（J. W. von Goethe, 1749-1832）是浪漫主義思潮的代表人物。在他看來，自然的力量滲透了每一事物，包括人的心靈與想像力。因此，自然界的真理並不是某種獨立而客觀的東西，而是在人的認識中得以顯示的。人的精神並不像康德所說的那樣，僅僅把它自己的秩序強加於自然界。相反的，自然的精神是通過人而產生它自己的秩序，人只是自然界自我顯示的器官。因為自然界並非不同於精神，而是它本身就是精神。自然界不僅與人是不可分離的，與上帝也是不可分離的。歌德在上述分析中，統一了詩人與科學家，這種分析也反映了他視為敏感的宗教問題。

如果科學代表求真精神，誰能夠反對科學？但是科學上的論斷如果是機械論的與唯物論的，由此認定整個實在界（包含人的生命在內）皆是如此，那就不符事實了。浪漫主義者指出，即使科學家所構想的實在界，也是出於他的心靈，歸根究柢也是象徵性的，並且這種象徵只屬於一個特殊類別：機械的、物質的、非位格的。依浪漫主義者所見，當時習以為常的科學實在觀，基本上是一種穿上了新裝的嫉妒的「一神論」，要求在它面前沒有別的神。換言之，近代科學心靈陷於某種形式的偶像崇拜，但無法看清它所崇拜的實在界其實是一個更深刻、更廣含的奧祕。

尼采（Nietzsche, 1844-1900）順著此一思潮，把焦點放在人的身上。他認為，最高的真理是通過意志的自我創造力量，從人類中間產生的。人類尋求知識與力量的統一，將在一種「新人」身上得到完成。這種新人能夠體現宇宙的真正意義，必須把自己的生活變成藝術作品，在此一作品中塑造自己的性格，接受自己的命運，把自己重新創造成世界史詩中的主角。如此，

＊歌德
為詩人、自然科學家、文藝理論家和政治人物，他是浪漫主義思潮的代表、最偉大的德國作家，也是世界文學領域的一個出類拔萃的光輝人物。作品有《少年維特的煩惱》、《浮士德》、《箴言和沉思》、《歌德文集》等。

長期被安置於天堂的上帝才能降生在人的靈魂中，人也才能在永恆的流動中，如神明般地舞蹈，做一個宇宙的舞者。

經過浪漫主義的洗禮，哲學家的角色有如詩人，可以往各個領域發揮創意。現代哲學顯示百家爭鳴的盛況，也與這樣的背景有關。不過，科學家仍在默默研究一切，等到浪漫主義的思潮逐漸消散，他們會繼續提出許多不同的看法。

生物學及心理學的革命

心理學家佛洛依德（S. Freud, 1856-1939）綜觀近代思潮的發展，提出三重革命之說，就是：天文學、生物學及心理學這三個領域先後出現了決定性的轉向，徹底改變了人類對實在界（尤其對人類自己）所知的一切。

天文學革命的代表是哥白尼所主張的「地動說」，這一點我們在近代哲學的導論部分已做過介紹。人類向來認為自己的地球是宇宙中心，是上帝施行神旨的特選之地，現在卻驚覺有一個難以想像的大宇宙，地球只是其中一個小行星。

生物學革命的代表是達爾文（C. Darwin, 1809-1882），他在一八五九年發表《物種起源》，倡言演化論，認為生物世界以「自然選擇」（舊譯為「物競天擇，適者生存」）與「機體突變」的方式在演化；次序是由無機物到有機物，由低等生物到高等生物，連人類也在這種演化過程裡面。身為科學家，他公開承認還沒有辦法找到其他生物與人類之間「失落的環

佛洛依德

＊**《夢的解析》**

佛洛依德以《夢的解析》震撼了整個世界，喚醒科學界對夢的注意，成為人類科學思想史上具有特別意義的分水嶺和里程碑。此書剛出版時曾受到很大的冷落和責難，但隨著時間的流逝，人們終於發現了它的偉大價值。

節」，因此，演化論述只是一項有待證實的「假設」。即使是個假設，已經足以驚天動地，顛覆人類長期以來的觀念了。

假設人類真的是某種像猩猩一樣的動物所演化成的，而這種動物又可以向前追溯更初期與更原始的祖先，那麼誰還能公開宣講「上帝造人」，把人當成「上帝的肖像」？一旦取消「上帝」這個神聖的源頭，那麼人的生命還有什麼目的可言？達爾文的演化論所打擊的不僅是宗教信仰，甚至連人的自我形象也變得模糊不清了。

達爾文

當然，即使演化是個客觀的事實，宗教家依然可以將它調適於「上帝安排了演化過程」之說。然而，達爾文主義是要從根本上否定上帝在演化過程中扮演任何角色的可能性。於是，演化論與傳統的上帝創造論形成無法相容的兩個極端，而演化論一直處於優勢狀態。直至今日，我們看到社會上弱肉強食的不義現象到處氾濫，就乾脆以「社會學的達爾文主義」一詞加以描述，而其涵義也很少引起誤解。

如果人類是經由演化而來的，那麼宗教上所謂的靈魂觀念難免成了虛構，死後救贖的生命目標也純粹屬於幻想。如此一來，人要如何安頓自己？人類在二十世紀的所作所為，包括兩次世界大戰與無數的殘酷暴行，似乎驗證了這種觀點。然而，演化論終究還是個假設。專家的批評值得我們深思。語言學家杭斯基（N. Chomsky）指出，人類大腦中用以支援語言能力的部

＊《物種起源》一八五九年達爾文發表《物種起源》，倡言演化論，認為生物世界以「自然選擇」與「機體突變」的方式在演化；次序是由無機物到有機物，由低等生物到高等生物，連人類也在這種演化過程裡面。

分，在動物中完全找不到；它是突然出現的，而且一出現就有著與現在相同的樣式。換言之，有關人類語言的起源問題，是演化論者無法合理解釋的。其次，「有」可能來自「無」嗎？一條溪水可能高於它的源頭嗎？由舊的組織有可能因「突變」而出現新的成分，但是要展現像人類理智這樣的能力，則尚無法想像。這種思考模式鼓舞著愛智者繼續探索有關人的真理。

最後，所謂的「心理學革命」，就是佛洛依德自己所倡言的深度心理學。藉由《夢的解析》，可知潛意識的存在，但是潛意識或無意識是怎麼來的？它有何內容？它如何控制或影響人的意識？這些問題仍有商榷的餘地。佛洛依德擅長使用化約法，把複雜的潛意識領域化約為一個「性需求」，再輔以生存及死亡需求，以為這樣就可以說明人類的一切行為。他進而主張，只要推廣教育與科學，配合心理分析的治療方法，就可以使人類獲得安頓。

這當然也是一個大膽的假設，但是西方世界許多人深信不疑，以為心理分析師可以取代宗教家。人類的地位在前面兩波革命中一再崩落，從上帝肖像淪為生物末流，現在還須面對潛意識混亂不堪、難以啟齒的困窘處境。這樣的人生還有什麼意義可言？

物極必反，現代哲學受到現象學的啟發，重視所有能夠呈現於意識中的經驗，對其做描述式的分析，結果反而像發現新大陸一般，足以讓人提振精神，在漫天風雪中堅持愛智的信念，總要設法展示究竟真實的樣貌。

尋求意義的現代人

人類面對的實在界大致分為三個領域：自然界、人類，以及超越界。這種三分法需要稍做說明。首先，「自然界」一詞仍以希臘人的界說最為扼要，就是「有形可見、充滿變化的一切」。依此而論，人類也屬於自然界。不過，人類與自然界中的萬物又有明顯的差異，那就是人有思考能力，隨之可以判斷及選擇自己的言行，並且為自己的作為負責。簡而言之，當自然界依循客觀規律而運作時，可以稱為「實然」（to be），人類另外還有「應然」（ought to be）的部分，由此建構人類特殊的價值。

「應然」就是指應該何去何從，才可使人類短暫的一生有其意義。如果局限於自然界中，這個應然問題找不到合理的解答。因此而有「超越界」觀念的出現。「超越界」純粹出於人的想像嗎？人的想像可能千差萬別，但是這並不代表沒有一個超越界存在，而它其實是凌駕於人的想像力與理解力之上的。果真如此，則超越界才是究竟的實在界，而所謂的愛智之士（哲學家）就是以展現與描述超越界為其志業。

依此觀之，古代希臘哲學家所建構的理論是較為「完整」的，像柏拉圖的「善理型」與亞里斯多德的「上帝」，都是對超越界所做素樸的描述。到了中世紀以基督宗教為主軸的哲學思潮，就直接把超越界等同於《聖經》中的上帝，並且顯示以神為本的傾向。哲學的功能幾乎成了為神學服務的僕役，所以哲學家不厭其煩地設法證明上帝的存在。到了近代，從文藝復興開

＊《易經》
是中國最古老的文獻之一，被儒家尊為「五經」之首；上古三大奇書（之一）：《黃帝內經》、《山海經》、《易經》。《易經》集合古代《連山》、《歸藏》和《周易》，但《連山》和《歸藏》已失傳。《易經》以一套符號系統來描述狀態的變易，表現了中國古

始，經過宗教改革、科學革命、啟蒙運動，直到浪漫主義，哲學家的焦點置於人類身上，要在機械論與自然神論的宇宙中找到安頓之道。結果則是大幅擴展了人類精神的能力，好像人類自此可以掌握自己的命運，而天國也可以在人間實現。

經由前文介紹的三項革命，人類才由自我的迷夢中清醒過來，發現自己處於一個前所未見的荒涼困境中。借用《易經》的話來說，就是乾卦九四的狀況：「上不在天，下不在田，中不在人。」往上與天（超越界）斷絕了關係，在下與田（自然界）只有生存競爭，中間與人（社會）則是疏離隔閡。此時，九四的爻辭說：「或躍在淵，無咎。」意思是，或往上躍升，或留在深淵，只要知道是自己在做選擇，就不會陷於災難。

現代哲學在思考人類的未來走向時，處於無所依靠又可以依靠一切的特殊處境。所謂無所依靠，是說沒有主流思想，既不必附和某種宗教信仰或意識形態，也不必考慮迎合某個族群或特定階級。所謂可以依靠一切，是說只要忠於自我的體驗，那麼不管提出任何奇談怪論，都不必擔心別人的側目或非議。這種情況又可稱為「後現代社會」。我們面對的，是一個超出我們自由想像能力，並且完全無法形容的東西。自然界是如此，人類自身是如此，超越界則更是如此，從有序到無序，一切復歸於近似混沌的狀態，愛智者面對了空前的挑戰。

因此，現代哲學從一八五〇年以來，短短一百多年之中，哲學家的人數相對而言是遠遠多於前面幾個階段的。當然，這些哲學家能否禁得起時間的檢驗，還不是我們所能論斷的。大體說來，現代哲學家都在重新尋求「意義」。「意義」是針對人的理性而言。可理解的才有意義可言。

為了探討現代人生的意義，哲學家各展所長。他們在方法上受現象學的啟迪較多，在題材上則針對「人」的問題做深入探究。本書所介紹的哲學家，刻意避開了以下三類：以科學訓練為基礎的邏輯家與實證論者，以護持宗教信仰為目的的宣教家，還有以解析西方語言為主要關

典文化的哲學和宇宙觀。它的中心思想，是以陰陽兩種元素的對立統一去描述世間萬物的變化。

《易經》普遍被認為是最初始占卜用的書，但它的影響遍及中國的哲學、宗教、醫學、天文、算術、文學、音樂、藝術、軍事和武術。自從十七世紀開始，《易經》也被介紹到西方。

懷的語言哲學家。這種選擇主要是因為作者的能力及興趣都十分有限，無法兼顧所有的學派。

在介紹現代哲學家時，特別感覺篇幅的限制很大，必須高度精簡文字內容。但願這種做法不致扭曲原意，或誤導讀者到不可收拾的地步。無論如何，我總認為自己扮演的是橋梁角色，目的是邀請讀者自行走入哲學的天地，從事愛智的探索。

齊克果：肯定個人「存在」的先驅

齊克果（S. Kierkegaard, 1813-1855）是丹麥人，父親患有憂鬱症，但為他安排嚴格的宗教教育。他先讀神學，後來研究哲學、文學與歷史。思想早熟而深刻，年輕時熱中社交生活。二十三歲出現自殺念頭，後來經歷道德及宗教的覺醒。他聽過謝林的課，也曾批評黑格爾對宇宙與歷史所做的解釋，認為其中失落了人的存在，無法引發人性的熱情。它還大力抨擊丹麥的基督教（新教），認為它已喪失宗教精神，淪為一種文雅的人文主義。代表作有《非此即彼》、《恐懼與戰慄》、《哲學片簡》、《致死之疾》等。

若依年代來看，齊克果應該名列近代哲學家之中，但是由於他的思想到了二十世紀才產生重大影響，他所開啟的存在主義思潮也在二十世紀成型，所以我們在現代哲學部分才介紹他。

齊克果認為，「個人」具有特殊價值，但是卻淹沒於群體中，在國家意識、社會階級、經濟條件、人性觀念、絕對思想中被消解了。個人在關聯於神時，才有可能超越各種群體。真正存在的是每一個人。主體性或主觀性才是真理的判準。意即：某一事物對人而言是否真理，取決於人是否能以充分的熱情視之為「個人的真理」。如果某一真理不觸及或不改變人的存在狀態，則它是否為真理並無意義。因此，個人最高的自我實現，是把自己關聯於神，而這個神是作為「絕對的你」而與人相互對應的。真理是一個人願意為它而活、為它而死的理念。他說：「我就好像是為上帝服務的特務。」「我必須調查『存在』與認識是否一致，『基督王

＊代表作品

齊克果的代表作品有《非此即彼》、《恐懼與戰慄》、《哲學片簡》、《致死之疾》等。

＊齊克果名言

- 你怎樣信仰，你就怎樣生活。
- 絕望是致死之疾。
- 人最容易忘記的是自己。

國』與基督宗教是否一致。」

他對「個人的存在」顯然帶有深刻的宗教熱情。他宣稱人生有三個階段：感性、倫理與宗教。

感性階段：在感性層次上消解自我，受感覺、情緒、衝動所左右。採取「今朝有酒今朝醉」的生活態度，只求當下的滿足，不談道德要求與宗教信仰。這樣的人有如住在「地下室」中，並未察覺在人的身心組合中，上面還有一個精神層次的屋子，以致最後難免陷於憂鬱與絕望。絕望有三種：不知有自我、不願有自我、不能有自我。這時必須面對「非此即彼」的考驗，要選擇是否「跳躍」到下一步。

倫理階段：不再只看現在當下，而可以聯繫起過去與未來，進行倫理上的活動，接受責任與義務。這樣的人相信自己是正義的，肯定道德的無上價值，但忽略了人的根本軟弱，亦即沒有能力達成完全的道德要求。他不犯法，但又無法自覺無罪，因而難免內疚。此時又面臨「跳躍」的關頭。

宗教階段：肯定自己與神的關係。神是指「超越而有位格的絕對者」。同時也肯定自己是個「精神體」，是有限者與無限者的綜合。人若選擇走向無限者，即是走向自己的精神自我，也即是信仰的表現。信仰的跳躍永遠帶有冒險成分。「沒有冒險就沒有信仰，信仰就是：個人內心無限的激情與客觀上不確定的事物之間的

齊克果

＊《非此即彼》 齊克果代表作之一。根據研究者分析，這是模仿德國的長篇小說《魯辛德》寫成的。《非此即彼》初版於一八四三年。該書出版後，曾在哥本哈根城內引起轟動。但遲至二十世紀，本書才在歐洲大陸流傳開來。

矛盾。」在此，齊克果所推崇的依然是基督宗教。

齊克果啟發了存在主義（Existentialism）思潮。他所謂的「存在」，專指個人而言。個人朝著一個「無法完全理解，也不能一勞永逸實現的」目標前進，因而一直處於變化狀態中，必須藉一連串的抉擇來塑造自己。換言之，「存在」是選擇成為自己的可能性，伴之而來的是「憂懼」概念。

憂懼是人在生命歷程中，從一個階段到下一階段做「質的跳躍」之前所處的狀態。憂懼不是害怕，因為它沒有明確對象。它是自由所必須具備的可能性。人一旦知道分辨善惡，立即出現自由之可能性，憂懼也隨之而來。「對可能性的憂懼俘獲了他，直到這種憂懼能把他送達信仰的手中而使他得到拯救，他在任何地方都找不到安息。」

在講究理性思維的西方哲學中，關懷人的存在處境的呼聲，從蘇格拉底、奧古斯丁、巴斯卡，到齊克果等人，可謂不絕如縷。到了二十世紀的存在主義，此一趨勢終於滙為巨流，並蔚為大觀。

＊存在主義　又稱「生存主義」，是一個哲學的非理性主義思潮，以強調個人、獨立自主和主觀經驗。叔本華、尼采和齊克果可被看作其先驅。在二十世紀流傳非常廣泛，其哲學思想還延續到了六〇年代興起的人本主義。

齊克果軼事

齊克果念大學時熱中於社交生活，在二十三歲曾有自殺念頭。後來經歷宗教體驗並通過神學考試。他訂婚一年之後，又與未婚妻解除婚約，因為他自認為不適合婚姻生活，必須專心從事探求真理的工作。他對丹麥基督教的批判引起深刻的迴響。

尼采（一）：要大聲對生命說「是」

尼采（F. W. Nietzsche, 1844-1900）生於德國新教（路德教派）的牧師家庭，他的曾祖父、祖父、外祖父、父親皆為牧師。他的父親早逝，家中全為女性：祖母、母親、兩位姑母、妹妹、女僕等。尼采四歲喪父，弟弟夭折；他從小就深感孤獨與憂鬱，喜歡沉思。

尼采念中學時，希臘文極佳，但數學不及格。大學時先讀神學，但後來喪失信仰，改念語言學。他的成績優異，得到老師大力推薦，在二十五歲尚未獲得博士學位之時，就應聘瑞士巴塞爾（Basel）大學，擔任語言學教授。他的教學並不成功，三十五歲就因病辭職。他曾宣稱：「真正的哲學家只有在死後才會誕生。」四十五歲精神失常，五十六歲去世。

尼采20歲時

尼采和他母親

＊尼采名言

·許多真理都是以笑話的形式講出來。

·人類的生命，並不能以時間長短來衡量，心中充滿愛時，剎那即永恆。

·誰要學習飛翔，必先學習站立、奔跑、跳躍和舞蹈：人無法從飛翔中學會飛翔！

尼采的第一本著作是《從音樂精神誕生的悲劇》，他推崇希臘神話中的酒神狄奧尼索斯（Dionysus, Bacchus），認為日神阿波羅代表理性、形式與限制，而酒神則象徵無限奔放的生命力，兩者搭配才形成希臘悲劇。他年輕時崇拜作曲家華格納（R.Wagner, 1813-1883），視之為德國的愛斯奇勒士（Aeschylus, 525-456 B. C，希臘悲劇之父），是振興文藝的希望所在。但是兩人後來決裂，因為尼采發現：華格納有威權人格與利己主義心態，到晚年時漸趨保守，與王權妥協，成為虔誠的基督徒與禁欲主義者，後來還走譁眾取寵路線，使一八七六年的音樂節變質為嘉年華會。

尼采鮮明的好惡性格由此可見一斑。他的著作有《人性的、太人性的》、《查拉圖斯特拉如是說》、《道德系譜學》、《求力量的意志》等。

首先要介紹尼采對道德的批判。尼采認為，人類跨越動物世界，所求者不再是當下的滿足，而是個人與團體的存續及利益，習俗與道德由此而生。道德有兩種：奴隸道德與主人道德。前者又名群眾道德，是平庸的眾人為了抵制強者對他們的威脅，於是宣揚同情、仁慈、謙卑等德行。至於主人道德，又名「貴族道德」，以高貴為善，以卑鄙為惡；為自己的出身與力量而感到驕傲，亦即由「肯定自己」開始。

這兩種道德在任何文化中與任何個人身上，都是混同的。現在尼采予以區別，希望兼取雙方優點，使人既珍惜自我又有豐富的創造力。他推崇四種德行：勇敢、洞見、同情、孤獨。他心目中的「高等人」應具備以下特色：(1)孤獨而獨立，並以他人為工具；(2)把生命奉獻於一個統一的計畫（如藝術或哲學之創造），並願意承受隨之而來的責任與負擔；(3)健康、肯定生命、尊重自己、接受「永恆重現」之說。所謂永恆重現，是相信世界為一封閉的整體，因此世界歷程所採取的形式也必須是重複循環。一切皆在重現過程中，這是對生命說「是」的最高信條。所以，人要肯定當下，接受命運。這種觀點使人窒息也使人解脫。

＊《人性的、太人性的》

本書副題是「一本獻給自由精靈的書」。此書是為紀念伏爾泰逝世一百周年而寫，同時也出自作者對早年崇拜的音樂家華格納的失望情緒。全書用格言體寫成，分兩卷。第一卷共九章，從各方面探討了世界與人生的基本問題。第二卷的兩個部分〈見解與箴言雜錄〉和〈漫遊者和他的影子〉，繼續作者在第一卷中開始的對西方形而上學傳統及其影響下的西方文化的全面批判。

接著，尼采要「重新估定一切價值」，使道德與信仰脫鉤，因為他見過太多教徒的行為與信仰背道而馳。他為此呼喊：「上帝已死！」上帝已被言行不一的基督徒所殺，人的道德必須另尋基礎。不僅如此，尼采出身牧師家庭，深知上帝對人性所帶來的壓抑。他認為，上帝是對現實存在的自然界、生命，與求生意志的否定；信仰是軟弱、膽怯、頹廢的標誌。他宣告神的死亡，目的是要驗證自己有能力「沒有神而活下去」。

換言之，人不應該再對生命說「不」，並且人應該擁有絕對價值。從「上帝已死」走向「人」的出生，這時所聚焦的是他的著名片語「求力量的意志」（der Wille zur Macht, the Will to Power）以及「超人」哲學。尼采知道自己走在時代之前，他擔心世人無法承受這樣的真理。重生之前的陣痛是一種虛無主義，它將摧毀我們習以為常的一切事物。意識形態的戰爭即將來臨，他說：「將要有戰爭發生，是世間前所未見的。從我的時代開始，在地上將只有大規模的政治而已。」他未曾料到的是，經歷兩次死傷慘重的世界大戰之後，人類才進入「大規模的政治」時代。

尼采軼事

尼采因為家庭背景而對教會事務相當熟悉，他幼年時的綽號是「小牧師」，他「能以讓大家感動掉淚的表達方式，背誦《聖經．箴言》與〈聖詠〉」。十歲時為一首讚美詩譜曲，十四歲開始寫自傳。出乎大家意料之外的是，他後來成了著名的無神論者。

＊代表作品

尼采的代表作品有《人性的、太人性的》、《查拉圖斯特拉如是說》、《道德系譜學》、《求力量的意志》等。

尼采（二）：超人是大地的意義

叔本華提出「求生存的意志」，肯定世界的本體即是意志，萬物無不以此為驅力；但是，尼采認為：生物往往冒著生命危險採取行動，亦即否定了求生存的意志；既然如此，就應該還有一個更根本的東西，那就是「求力量的意志」。這個術語過去譯為「權力意志」，意思不夠清楚。

不過，尼采反對把這個意志當成本體（有如超越的、統一的實在界），並以世界為其表象。世界本身是一個完整的、封閉的、統一的整體，也是一個變化的歷程；它也正是此一「求力量的意志」。必須說明的是，這個理論代表尼采對世界的一種「詮釋」，而非一套形而上學理論。

依尼采所說，每一生物都在努力擴張自己的活動與影響範圍。生命總是要卸出其力量，即使弱者臣服於強者，也是希望能成為更弱者的主人。最大的挑戰是征服自己，「無法服從自我的人，將會被人領導」。做自己的主人，不向別人尋求自己行動的理由，由此產生了高等人或自由精神。在尼采心目中，接近此一標準的有凱撒（J. Caesar, 100-44 B. C.）、歌德（J. W. von Goethe, 1749-1832）、拿破崙（Napoleon, 1769-1821）等人。

尼采的真理觀十分特別。他認為，人類的知識是一個詮釋的歷程，表現了意志想要支配的願望。科學是「為了統治自然界，而把自然界改變為概念的活動」。知識的目的不是要知

＊《求力量的意志》

本書於一九〇一年，由筆記編成。

道，而是要支配。知識是力量的工具，沒有絕對真理可言。真理皆為虛構，詮釋皆為某個展望的觀察點，由此加給萬物特定的外觀。尼采也批判達爾文（C. Darwin, 1809-1882）的「優勝劣敗」之說。他認為，在事實上，低劣平庸者為多數，會反過來淘汰優秀者。他也批評心理學上的「求樂避苦」之說，認為「樂為力量增長之感受，苦為力量受阻之感受」。人需要痛苦，以求克服超越之。

尼采最廣為人知的大概是他的「超人」哲學。「超人」（der Uebermensch, Overman）一詞出於希臘諷刺作家路西安（Lucian, 120-180）的《超級人種》，以及歌德《浮士德》卷一。這不是個演化論概念，它只是提醒我們：人類是某種必須加以征服之物。所謂征服自我，是要主宰自我的欲望，有創造力地使用人的力量。超人最偉大的創作就是他自己。由於「上帝已死」，此一空虛感只有以「我成為超人」來填補。人類是懸掛在深淵之上的繩索，是介於動物與超人之間的一條繩索。「人是必須被凌駕的物種；人是過渡的橋梁，而非目標。」但是，超人不會自然地或自動地出現。

尼采

＊尼采名言

·許多真理都是以笑話的形式講出來。

·人類的生命，並不能以時間長短來衡量，心中充滿愛時，剎那即永恆。

·那些沒有消滅你的東西，會使你變得更強壯。

·誰要學習飛翔，必須先學習站立、奔跑、跳躍和舞蹈：人無法從飛翔中學會飛翔！

「超人是大地的意義。讓你的意志說，超人必須是大地的意義。」這句話是什麼意思？所謂「意義」，是指「理解」之可能性。大地上的萬物與人類為何存在？若要理解這個現象，必須知道這一切都是為了讓超人出現。也只有在超人現身時，我們才可理解過往的一切是怎麼回事。尼采暗示我們：超人像是「帶著基督心靈的羅馬凱撒」，或歌德與拿破崙的合體。超人的身心靈皆充分發展，體能卓越、教養良好、寬大容忍、百無禁忌、自由獨立，肯定世界與生命。

尼采

他在《查拉圖斯特拉如是說》，提出人的精神有三變：一變為駱駝，就是聽別人對你說：「你應該如何！」二變為獅子，就是你對自己說：「我要如何！」三變為嬰兒，就是肯定「我是！」這是現在式的用法，亦即生命的每一個當下都是全新的開始，有如新生而充滿希望的嬰兒。我們的成長歷程不是也應該如此嗎？

尼采的思想產生極大的影響。⑴針對知識論，他提出觀點主義，認為一切知識皆由觀點決定，而觀點有三類：生理學的、本能的、社會及歷史的。⑵針對形上學，他的立場是「反基礎主義，反普遍主義，反本質主義」，亦即主張多元主義。⑶針對倫理學，他倡導主人道德，批判以基督宗教為基礎的奴隸道德。

總之，他要揭穿虛無的文明表象，覺悟上帝已死而重估一切價值，面對求力量的意志，接受挑戰走向超人。

＊《查拉圖斯特拉如是說》

以記事的方式描寫一個哲學家的流浪及教導，這是一本偏向探討哲學的小說。全書共四部，由於前三部銷售不佳，第四部分出版社拒印，尼采自行少量印刷；直至一八九二年才與前三部合併出版。查拉圖斯特拉是古代波斯祆教的先知、創始人的名字，該先知的希臘名字為「瑣羅亞斯德」。此書使用詩及小說的方式，時常諷刺新約聖經，來探索尼采的許多觀念。

尼采軼事

尼采的人際關係向來不佳。他有多次追求女友失敗的經驗，後來愛上莎樂美，又陷入了長期的三角糾紛。他原本推崇華格納，後來又與他惡言相向。他說：「我自稱為最後一位哲學家，因為我是最後一個人，除我之外，沒有人和我講話，我的聲音有如一個將死之人的聲音。」

詹姆士：以實效決定真理

威廉．詹姆士（William James, 1842-1910）的弟弟亨利．詹姆士是著名的英語作家，所以他的中文譯名經常連著「威廉」一起譯出。現在既然是介紹西方哲學，所以將他直接譯為「詹姆士」。他的家世與教養都很好，生於美國紐約，在歐洲居住過一段時間。獲哈佛大學醫學博士之後，留在母校教書。他從醫學轉而改教心理學，後來再改教哲學。他深受歐洲思潮影響，立場較為傾向英國經驗論，而對德國唯心論難以苟同。他發展自己的思想，形成實效主義（Pragmatism，舊譯實用主義），與裴爾士（C. S Peirce, 1839-1914）、杜威（J. Dewey, 1859-1932）成為此派的三大代表。代表作有：《心理學原理》、《實效主義》、《宗教經驗之種種》、《信仰之意志》、《徹底經驗論集》等。

他的立場是徹底經驗論（Radical Empiricism）。所謂經驗論，是說：有關事實狀況所能獲得的最確定結論，皆應視之為「假設」，以接受未來經驗之修正。所謂「徹底」，是說：要把一元論當成一種「假設」；而一元論是指複雜多樣的萬物形成一個可理解的統一體。詹姆士的意思是堅持多元論的觀點。由此可知，他無法認同黑格爾的那種絕對唯心論。

他重視事實，強調歸納，不談最終真理。這些都異於歐陸理性主義。他的徹底經驗論包含三個重點：⑴一個設準：哲學家所討論的題材，必須僅僅是那些「用經驗所提供的語詞可予以定義的事物」。⑵一個對事實的陳述：「關係」本身，不論其為連接（與）或不連接（或），

＊代表作品

詹姆士的代表作有：《心理學原理》、《實效主義》、《宗教經驗之種種》、《信仰之意志》、《徹底經驗論集》等。

裴爾士

威廉．詹姆士和弟弟亨利．詹姆士

正如它所涉及的「事物」（被關係所連接的兩端），同樣也是經驗的對象。(3)一個概括的結論：可知的世界具有一個連續的結構，它所包含的實體，不是只有那些由世界之外得來的範疇才能予以聯繫的。

真正存在的是純粹經驗，它有如河流，提供材料給人反省之用，並加給它概念與範疇。純粹經驗先於意識與內容、主體與客體、心與物之分辨。這種觀點是中性的一元論。不過，落實到具體經驗界，則形成了多元論，肯定各種事物以及其間的關係（包括名詞、形容詞、介詞、連接詞、因果關係等）都是存在的。

詹姆士更具創見的立場是實效主義。他認為，這是化解形而上學爭論的「方法」，亦即要以它確定概念與理論的「意義」。對某物所做的兩個明顯不同的定義，若是兩者產生同樣的後果，則它們是同一個定義。因此，一個概念有何「意義」，要看它對吾人產生的實際效果（如感覺、預期反應等）。這是意義理論。其次，是真理理論。它涉及觀念（包括意見、信念、陳述）與其對象的符合問題。真理在於觀念而不在於事物。「實在界不是真的，因為它們實際存在；信念則是有關它們的真的觀念。」真理在於陳述

＊徹底經驗論

所謂經驗論，是說：有關事實狀況所能獲得的最確定結論，皆應視之為「假設」，以接受未來經驗之修正。所謂「徹底」，是說：要把一元論當成一種「假設」；而一元論是指複雜多樣的萬物形成一個可理解的統一體。詹姆士是堅持多元論的觀點。

與相應事實間的關係上。觀念之為真，即是它的驗證或落實過程。一個觀念即是一個「行動的計畫或規則」。依此計畫去行動而得出有效的結果，則此觀念為真。

他的宗教觀點值得一談。他說：「宗教是個人在獨處時，覺察自己與神聖者之間有某種關係，由此產生的感受、行為與經驗。」神聖者（the divine）是：個人感覺自己必須嚴肅而莊重去回應的最原始的實在界。宗教生活的特色是：相信有一個看不見的層次，並且相信自己的生活所能抵達的至善就是與此一層次和諧相處；自己經由禱告或內在溝通途徑與它結合，以增加靈性力量，改善自己，使自己產生熱忱，知足常樂又能奉獻愛人。

詹姆士

他強調「信仰之意志」，就是在理智難以判斷時，人有權憑著情感與意志去做選擇。一旦相信了神明，就會引發後續的自我革新。他承認生平最大的問題，是要選擇立場：一邊是科學的宇宙觀，主張機械論，排除人的自由；另一邊是宗教的宇宙觀，相信神存在以及人的自由。他探索所得到的結論是「有神論」，因為只有相信神明存在，人的道德秩序（如肯定善惡報應）才不會化為烏有。依此而論，他果然是實效主義的奉行者。

＊詹姆士名言

·人類本質中最殷切的需求是渴望被肯定。

·行動養成習慣，習慣培養人格，人格影響命運。

詹姆士軼事

詹姆士才華卓越，兼具生理學家、心理學家（他是功能心理學派的創始者）、哲學家的身分。在哲學界，他是實效主義的創立者之一與首席代表。他自承並無密契經驗，但以《宗教經驗之種種》而讓世人大開眼界，他的《信仰之意志》也產生廣泛的影響。

胡塞爾：開啟現象學運動

胡塞爾（Edmund Husserl, 1859-1938）是奧地利籍猶太人，早期研究數學，以「算術哲學」為題獲博士學位，後來轉而探討哲學。一九〇一年任教於哥丁根（Goettingen）大學，開始建構「現象學」（Phenomenology）。他一生致力於追求「明確的知識」，要把哲學建立為一門「嚴謹的學問」。他的現象學運動以《哲學及現象學年報》（一九一三—一九三〇）為核心，對西方思潮產生重大影響。代表作有《邏輯研究》、《觀念》、《笛卡兒沉思錄》等。

他先肯定笛卡兒的做法，由懷疑一切到肯定「我思故我在」，以「我思」為絕對無誤的知識；再由「我在故上帝在」，肯定上帝存在，因為我有「至善」觀念，此觀念必須來自上帝；然後肯定一切清晰而明白的觀念皆為真。依此再說明一切知識。這樣的哲學符合「嚴謹」與「涵蓋一切」這兩項要件。

但是，笛卡兒的「我思」難免局限於主體的觀念中，引發了後起的唯心論思潮，對於論斷外在事物終究有所不足。胡塞爾現在要跨出主體範圍，認識外在世界，推而至於一切現象。所謂「現象」，是指：任何事物，不論是想像中的或確實存在的、理想的或現實的，也不論以何種方式，只要能使它自身呈顯於人的「意識」者，就是現象。現象學的目的是：界定一種方法，使現象不受曲解，並在它出現時予以正確描述。

胡塞爾關於嚴謹知識的看法如下：知識由判斷所構成，一判斷之為真，乃因它與事實符

＊代表作品

胡塞爾的代表作有《笛卡兒沉思錄》、《邏輯研究》、《觀念》等。

合。那麼，當我說某一判斷為真時，我究竟在說什麼？「真」不在於此一判斷的文字或聲音，也不在於它的影像（如說：牆外有頭牛）。此時我的意識是「意向著」它，視之為假定的事實，等待被證實。因此，一判斷之為真，乃是由於意識擁有此一判斷中的對象本身。「擁有對象本身」的經驗稱為明證。因此，要「回到事物本身」，對事物做直觀（直接看到）。因此，「真」的要件有二：一是直接看到對象的「一切」可能性，得到完備的明證。二是當我直接看到它時，無法想像它是別的東西。

換言之，現象學是一套認識及描述現象的方法，其目的是要讓對象自行呈顯，以避開唯心論的困境。就其作為方法而論，胡塞爾採取的是「放入括弧」，亦即存而不論。為了讓現象自身呈顯，必須先暫時排除不相干的因素。比如，我們可以想像「世界不存在」（如：在夢中），因為世界只有假設上的明證，沒有必然性。對世界不做肯定或否定，這是「現象學的存而不論」。在應用這個方法時，第一步，把現象與外在世界之間的一切關係都存而不論；第二步，使現象的本質為人所見。如何為人所見？要靠意識。意識是由內而外的動態作用，必定指向某物。意識必有意向性，使主體（能思）與對象（所思）同時出現；然後再由各側面、各角度去「描述」此一對象，使其「本質」得以呈顯。

這種描述所依據的是「自由想像法」。先描述一個例子，然後增加或減少描述中的一個修飾語，使描述有所改變。在增減語詞時，要一再問：修訂後的描述是否還能被視為描述同一類對象的例子。最後會發現此一對象之必要的與不變的特性，那就是它的本質。換言之，現象學

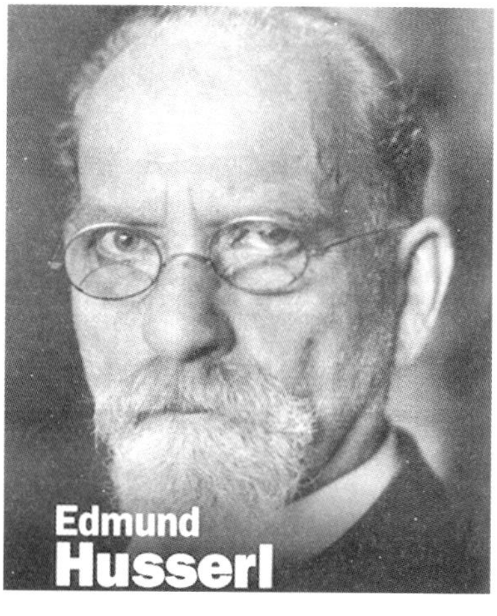

胡塞爾

是透過描述現象以發現其本質的方法。

這裡牽涉的質疑是認識論上的循環，就是你在描述某一現象的本質時，必須先對此一本質有某種預先的認知，否則如何判斷自己的描述可以準確把握其本質？這種循環其實是難免的，他並未背離哲學的原始目的：所謂愛智，即是「化隱為顯」的工作，從模糊趨於明確，進而把握真相。

胡塞爾有「現代哲學之父」的雅號，這是因為他在方法上有所創新，啟發了二十世紀的西方哲學。像海德格（M. Heidegger, 1889-1976）與沙特，都是充分使用現象學方法來建立自己的存在主義。這種方法推廣應用於人文及社會科學的許多領域中，也得到豐碩的成果。

胡塞爾軼事

胡塞爾是現象學運動的創始者。由於現象學為當代哲學提供了探究方法，而使胡塞爾獲得「現代哲學之父」的美稱。以「現象學」一名來為自己著作定名的後學有海德格、沙特與梅洛．龐蒂等人。但是這三位學者所用的「現象學」各有不同意義。

＊胡塞爾名言

．意義乃是一種心靈的意向。

．婚姻的黃金時代，不在婚禮行過之後，而在婚前戀愛時期。

柏格森：直覺「生命衝力」

柏格森（Henri Bergson, 1859-1941）是法國籍，有猶太人血統。年輕時喜歡數學與文學，從師範學院畢業之後，曾在中學教書。後來擔任法蘭西學院教授，一九二八年獲得諾貝爾文學獎。晚年在心靈上接近天主教。代表作有《時間與意志自由》、《物質與記憶》、《創化論》、《道德與宗教之二源》。

他認為，哲學必須注意精確，但是更須涵蓋一切真實題材，不可忽略實在界整體。哲學或形而上學不能只靠「分析」，把複雜現象化約為其簡單的成分，而須靠「直覺」。直覺或直觀是對實在界的直接意識，其對象是活動、生成與綿延。實在界是一個綿延的整體，人只有藉直覺才可領悟其本性。

他反對決定論。決定論否定人的自由，是因為它混淆了「綿延與廣延，連續與同時，質與量」；它以空洞而同質的空間來理解「時間」，形成空間化或數學化的時間觀，以為時間是由瞬間或單元所組成。時間其實是綿延。人由內在意識「直覺」時間是純粹綿延，由一系列質的變化所組成。它們融為一體，互相滲透，其中每一元素皆代表或表現整體，有如一首樂曲的每一小節都是整首曲子不可或缺的部分。然而，人類使用語言與思考，以理智取代直觀，以致誤解了實在界。

人應該以自我的生命為連續的及活動的流水；人的行動源自他的整個人格，因而是自由

＊代表作品

柏格森代表作有《時間與意志自由》、《物質與記憶》、《創化論》、《道德與宗教之二源》。

的，一如藝術家的創作。但是，他反對為「自由」下定義。「任何對自由所下的定義都會帶來決定論的勝利。」因為定義是分析之後的結果。自由是「人與行動之間不可定義的關係」，可直覺而不可證實。自由行動源自更深的自我或整個人格，是「重新擁有自我，由此回到純粹綿延中」。

柏格森主張心物二元論，認為心與物不能互相化約，但最後作為基礎的則是「生命衝力」（élan vital, vital impetus），所以他的立場應該是唯生命論或綿延哲學。他反對唯物論，認為「物質就是它所顯示的樣子」。比如，有一紅色物體，則此物體為紅色，而不可說紅色是人主觀所見。如此則不必肯定在紅色底下有一物質實體。

他反對達爾文（Darwin, 1809-1882）演化論所謂的「物競天擇，適者生存」之說。理由是：在演化過程中，逐漸出現複雜機體，但是越複雜的機體也帶來越大的生存危機。因此，如果演化的目的是生存，則它應該止於最簡單的有機體。他主張，演化有三條途徑：(1)植物生命；(2)本能生命（有某一程度的意識）；(3)理性生命。所謂「本能」，是以身體本身的器官（如：手、牙、足）為工具。至於理性，則有兩種作用：一是理智，能夠製作及使用工具，這是出於實際需要的考慮，關注於物質，因而無法領悟生命真相。二是直覺，關注於生命，配

柏格森

＊《創化論》於一九〇七年出版，又譯為「創造進化論」，被認為是柏格森最負盛名的哲學傑作，正是這部力作使他贏得了世界聲譽。此書比較系統地論述了生命哲學關於直覺和生命的觀點，是柏格森生命哲學的主要代表作。作者認為，宇宙本體乃時間之流動，其作用即綿延之創化，故稱無時非流動，無時不綿延，無時非創造，無時不進化。

合吾人自身的綿延，使吾人連接上綿延的整體，由此得以超越自己。真實存在的是「生命衝力」，它受阻於物質，為了突破而引發演化不同層次的發展，有如火箭升空，燃燒油料（物質），向上躍升。

柏格森認為，道德有兩種。一是封閉的道德，亦即人在社會上的義務，一個社會的成員「由相互的約定所結合，隨時準備要攻擊或防禦，保持一種戰鬥的態度」。二是開放的道德，在原則上包容整體人類，嚮往某些典範人物與更高理想，使社會走向文明。與此相似，宗教也有兩種：一是靜態宗教，用神明來禁止、威脅及懲罰所有違規的人。二是動態宗教，要接近及符合生命衝力的要求，走向愛人與愛神，展示於密契主義中。真正的密契家可以向上與向內，連接於神明（無異於生命衝力本身），也可以向下與向外，連接於人類。「神是愛，也是吾人愛的對象。」「經由神、藉著神，以神性之愛去愛全體人類。」

柏格森所強調的綿延與生命，對於推崇科學與技術的現代人而言，提供了理解自我的另一途徑。以生命衝力為宇宙整體的底基，則讓人孕生日新又新的動力。

柏格森軼事

柏格森是當代哲學家獲得諾貝爾文學獎的第一人。「文哲兼修」是法國精神主義的傳統，從蒙田（一五三三—一五九二）以來，像巴斯卡、伏爾泰、盧梭，到後來的馬塞爾、沙特、卡繆，無不如此。柏格森對生物學也下過功夫，他對達爾文的批評後來證實為真。

＊柏格森名言

．虛榮心很難說是一種惡行，然而一切惡行都圍繞虛榮心而生，都不過是滿足虛榮心的手段。

．秩序之外有混亂，進步之外有退步。

懷德海：打通科學、哲學與宗教

懷德海（A. N. Whitehead, 1861-1947），原籍英國，後來到美國發展。自劍橋大學畢業後，留校任教，與其學生羅素（B. Russell, 1872-1970）合著《數學原理》，要證明數學可以從形式邏輯的前提推廣而成。後來應聘至倫敦大學，思想逐漸轉向自然科學的哲學基礎。一九二四年，他以六十三歲之年應聘美國哈佛大學，開始教哲學。代表作有《科學與近代世界》、《形成中的宗教》、《歷程與實在》等。他創建了「歷程哲學」（Process Philosophy），打通了科學、哲學與宗教三大領域。

懷德海擁有紮實的自然科學背景，他對科學宇宙觀的批判也十分犀利。他指出，科學宇宙觀「事先假定有一種不以人意為轉移的，並且不為人所知的物質存在，或是有一種在外形的流變下充滿空間的質料存在。這種質料本身並無知覺、價值或目的。它所表現的一切就是它所表現的一切，根據外在關係加給它的固定規則來行動，而那些關係並不是從它的性質本身產生出來的。我所謂的科學唯物論，就是這種假設」。這段話有些枯燥，但觀點十分清楚。

他繼續質疑這種假設所造成的「簡單定位」。質料在空間中可以說「在此地」，在時間中可以說「在此時」，其意義完全確定，毋須參照時空中的其他區域來做解釋。如此形成了自然機械論或唯物機械論。這樣一來，歸納法不可能運作，「因為物質在任何一段時間中的位置，若與過去及未來的任何其他時間都沒有關係，則我們立即可以推論：任何時期中的自然界都與

＊代表作品

懷德海的代表作有《科學與近代世界》、《形成中的宗教》、《歷程與實在》等。

其他時期中的自然界沒有關係」。果真如此，則自然科學豈不瓦解？

破除唯物機械論之後，懷德海提出「機體機械論」。他指出：在這種理論中，分子將依循一般規律盲目運行，但是每一分子由於所屬整體的一般機體結構不同，而使其內在性質也隨之各不相同。機體論的出發點是：事物處在互相關聯的共域中的體現過程。「事件」又稱「實際體」（actual entity）或「實際緣現」（actual occasion），它才是真實事物的單位。事件互相攝受（prehension），亦即主動攝取與被動接受。

自然界是攝受統一體的綜合。每一攝受體都具有整個綜合體所具有的實在性；整體也具有每一攝受體那樣的實在性。「每一攝受體都統一了從它本身出發，賦予整體中其他部分的樣態。攝受體就是一個統一的過程。因此，自然界是一個擴張性的發展過程，它必然地從一個攝受體過渡到另一個攝受體。實在即是歷程。」換言之，實在界本身不再是傳統所謂的永恆不變的存有，而是處在生成發展的歷程中，離開歷程，則無實在界可言。

懷德海所建構的歷程哲學共有四大範疇。

一、**存在範疇**。共有八個，就是：實際體、攝受、集結、永恆對象、主觀形式、命題、雜多、對比。其中最重要的，除了實際體（或事件）與攝受之外，是永恆對象，其作用有些類似柏拉圖的理型。

二、**解釋範疇**。共有三個：(1)相關性原理：每一實際體各有其潛能，可以成為某一集結的一分子，因而共同成長。(2)歷程原理：一個實際體如何變化，構成了它的存有是什麼。生成即是存有。(3)存有學原理：實際體皆有其理由，說明實際體，即是說明其理由。

三、**規範範疇**。其中談到自由，意即：能經由概念與理想而表現新意。

四、**終極範疇**。有「一、多、創新」三項。萬物處在一個整體、多元表現與不斷創新的過程中。

＊懷德海名言

·大學提供資訊，但它是富於想像力地提供資訊。

·缺乏進取精神的民族意味著墮落。唯有開拓和競爭，才能立於不敗之地。

·教育就是獲得運用知識的藝術，這是一種很難傳授的藝術。

懷德海提出相當特別的上帝觀。上帝有其原初性，就是以其概念攝受來思考整個永恆對象的內容。上帝也有其終結性，就是以其物理攝受來接受世界整體性的總和，使一切發生過的事件之內在價值皆得以在上帝的攝受中保存其客觀性。上帝與世界於是形成一個對比關係。

他說：「對上帝的崇拜不是安危的法則，而是一種精神的探險，是追求無法達成的目標之行動。壓抑高尚的探險希望，就是宗教滅亡的時刻。」他的宗教觀在神學領域也造成可觀的影響，演變而成一派「歷程神學」。

懷德海軼事

懷德海在《科學與近代世界》中說：「理智的力量是偉大的，它對人類生活具有決定性的影響。偉大的征服者從亞歷山大到凱撒，從凱撒到拿破崙，對後世的生活都有深刻的影響。但是從泰勒斯到現代一系列的思想能夠移風易俗，改革思想原則。前者比起後者又顯得微不足道了。這些思想家個別看來是無能為力的，但最後卻是世界的主宰。」懷德海說得好，他自己也列名於這些思想家之中了。

羅素：廣泛關注社會問題

羅素（Bertrand Russell, 1872-1970），生於英國貴族家庭，後來被冊封為伯爵，在劍橋大學先研究數學，再轉而探討哲學，對唯心論難以苟同。他贊成謨爾（G. E. Moore, 1873-1958）的觀點，主張多元論與外在關係理論。一九〇〇年出版《萊布尼茲哲學之批判的展述》，認為：實體與附質的形上學，其實是反映了希臘人主詞與述詞的表達方式，與其師懷德海合著《數學原理》。一九五〇年獲頒諾貝爾文學獎。他曾廣泛論述世人所關注的題材。在一次世界大戰結束前，短暫入獄；在二次世界大戰時反對納粹；戰後反共；主張世界政府，反對核戰等。他在各項議題發言，以無神的人文主義與自由主義為世人所知。

他在《自傳》中說：「三個簡單卻有力的狂熱決定了我的一生：對愛情的需求、對知識的渴望，以及對人類苦難的同情。」他在念大學時先後放棄了三個信念：人的自由、靈魂不死、上帝存在。他承認自己一生有三重失敗：(1)他不得不放棄客觀的倫理知識。(2)他對《數學原理》的系統並不完全滿意，並且維根斯坦（L. Wittgenstein, 1889-1951）使他相信：數學知識只不過是同語重

謨爾

***代表作品**

羅素主要著作有《數學原理》（三卷，與懷德海合著，一九一〇年至一九一三年間完成）、《人類的知識》等。

複而已。(3)在《人類的知識》中，他為科學知識所做的辯護並未合乎他原本所希望達到的標準。

他認為，哲學要追求知識或客觀真理，主要任務是「理解與解釋世界，並且盡可能找到實在界的最終性質」。哲學家常在努力證明他「未經檢驗就接受的信念」，以思考及論證去肯定使人安慰的信念，並且期盼這些信念產生實際的價值。他宣稱：證明一個哲學問題無法解決，就是解決了這個哲學問題。「每一個真正的哲學問題都是一個分析的問題；在分析問題時，最好的方法是從結果開始，然後推及前提。」邏輯是哲學的本質所在。他的立場接近邏輯原子論（Logical Atomism），但是後來他又說：「邏輯不是哲學的一部分。」他強調哲學有兩個側面：(1)它不如科學。科學對真理做無私的探討，不受任何信念或大眾願望的干擾，然後提供理論性思考的典範。其結論可以修訂及改善。因此哲學要努力「科學化」。(2)在哲學史上，哲學探討的範圍遠大於科學。科學無法回答許多有意義及重要的問題；哲學則關心這些問題，拓展人類心智領域，若無哲學，人生將更為貧乏。而世界有些難解之謎，也不可忽視。

那麼，羅素對人有何看法？他認為，人的行動源於衝動與欲望，這是生命力的自然表現。他把這兩者合稱本能。然後還有精神，這是非個人感受的原則，使人跨越純屬個人的滿足，可以顧及別人的苦樂以及全體人類的利益。在他看來，倫理學的目標是找出有關善惡行為的真實命題，因而是一門科學，不過這樣的命題無法被證實，只能就其結果來判斷。這種立場接近效益主義（Utilitarianism），若兩人同意某一目的為善，則可討論何種行為可以產生此善。他傾

羅素

＊《數學原理》

羅素在一九〇〇年意識到，數學是邏輯學的一部分。一九一〇年，他和他的老師懷德海一起發表了三卷本的《數學原理》，在其中對這一概念做了初步的系統整理。

＊羅素名言

·美好的人生是為愛所喚起，並為知識所引導。

·無聊，對於道德家來說是一個嚴重的問題，因為人類的罪過半數以上都是緣於對它的恐懼。

向於只談價值：「人們對價值的不同意見，基本上是有關品味的，沒有人能以證據說服別人。品味表現了欲望。任何倫理學皆不完善。」

他的社會觀如下：自然界對人類的理想與價值是無動於衷的。在人的世界，崇拜武力與軍事主義皆不足取。社會科學的基本概念是權力，而權力的好壞要依其效果而定。他反對赤裸裸的權力之愛，而一個社會應該建立權力轉換的機制。有權力者的最終目標是人類的福祉。

他的宗教觀又如何？他無法信仰全能與全善的上帝，因為世界上有罪惡與苦難。他是不可知論者。任何對神存在的證明皆屬無效，由現象界不可能推到非現象界。「若秩序、統一與持續是人類設想出來的，一如圖書目錄與百科全書，則我們無法推出超自然的上帝存在。」他認為，信仰神存在，只不過是對某一假設之物採取自我安慰而缺乏根據的信仰。但是，羅素依然認真關懷生命，推崇精神層次的生活。

羅素是西方哲學家中最高壽的人之一。他的觀點活潑而多變，所堅持的是他個人的知識與信念，至於完整的哲學系統則付之闕如。

＊《人類的知識》

本書是羅素後期的作品，可以說是集其哲學見解的大成。不過，他的結論卻令人沮喪：「全部人類知識都是不確定的、不精確的和不全面的」。

羅素軼事

羅素是當代哲學家之中最知名的，獲得一九五〇年的諾貝爾文學獎。他在哲學上主張邏輯原子論，對一般人而言難以理解。他在各種流行議題上廣泛表達意見，還為此多次短暫入獄，由此贏得大眾的眼光。他的《西方哲學史》表達過多個人的見解，在哲學界評價不一。

卡西勒：詳究人類象徵能力

卡西勒（Ernst Cassirer, 1874-1945），德國籍猶太人。在柏林大學攻讀法理學，並研究德國的哲學與文學。後來轉到馬堡（Marburg）大學，博士論文以萊布尼茲哲學為主題。曾在柏林大學、漢堡大學、英國牛津大學教書。二次大戰時移居美國，在耶魯大學與哥倫比亞大學教書。他曾主編萊布尼茲與康德的全集。代表作有《論人》、《語言與神話》、《啟蒙時代的哲學》、《符號形式的哲學》等。

康德之後的德國唯心論，到了十九世紀中期以後失去創新的動力，於是學者有「必須重新回到康德」的構思。由此分為兩系康德學派。一是馬堡學派，主張先依數學建立科學理論，再由此說明價值哲學；不談物自體，肯定一切皆由意識本身所設置。二是巴登（Baden）學派，主張自然科學有其限制，我們只能發展人文科學的理論；歷史與文化的最後基礎並非普遍規律，而是價值。卡西勒兼取二系之長，由康德的二元論出發，認為人所認知的外在世界，不能脫離人心所具有的先天形式。那麼，先天形式的作用是什麼？它又如何作用？

康德分析人的理性在認知時，有四個層次的運作：感性、想像、知性、理性。其中的「想像」有所謂的圖式，由它來聯繫個體（由感性直觀所得）與概念（可以接受知性範疇的判斷）。此一圖式成為卡西勒所謂的「符號形式」（symbolic form）。卡西勒在《論人》中說：

＊《論人》

是卡西勒人類文化哲學體系思想的代表作。他從哲學的角度解答了「人是什麼」的問題，指出人具有創造「理想世界」的能力，人是「符號的動物」，並對神話、宗教、藝術等文化現象進行了全面探索。

《符號形式的哲學》始於一項假設：凡是加諸人的本性或本質的定義，只能理解為一種功能的而不是實體的定義。關於人，我們不能根據任何構成人的形上本質之內在原理來界定，也不能藉著任何可以經驗到的天賦或本能來界定。人的特殊性格與顯著標記，並非他形上的或物理的本性，而是他的工作。定義並且確定「人性」圈子的，就是人的工作，就是人類的各種活動系統。語言、神話、宗教、藝術、科學與歷史，即是此一圈子的不同扇形部分。

卡西勒對於希臘戴爾菲（Delphi）神殿的銘文「認識你自己」深入探討。他指出：(1)在蘇格拉底時代，人無法在孤獨中認識自己，而必須「與人合作」，在城邦生活中認識自己。於是哲學成為對話，只有經由對話或辯證的思考，才可接近屬人的認識。(2)在文藝復興時期，認為人的特性是「擁有幾乎無限的變化自我的能力」，這種內在的未定性使人由一種形式過渡到另一種。這不再是弱點，反而是偉大的標記。(3)到了法國實證論者孔德（A. Comte, 1795-1857），則指出：「要認識自己，就去認識歷史吧！」英國演化論者達爾文則想化解人與動物的二元論，以程度之別取代性質之異。

分析這些之後，卡西勒認為，人不僅是一種受外界豐富印象所吸引的生物，他還能以確定的形式加在這些印象上，再予以控制。他所使用的形式，分析到最後，乃是由思想的、感覺的、意願的主體自身引申而來的。換言之，「人是符號的動物」。卡西勒要由各種符號形式的特殊性格與結構去研究文化，並且試圖依此了解人性。

卡西勒對神話有獨到見解。他認為，人有製造神話的功能。神話世界是一個戲劇化的世界，其中有行動、勢力與衝突的力量。人在每一種自然現象中都看到這些力量的衝突，因而混雜了人的情緒性特質。萬物都帶著人所投射的情緒。神話的底基不是思想，而是感受之整體。

＊代表作品

卡西勒代表作有《論人》、《語言與神話》、《啟蒙時代的哲學》、《符號形式的哲學》等。

＊《語言與神話》

此書出版以來，就一直是西方美學、文藝理論者必讀的經典。卡西勒在書中力圖將哲學工作引向語言神話向度的努力，不但反應了本世紀歐陸哲學的重要趨勢，也展示了他「符號形式哲學」的成因和發展。

生命不可予以分類，它被感受為一未斷裂的連續整體。萬物皆可互相轉化。神話是人類所製造的符號形式之一。多理解神話，就是多理解人性。

總之，卡西勒的基本觀點是：人的精神所能接觸的最客觀真理，終究是精神自身的活動之形式，在其中人的精神知覺了自己與實在界。人是符號的動物，所以要主動探索及創造人的存在之中有何理想的意義。歷史是人類自我發現的模式，而人類文化的整體可以描述為：人類逐漸解放自己的過程。卡西勒的文化哲學使哲學家敞開心胸，認真看待人類文化各方面的成果。不明白文化，又如何明白創造文化的人呢？

卡西勒軼事

卡西勒對西方的大哲學家從柏拉圖到康德，無不認真鑽研，他的結論與終身持守的立場是人文主義。他認為必須由人的工作過程與活動成果來了解人性。他在去世前參加一項研討會，以「哲學人類學」為題，充分顯示他的關懷所在。

＊孔德

法國著名的哲學家，社會學、實證主義的創始人。一八三〇年，《實證主義教程》第一卷出版，稍後其他各卷（共四卷）陸續出版。一八四二年出版的第四卷中，正式提出「社會學」這一名稱並建立起社會學的框架和構想。孔德創立「人道教」，並成立了具有宗教色彩的「實證主義學會」。一八五七年，在巴黎逝世。

維根斯坦：對真理心存敬畏

維根斯坦（Ludwig Wittgenstein, 1889-1951）生於奧地利維也納，父親是猶太人實業家，有「奧地利的卡內基」之稱。他年輕時多愁善感，有過自殺念頭，後來到劍橋大學向羅素（Russell, 1872-1970）學習數學，兩人成為朋友。羅素肯定他是「傳統定義的天才中最完美的典型」。他閱讀托爾斯泰（Leo Tolstoy, 1828-1910）的《福音書簡》，深受啟發。他以《邏輯哲學論叢》一書得到博士學位，在劍橋大學教書。臨終之時他說：「請告訴我的朋友們，我曾擁有過一個美好的生命。」另一本代表作是《哲學探究》。

《邏輯哲學論叢》大約七十頁。內容涵蓋語言、世界、邏輯、數學、科學與哲學的本質，並以他對倫理、宗教與密契主義的評論作為結束。他想傳達一個無法度量的層次，它使經驗與行動的合宜秩序成為可能。他要把「可言說者」盡可能表達清楚，「但真正重要的，是我們只能保持沉默的那個部分」。

本書開頭就說：「世界是實際情況的全體。」所謂「實際情況」，一般稱為「事實」（fact），而事實不是「事物」（thing）。比如，這張桌子或這棵樹，不能獨立於其周遭環境之外，因此只是事物。但事實則是「這張桌子是棕色的」、「這棵樹位於路邊」。因此，事實是「存在於邏輯空間並相互獨立，只能被陳述或聲明者」。事實（或實際情況）是語句的對象。語句是事實的圖像。意思是：語句重複了事實之邏輯結構，因為世界與語句之間有共同

＊代表作品

維根斯坦的代表作是《邏輯哲學論叢》、《哲學探究》。

的邏輯形式。於是，哲學的目標是：對思想做邏輯的澄清。「只要是能被思考的，就可以被清楚地思考；只要是能被說出的，就可以被清楚地說出。」「真正語句的集合體就是整個自然科學。」「大部分撰寫哲學事物的語句與問題都不是錯誤的，而是無意義的。」他的觀點啟發了語言分析學派。

然而，即使所有科學中可能的問題都被回答了，也還沒有觸及我們的生活問題。哲學的任務是「批判」，要澄清語言意義的局限。哲學應該先確定可思考的事物之界線，從而確定不可思考的事物之範圍。後者稱為「神祕事物」，它們雖然不可理解，卻可以顯示出來。神祕事物有以下幾種：

一、**倫理的事物：**因果關係是個迷信，「必然性」只存在於邏輯中。幸福既非內心狀態，也不是感覺、判斷或思考，而是「個人領悟到世界意義的局限性之後才產生的」。因此，心理治療與幸福無關。所有的「應該」與「不應該」都指向某種「絕對」。所以，不可能有倫理學的理論，即使有，也不可能解釋清楚或用來教導。

二、**生命：**「空間與時間中的生命之謎的解答，存在空間與時間之外。」

三、**自我：**「主體並不屬於世界，而是世界的界線。」獨立自我並不存在。我們無法在世界上發現主體，然而「我」在世界上卻有許多經驗。

四、**整體世界的存在：**並非「世界是怎麼回事」是神祕事物，而是「世界的存在」就是神

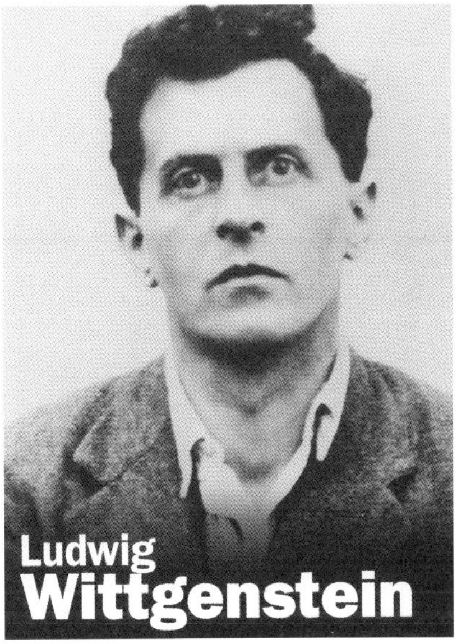

維根斯坦

＊《邏輯哲學論叢》全書約七十頁。內容涵蓋語言、世界、邏輯、數學、科學與哲學的本質，以他對倫理、宗教與密契主義的評論作為結束。維根斯坦想傳達一個無法度量的層次，它使經驗與行動的合宜秩序成為可能。他要把「可言說者」盡可能表達清楚，「但真正重要的，是我們只能保持沉默的那個部分。」

祕事物。

五、世界的意義：這個世界的意義必須位於世界之外。「信仰上帝，意謂著了解生命意義的問題。」「上帝不會出現在這個世界上。上帝也是世界的總和。人類的依賴，顯示了神祕的上帝存在。在此意義下，上帝即是命運，或是獨立於我們的意志之外的世界。」

他在《哲學探究》中，認為哲學即是語言治療。比如，探討某一概念，無法找到所謂的本質，只能得到「家族相似性」。他由此理解靈魂，他說：「如果一個人被惡言傷害，對精妙的言論感到興趣，有幽默感，被感傷的故事觸動，恐懼死亡，那麼我們可以說他有一個『靈魂』。」「人類共有的反應與姿勢，是形成『靈魂對話』的語言遊戲之基礎。」我們介紹維根斯坦時，盡量引述他的原文，這是為了擔心語言在詮釋時的誤導。他的話語簡明而富哲思，這是哲學界所公認的。

維根斯坦軼事

維根斯坦是富家之子，家中常客有舒曼、馬勒、布拉姆斯等音樂家。他幼時在家中接受教育，十歲就設計了一架新型縫紉機。十四歲到林茲的中學就讀，當時希特勒也在那兒念書。他後來研習工程學、數學與哲學，是羅素口中的天才典型。

*維根斯坦名言

- 再沒有比不欺騙自己更困難的事了。
- 世界是隨機的巧合，是彼此相互獨立的事態之聚合。
- 凡人不能說之處，就必須沉默。

雅士培：由剎那肯定永恆

雅士培（Karl Jaspers, 1883-1969），德國人，生長於中產階級的和樂家庭。在海德堡大學先學法律，後念醫學，也旁聽哲學課程。他說：「我對大學的哲學教授產生反感，因為他們不處理與生命真正相關的問題。他們給我的印象是自負而固執己見。」他獲得醫學博士，後來改教心理學，於一九二一年升任哲學教授。

他認為自己一生有三大考驗：(1)自幼即患「先天性心臟病」，一生都處在死亡的陰影下，特別體會了「界限處境」。(2)受哲學系同事排擠。他說：「在我看來，學院派的哲學並不算是真正的哲學，儘管自稱是一門科學，它所討論的東西根本與我們存在之基本問題無關。」(3)在納粹統治期間（一九三三—一九四五），他受到迫害，失去教職，並且因為妻子是猶太人而上了黑名單，最後僥倖逃過一劫。

啟發雅士培的有三人。一是康德，他說：「我的生活受聖經與康德的指導，使我與超越界可以保持關係。」他關懷的五個問題是：科學（助我認識世界）、溝通（使我與人相處）、真理、人，以及超越界。另外兩人是齊克果與尼采；雅士培重視「存在」，宣稱自己的思想是「存在哲學」，就是受到他們的啟發。這兩人的共同特色是：(1)面對人類精神上的危機，思考人類命運的問題。(2)從「存在」之深處去質詢「理性」，認為人無法靠自己的力量找到任何真實的根基。(3)從個人的存在出發，去做超越的嘗試與無止境的追求。雅士培的代表作有《當

＊代表作品

雅士培的代表作有《當代的精神處境》、《存在哲學》、《偉大的哲學家》（其中包括《四大聖哲》）。

代的精神處境》、《存在哲學》、《偉大的哲學家》（其中包括《四大聖哲》）。

在雅士培看來，哲學有三重任務：世界定向、存在照明，以及對超越界的追求。

首先，以世界定向來說，世界是已經在那兒的「經驗事物」，人則是：生於世界之中，卻要試圖了解世界的意義。人的理性要求突破「內存性」（Immanence），要質疑這個充滿變化的世界，「為何是有而不是無？」探討真正的存有本身。他認為科學所知的世界不是世界的全部，而人的自我是整體的與獨特的，是人在界限處境面對抉擇時才會實現的。

其次，以存在照明來說，存在是自我在世界中的實現，同時又超越這個世界。真實的存在僅限於人能夠完全超越自我之少數片刻。

然後，是對超越界（Transcendence）的追求。雅士培稱之為「統攝者」。由於世界與自我皆為相對而有限之物，必須對照於一個無法界定的統攝者，才可被理解。統攝者是一切新視野、新領域得以產生的根源，是那無法藉對象知識來認知的終極實在界，也就是存有本身。雅士培研究「老子」，他說：「老子的道就是統攝者。」

雅士培認為，哲學的意義在於：敢於深入探究人類自身無法抵達的根基。此一探究過程即是超越。他說：「人體認到自己雖是有限的，但他的可能性卻似乎伸展到無限，這一點使他自己成為一切奧祕中最偉大的。」

「界限處境」是關鍵時刻。人在生理上（老、病、死）、心理上（生離死別）、倫理上（罪惡）、靈性上（人生意義問題）都可能面臨考驗，此時要如何抉擇？自己在選擇「存在」（做真誠的自己）時，不可忘記其他可能存在的人，此時涉及「溝通」，進入「愛的掙扎」，要關心別人的自我實現如同關心自己的一樣。另外，雅士培提出「密碼」概念，認為萬物皆以某種象徵方式指向自身以外的根源，亦即存有本身或超越界。人藉由領悟密碼（自然界、歷史、意識自身、藝術、個人與人際交往等，皆是可能的密碼）而改變生活態度。

＊《偉大的哲學家》

雅士培在晚年用了最大心力，寫了一部《偉大的哲學家》，書中指出西方有兩個傳統，一個從希臘方面衍生哲學與形上學的傳統，在宗教方面有中世紀基督宗教，由希伯萊傳下來的神學系統。在東方的印度，自釋迦牟尼開展出來的佛教典範，交給了龍樹菩薩。而在中國，一位是至聖先師孔子，另一位是道家祖師老子。在西方經由他提出後，東方思想家、學者，也呼應他的觀點。

他以四大聖哲（蘇格拉底、釋迦牟尼、孔子、耶穌）為例，說明人的生命可以轉化與再生，以此化解痛苦、罪惡與死亡的威脅。我們由此學到的是：在具體的人生處境中，要設法知道自己在做什麼，並且知道自己所要的是什麼。

雅士培軼事

雅士培自幼體弱，使他必須嚴謹而有規律地生活。他也因而覺得孤獨，不願與人相處。他很少出席社交場合，在巴塞爾期間二十年只看過他的學生演出的一場電影與一齣話劇。但是他的教育熱忱非比尋常，走到哪裡就教到哪裡，人們尊稱他為「日耳曼導師」。

至聖先師孔子

＊老子

姓李名耳，字伯陽，有人說又稱老聃。中國春秋時代思想家，春秋時期楚國人。著有《道德經》，是道家學派的始祖，他的學說後由莊周發展。道家後人將老子視為宗師，與儒家的孔子相比擬，史載孔子曾學於老子。在道教中，老子是三清尊神之一太上老君的第十八個化身。

海德格（一）：深度剖析個人存在

海德格（Martin Heidegger, 1889-1976），德國人，生於鄉下的天主教家庭。先念神學，後改習哲學，獲弗萊堡大學博士，擔任胡塞爾的助教。一九二七年出版《存有與時間》，聲名鵲起；翌年，接手胡塞爾的教職，繼續推展「現象學運動」。一九三三年在納粹支持下，出任弗萊堡大學校長，第二年辭校長職，此後被禁止參加國際會議及出版著作。一九四五年盟軍解放之後，他被剝奪教職，一九五一年恢復教職，不久退休，專心著述。

海氏外表純樸，像個農民。上課時說話緩慢，邊說邊想。晚年住在德國南部的黑森林區，曾在市場巧遇蕭師毅教授，兩人計畫合作翻譯《老子》，但只譯到第八章就因為意見相左而作罷。他特地請蕭教授寫一中文條幅掛於書房，內容是《老子》第十五章的一句話：「孰能濁以靜之徐清？孰能安以動之徐生？」顯示老子兼顧動靜的人生觀。海氏描寫亞里斯多德的生平時，只說：「他出生，他工作，他死了。」這也像是海氏對自己一生的簡單描繪。他的代表作有《存有與時間》、《形上學是什麼？》、《論真理的本質》、《尼采》、《通向語言之路》等。

他的思想是以天主教神學與新康德學派為基礎，經由現象學的訓練而推展開來。目的是要闡明「存有本身」。提出許多原創見解，影響遍及文學、藝術、宗教、神學等範疇。

海德格在現代哲學界的地位可謂無出其右者。原因在於他清楚分辨存有本身與存有者之間

＊《通向語言之路》
本書為海德格名著，是與一位日本學者談話的紀錄。

的差異。他說，自亞里斯多德以來，形上學或存有學，是要探討「存有者作為存有者」（being qua being），並加以說明（logos）。但如何又為何要說明存有者呢？經由對存有者的探討，目的是找到存有本身。存有者並不等於存有本身。人們可以說：「水、火、氣、土……是存有。」但不能因而說：「存有是水、火、氣、土……。」存有是「是」本身，而不是任何一種或所有的存有者。人們遺忘了存有本身，或者只找到了抽象的「存有者性」（beingness）。他說，直至現在，「存有問題不僅尚無答案，而且甚至這個問題本身還是晦暗而茫無頭緒的」。海氏既然喜愛《老子》，我們不妨借用道家觀點來想，人們可以說：「水、火、氣、土……是道。」但不能因而說：「道是水、火、氣、土……。」換言之，道無所不在，萬物中皆有道，但不可說萬物即是道。

他認為，要探討存有問題，首先要辨明「存有問題」的形式結構。要問的是存有本身，所問的是存有的意義，而被問到的是存有者的存有。因此，在探討存有時，必須由「提出存有問題的那個存有者的存有狀態」著手。能提出存有問題的只有「人」，因此，人這種存有者的存有狀態就是我們著手之處。人這種存有者，可以稱為「此有」（dasein，意指：在此的存有者）。此有與其他存有者不同，因為在他身上，存有始終是個問題，正如哈姆雷特（Hamlet）的苦惱：「要生存還是要毀滅，那才是真正的問題！」（to be or not to be, that is the question !）

「人」被稱為「此有」，這是為了強調：此有是存有通過人所展開的場合與情景。每當此有要領悟存有時，他總是從時間的觀點出發。時間是一切「存有領悟」的條件，於是此有不離時間性。海德格以「存有與時間」為其書名，其意在此。在闡釋「此有」時，海德格花了許多篇幅。

此有的存有狀態必須通過他自己的「存在」（eksistence, existence，原意是：走出來）而被理解。他的本質即是他的「超出」現狀，向著未來籌畫，亦即此有即是他自己的可能性。人

＊代表作品

海德格的代表作品有《存有與時間》、《形上學是什麼？》、《論真理的本質》、《尼采》、《通向語言之路》等。

＊海德格名言

·人生就是學校。在那裡，與其是幸福，毋寧是不幸才是好的教師。因為，生存是在深淵的孤獨裡。

·人的本質是掛念。

為了認識自己，必須「走出」自己，轉向世界，因而成為「在世存有者」。意思是：人的存有只能通過此有對世界的關係來理解。這種狀態稱為「掛念」。若是每日關心世界及他人，則自我無異於眾人。眾人即是無人，因為失去了自我的本真狀態或屬己性（Eigentlichkeit）。這樣的人其實是存而不在的。

海德格軼事

海德格說話不帶任何激情，沒有修辭學的花招或多餘的客套話。他以沙啞深沉的喉音對每一個字都加以強調，說成斷斷續續的句子。然而，他的話語卻散發出強烈的魅力，以致他在上課或演說時，任何一間教室或演講廳都嫌太小。

海德格（二）：提醒人「向死而生」

海德格對「此有」的分析相當深刻。「此有」一詞所指的是人，人的本質即是「掛念」。此有覺察自己是「被拋入」到世界上，並且與別人及其他事物一起在那兒。然後，此有領悟自己必須不斷向未來籌畫，不斷進行選擇以超越當下的處境。此有以「言談」來溝通，而言談是「讓人從事物本身來看事物，設法揭示他所知悉的」。

然而，此有很容易陷於「非本真」狀態，主要的原因是「閒談、好奇與模稜兩可」；這時，此有憑藉在世的存有者來覺知自己的存在，並由此想像自己是具有一定性質的實體，如此隱身於「公眾意識」中，忘記了自我。解救的方法是經由「憂懼」，將此有置於他原始的「能有」面前，有如面對虛無的威脅而必須收斂心思。換言之，此有會由於憂懼虛無而轉向本真的自我。

接著，要探討「此有」與時間的關係。時間的三向度（過去、現在、未來）只有在本真的存在中，才能充分實現。它使人面向死亡（未來），又回到虛無（過去），並使存在的瞬間（現在）以一種聚焦的力量產生出來。海德格提出，「向死而生」的觀念。死亡是人的生命之必然結果。它把人拋回到孤獨之中，人對它是確知必來又不知何時會來。死亡在每一瞬間都是可能的，人是「走向死亡的存有者」。面對死亡，人走出群聚的眾人（或無名氏），想要成為本真的。此時需要「良知的呼喚」，使人停止傾聽眾人的言談，不再客套應付別人，要以事物自

＊海德格名言

．人安靜地生活，哪怕是靜靜地聽著風聲，亦能感受到詩意的生活。

．人存活在自己的語言之中，語言是人「存在的家」，人在說話，話在說人。

身所是的那樣來表述。這其實是「此有」在向自己呼喚，並且以「沉默」這種令人感到無名恐懼的方式向自己呼喚，要喚醒「此有」去成為最本真的自己。這些全是由於「此有」在本質上是虛無的。這時必須抉擇，亦即使自己「存在」：讓「此有」向存有本身開放，也就是讓存有本身在此有顯示出來。

綜合而言，人是什麼？人是被拋入世界的受造物，力量有限而微不足道，處於生死之間，對自身遭遇莫名其妙，在內心深處充滿掛念與恐懼。這個受造物對世界要照料，對同類要照顧，而自己則常有苦惱。他處在眾人之中，孤獨地生活，遺忘了自我，等待良心的召喚，再由此做出抉擇以成為本真的存在。

海德格的思想焦點始終是存有本身。他後來不再從「人及其對存有的理解」觀點來思考存有；而是倒轉過來，從「存有」的觀點來探究人與整個有限的世界。談到存有，人只能處於邊緣地位。海氏由此否定了人在近代主體主義與現代存在主義所得到的中心地位。然後作為當代特徵的科技，是人這種主體最後的輝煌成就，其實也完全走偏了，因為它反過來宰制了人。人的存在不是為了自身，而是為了開顯存有。

存有是什麼？「存有就是存有自己本身，要體驗存有並說出存有是什麼，是未來的思想者必須學習的。」不可忽略「存有學的差異」，就是存有與存有者的不同。過去的形而上學就是因為疏忽了這一點而誤入歧途，而西方世界的災禍也源自於此。為了認識存有，不可忽視虛無。虛無不是人所引發的，而是人被虛無找上了。「虛無成就了虛無。」它是一個過程，但它也是存有的面紗。存有主要顯現於一切存有者的動盪不安，以及「無家可歸」的感受中。存有被人遺忘，使現代成為虛無主義，人的終極任務，是要傾聽存有的呼喚，讓存有之聲宣揚出來。

海德格無法苟同沙特（Sartre, 1905-1980）把他列名於無神論者。他說自己的立場不是無

＊沙特
生於法國巴黎。沙特兼擅文學與哲學，獲得一九六四年諾貝爾文學獎。和西蒙．波娃結為終身伴侶。

＊西蒙．波娃
《第二性》的作者。

神論，而是「等待神的來臨」。在存有的光照下，將會出現新的神祇。他說：「未來的思想已不再算是哲學，而是衰退到目前思想的本質之窮困狀態。思想把語言收藏到簡單的說明中。」對現代人而言，必須學習容忍「存在於默默無聞之中」。海德格所謂的存有，似乎是西方宗教的上帝與老子的道的綜合體。這樣的存有，是萬物的來源與歸宿。人是一切存有者之中最獨特的，因為經由保持本真的自我，可以使「此有」成為「存在」，並因而開顯了存有本身。

海德格軼事

海德格曾想實現他的理想，但是在誤解及抬舉了納粹主義之後，才發覺自己的錯誤。從那時起他就與政治保持距離，晚年時幾乎完全退出公眾領域。慕名而來的學者與遊客最常得到的回應是：海德格夫人說：「請你們不要打擾，我先生在思考。」

馬塞爾：敞開心房接受光明

馬塞爾（Gabriel Marcel, 1889-1973），法國人，生於巴黎，四歲喪母。就讀巴黎大學時，曾旁聽柏格森的課，深受啟發。他從小就有孤獨體驗，他說：「人間只有一種痛苦，就是孤獨無依。」第一次大戰期間，他參加紅十字會，調查失蹤官兵，接受家屬詢問，由此體驗了人的個別性與不可替代性。再由「我們」經驗而肯定「我與你」之互為主體，「存在」即是「與別人一起存在」，使別人由他變成你，因而有相愛的可能。

他的宗教啟蒙老師是巴哈（J. S. Bach, 1685-1750）的音樂《受難曲》，他在四十歲時歸依天主教。在信仰中，他肯定了存有之絕對性，從而對生命意義有了更徹底的領悟。他認為人的尊嚴與偉大在於：人與絕對者合作，使自身內在的潛能充分施展開來。代表作有《形上日記》、《是與有》、《旅途之人》、《人的尊嚴》等。

馬塞爾用「奧祕」一詞說明他對「存有」的認識。奧祕不是問題，問題預設了某種答案，找到答案就不再有問題了。奧祕與人的生命密不可分。一旦存有失去奧祕性質，生命與世界就成了「問題」的總和，有如一堆零亂的廢墟。「知識會把自認所知的一切放逐至無窮遠處，或許只有奧祕能夠使之重聚。沒有奧祕，生命將無法苟存。」

他自認是一位「哲學戲劇家」，代表哲學與戲劇的組合。他在作品中特別強調「主體際性」或互為主體的關係。他要超越主客對立，尋求「臨在」（presence）感受。所謂「臨在」

＊代表作品

馬塞爾一生的代表作品有《形上日記》、《是與有》、《旅途之人》、《人的尊嚴》等。

＊《形上日記》

馬塞爾在哲學方面的代表作為《形上日記》，是以日記方式寫下他的形上沉思。

是要打開封閉的心，肯定在眼前的人是個與我相互平等的主體。每當情緒低落時，他就借助音樂與大自然的撫慰。他說：「音樂不含有意義，也許音樂本身就『是』意義。」「是音樂，並且只是音樂，使我發現救援之光，為我開啟了一條通往真理的途徑。」

他提出一套重視感覺的形而上學。人的行為有理性與感性的搭配，但人的「存在化片刻」是人參與存有的特殊方式，那是一個純粹的當下，有如經驗之純粹呈現。感覺是一切訊息的基礎，而它本身卻非訊息。感覺不是傳譯，而是傳譯所預設的事件；在此，感覺主體與事件有真正的接觸，雙方融為一體。感覺的時刻就是主體走出自我，並與存有合而為一的時刻。

接著，他談到「身體主體」的觀念。身體對自己而言，不再是一般客體。我「有」我的身體，我也「是」我的身體。這是因為擁有即是被擁有，兩者有合一的關係。我的身體是我擁有其他一切的先決條件，身體賦予我體認及關注世間萬物的能力。我的過去並未消逝，也記錄在我的身體上。由於身體，我與別的主體也產生「臨在」關係。

馬塞爾強調創造力，他說：「存在即是存在得更多。」創造是參與及分享存有，既不是純被動也不是純主動。「我們在給與時接受；給與已是一種接受的方式。」要常使自己處於可被滲透的狀態中。無臨在，則無創造。離開宗教、藝術與形而上學，人生只是虛無。

他把形而上學當成一種驅除失望之魔的法術，進而提出「希望哲學」。先說失望，失望的主體是「他」，「他」是我與你對話時談及的第三者。他不是交談的對象，而只是交談涉及的內容，是拒絕與人溝通者。他處於「有」（不等於「是」）的層次，是物化的人，是不存在的東西。至於希望的主體則是「你」。你是開放的，隨時準備為人服務，能夠無私地愛人，也願為愛而犧牲自己。

形而上的希望是超出「有」而滿足於「是」的。它預設了主體際性。馬塞爾在《明日之亡者》寫道：「愛一個人，就是對他說：你啊，你不會死。」形而上的希望選擇了存有，躍入了

＊臨在

所謂「臨在」是要打開封閉的心，肯定在眼前的人是個與我相互平等的主體。

大自由。失望者囚禁於時間中，沒有出口；形上的希望則走進最大的「是」中。

馬塞爾擅長以戲劇及隨筆體裁來表述他的哲學觀念，內容生動而發人深省，同時也凸顯了法國哲學家的專長與特色。

馬塞爾軼事

馬塞爾母親早逝，他說：「在我的一生中，母親似乎一直神祕地留在我身邊。」他見識過幾次靈媒事件。他三十歲結婚之後才化解了孤獨之感。他的宗教啟蒙老師是巴哈的《受難曲》，四十歲歸依天主教。他在得知現象學運動之前，已經採用類似的方法在寫作了。

＊馬塞爾名言

．愛一個人，就是對他說：你啊，你不會死。

沙特：由自我承擔一切責任

沙特（Jean-Paul Sartre, 1905-1980），法國人，生於巴黎，幼年喪父，因病而右眼失明。自小養成自由思考及叛逆性格。由於長輩信奉天主教而言行不一，使他最後成為無神論者，他畢業於法國高等師院，結識終身伴侶西蒙・波娃（Simone de Beauvoir，《第二性》的作者）。曾就學於胡塞爾門下。二次大戰期間，從事地下抗德運動。一九六四年獲頒諾貝爾文學獎，但是他由於堅信無政府主義而拒絕領獎。

代表作有《存有與虛無》、《沒有出口》、《存在主義是一種人文主義》、《辯證理性批判》等。有人如此評論：「齊克果對宗教態度的要求過於嚴苛，使許多自以為虔誠的人形同無神論者；沙特對無神論者的看法太過荒涼，使許多人因而轉向宗教。」沙特是公開使用「存在主義」一詞的人，但是被他列入此派的人（如雅士培、海德培、馬塞爾）都公開與他畫清界線。

西蒙・波娃

＊代表作品

沙特的代表作品有《存有與虛無》、《沒有出口》、《存在主義是一種人文主義》、《辯證理性批判》等。

沙特批評笛卡兒的「我思故我在」是反省的意識，把自我設定為對象，以致無法跨出自我的範圍去肯定客體與他人。人類思想的出發點應該是「前反省的意識」；這才是基本材料，一開始就是主體與對象同時呈現。一切意識都是「意識到某物」，因為意識本身並無內容。自我是在反省意識中才獨立出來，作為一個人全部經驗與活動之基礎與來源。反省意識使人有可能隱藏自己，避開意識之無限制的自由，逃避到一種固定的行為模式中。這是一種「壞的信念」。

沙特認為，存有物可分為兩種：在己與為己。所謂「在己存有物」，是指意識所意識到的「某物」，它是什麼就是什麼。「在己」本身沒有意識、沒有本質、沒有價值，是完全偶然而荒謬的，它只是「在那兒」。不僅如此，意識可以賦與意義給「在己」，這是工具性的意義，在己本身永遠是無謂的，既偶存又無目的可言。換言之，人類以外的萬物都是在己存有物。至於「為己存有物」，則指意識本身而言。意識不是存有物，而是「非存有物」，它是經由對存有物之否定（虛無化）而出現的。意識的活動即是虛無化的過程。虛無進入世界所憑藉的存有物，必須是它自己的「無」。人即是「無」藉以進入世界的存有物。

沙特

為己的存在方式有二。⑴時間性：人永遠在籌畫自己的未來，時間不是一種由過去向將來的流逝，而是一種從將來出發之永恆的否定。⑵超越性：人的超越性來自人的缺乏，比如人有各種欲望，不過，人應該向無上的價值與圓滿的自我可能性去超越。這個目標在有生之年，終究無法企及。

人是價值的創造者，因而必須對自己的行為負全部責任。絕對自由帶來絕對責任，由此顯示人的尊嚴與意義。其次，個人意識到自己在為自己也為全人類做出選擇時，這種責任感帶來了焦慮。人無論如何選擇，都無法證明自己的選擇是合理的，而每一次選擇的後果也是難以預見的。有些人陷於「自欺」（壞的信念），亦即：⑴該選擇而不選擇，把自己混同於無意識的物；⑵否定自己的自由，認為自己只能按既定的要求行動；⑶信奉一種決定論。

沙特對「別人」的看法如下：⑴別人是另一個不是我的我，是我所不是的人。別人可以把我當成對象或客體，使我的自由消失，使我感到羞愧。每個人都力圖保持自己的主體性，而把別人當成客體、物件，甚至奴隸。人與人之間不可能互為主體，而只能是「主奴關係」。⑵至於我與別人的具體關係，最糟的情況是：「別人即是地獄。」沙特認為：神是「在己兼為己」，是存有物與意識合而為一，而這是個矛盾的概念。神不可能存在，它是「別人」概念推至極限所出現的。他毫無疑問是個無神論者，剩下的工作全在人自己。人是「存在先於本質」，必須以存在抉擇來決定自己所擁有的本質。人要為自己也為全人類負責。像這種悲壯的描述，確實讓人感到不少壓力。

＊沙特名言

．人必須選擇自己的路，沒有任何標準可以遵循。

．選擇時，人就替自己創造出價值，而拖延選擇就會形成自欺。

．存在先於本質。

．自由是指：我總是超越現在的我，並將一切實際在我之物化為空無。

．存在是一種選擇成為自己的可能性。

沙特軼事

沙特兼擅文學與哲學，獲得一九六四年諾貝爾文學獎。他得獎之後，面對成群記者，公開宣布：「上帝已死！」這其實是尼采早就說過的話。他並未像尼采一般倡言超人思想，而是提醒人們覺悟必須自負其責。他與西蒙·波娃雖未結婚卻廝守終身。他去世時，巴黎數以萬計的民眾為他送葬。

卡繆：從荒謬走向幸福

卡繆（Albert Camus, 1913-1960），生於法屬北非阿爾及利亞，一歲喪父，母親當女傭維持家計。他就讀於阿爾及爾（Algiers）大學哲學系時，開始組劇團，撰寫散文與小說，畢業後擔任記者，一九四二年在巴黎參加地下抗德運動。他的小說《異鄉人》受到沙特大力推薦，認為是探討荒謬的經典之作。他陸續出版各種文學作品，於一九五七年獲得諾貝爾文學獎。他的作品中有一顆不滅的太陽，就是對人類以及人生的愛。他要尋求幸福，也要為人類尋求幸福。

卡繆年輕時所經歷的世界，大都是不幸的一面，所以他對「荒謬」深有體悟。他的代表作有《異鄉人》、《西齊弗斯神話》、《瘟疫》、《反抗者》等。他對荒謬的剖析十分深入，充分反映了現代人的存在感受。

首先，他是以荒謬為思考的出發點。他說：「我是在從事方法上的懷疑，試圖造成一種有如白紙一般的無瑕心態，作為建構一些東西的基礎。」他以尼采（Nietzsche, 1844-1900）的論斷來對照自己的心得。尼采說：「上帝死了，我們自由了。」他則說：「上帝死了，我們的責任更重了。」

其次，對生命的熱愛，離不開對生命的絕望，人在面對「死亡、世界、他人、自我」時，常常覺得難以溝通而滋生荒謬之感。不過，卡繆肯定，「人」一旦發現了荒謬，就不免想寫一本幸福手冊。「幸福與荒謬是大地的兩個兒子，他們是不可分開的。」他繼續探討，得出以下

＊代表作品

卡繆一生的代表作品有《異鄉人》、《西齊弗斯神話》、《瘟疫》、《反抗者》等。他對荒謬的剖析十分深入，充分反映了現代人的存在感受。

三點觀察：⑴荒謬是一種對峙與遭遇，人要求理解，但世界卻表現不可理喻的沉默。⑵荒謬是一種關係，荒謬既不在人，也不在世界，而在於兩者的共同出現。它是連結也是離異。⑶荒謬的三合一現象：荒謬、理性、世界，這三者合而為一，代表人類存在的真實處境。

然後，面對荒謬的下一步呢？《西齊弗斯神話》原是希臘神話故事，描寫西齊弗斯（Sisyphus）被宙斯懲罰，必須推石上山，但是石頭會自動滾下山腳，所以這種懲罰是永無止期的。卡繆藉此比喻人類徒勞無功的一生。他在此書開頭說：「真正嚴肅的哲學問題只有一個，就是自殺。」我們面對荒謬時，只有兩個選擇：離開（自殺）或留下來。要緊的是去發現：人如何離開，以及人為何留下。他反對兩種自殺：身體的與思想的。他認為，自殺是一種誤解。人不但不必自殺，反而要由此推出三個結論：⑴我的反抗：肯定荒謬，無異於表示反抗現狀，人們應該團結以對抗共同的命運，他說：「我反抗，所以我們存在。」⑵我的自由：既然荒謬，我就沒有顧忌，可以全力創造幸福，甚至以生活的量取代生命的質。⑶我的熱情：我可以放手尋求人類大愛。他說：「一個沒有愛的世界，就是一個死了的世界。」這種推論源自卡繆早期的信念：「幸福不是一切，人還有責任。」

卡繆提出一套「反抗哲學」。他在《反抗者》一書中談到兩種反抗：⑴形而上的反抗。要思考：人能否在反抗中活下去？人能否什麼都不信而活下去？在哪裡我能感到是我的家鄉？以及人怎能沒有法律而生活自由？⑵歷史性的反抗。形而上的反抗推翻了上帝，然後人的權力欲失去了約束，人類歷史的發展就是明證。黑格爾的價值觀認為，人性以及目前的一切，只是走到最後局面的手段；馬克思則以烏托邦式的經濟理想作為人類的遠景。換言之，人類不信上帝之後，尚未找到自己的未來。

在卡繆的規畫中，他要由荒謬走向反抗，再由反抗走向自由。遺憾的是，他於一九六〇年車禍身亡，未及完成理想。即使如此，他在反抗期已經歸納一些重要的觀點，他肯定生命是美

＊《西齊弗斯神話》

原典是希臘神話故事，描寫西齊弗斯被宙斯懲罰，必須推石上山，但是石頭會自動滾下山腳，所以這種懲罰是永無止期的。卡繆藉此比喻人類徒勞無功的一生。

＊卡繆名言

- 幸福不是一切，人生還有責任。
- 攀登頂峰，這種奮鬥的本身就足以充實人的心。人們必須相信，登山不止就是幸福。

好的，人在尋求新的神明並探詢生命的意義。他認為人類合一是可能的，所以要樂觀地奮鬥。他說：「在這些黑暗的盡頭，必有一線光明出現。我們已可看到跡象，只待我們繼續奮鬥以促其實現。在廢墟中，我們每一個人都在準備迎接虛無主義彼岸的新生。」卡繆曾經撰文批判存在主義，而他自己卻被列為此派學者，這或許也是一種無奈的荒謬。

卡繆軼事

卡繆與沙特在二次大戰時一起參加抗德運動。有一次在咖啡館辯論「人有無絕對自由」。卡繆最後說：「沙特先生，如果人有絕對自由，請問你能否向納粹舉發我是抗德分子？」沙特沉吟良久，然後說：「不行。」卡繆於一九五七年獲得諾貝爾文學獎，可惜於一九六四年車禍身亡。

＊《異鄉人》

這本小說中，卡繆投注了他的「哲學」思想。通過主角以「第一人稱」的寫法，來暢敘他面對的生活、母親的死亡、甚至對自己殺死一個無冤無仇的人的「無所謂」。他行動的「動機」，不在於任何「平常人」均會被影響的「情感」，而是如同「動物」般，最原始的「五官」刺激。

德日進：對人類寄予厚望

德日進（Pierre Teilhard de Chardin, 1881-1955），法國人，十八歲加入天主教耶穌會，接受哲學與神學教育。受柏格森《創化論》的啟發，認為創造與演化並非對立，物質與精神也可以聯繫。一九一一年升任神父，一九二二年獲古生物學博士，翌年到中國從事地質學考察研究，參與周口店挖掘工作，鑑定其為「北京智人」。他的代表作《人的現象》與《神的氛圍》皆在留居中國期間完成，但在他死後才出版。

德日進受過科學、哲學與神學的訓練，可以從宏觀角度思考人生問題。首先，整個宇宙是一場大的演化活動。宇宙能量的總和是固定的，可以稱為量子。能量是指「可以改變結構者」，能量與結構不可分。演化需要以能量轉化為熱量，這時一方面有切線能（tangential energy），又稱結合能，是同一層次各物之間的結合力量，如原子與原子結合，細胞與細胞結合，使軀體趨於複雜化。同時還有輻射能（radial energy），又稱「向心能」，是向前、向上的力量，使無機物成為有機物，內在逐漸趨向意識化，直到出現人的意識。換言之，人在宇宙的演化中居於關鍵位置。

德日近提出兩個重要觀點：(1)複構意識定律：當一物之結構趨於複雜時，抵達某一程度就會出現意識。(2)反省之門檻：意識達到反省程度，可以意識到自己，亦即出現自我意識，這時就形成了人。

＊《人的現象》

是一本很傑出的人的傑作。德日進是一位耶穌會神父，也是一位卓越的古生物學家。在書中他實現了三重的綜合——物質、物理的世界與心智、精神的世界的綜合；過去和未來的綜合；以及複雜眾多的和統一單獨的相綜合。

他在《人的現象》中做了全面描寫。

一、宇宙一直在演化之中，並且朝著一個方向。它的特性是集中的、進步的、往而不返的。它有如一種生生不息的成長，而成長的各階段皆依循三個步驟：發散、收斂、凸顯。

二、宇宙最初是由一次突然的「爆炸」而發散出一大堆顆粒，有質子、中子、正子、介子等，然後形成各式各樣的原子與同位素。接著，各種異質的原子開始收斂，再凸顯成為分子；分子再經發散、收斂、凸顯，產生複雜的新分子，可以新陳代謝及繁殖，此即細胞。

三、由細胞再經由類似的三個步驟，形成了植物與動物，如此一直到人的出現。但由於人跨過了反省的門檻，使宇宙演化的方向有了轉捩點。這是演化本身的覺醒。從人開始，宇宙的歷史轉入收斂的階段，人類在愛的力量下結合，奔向完全的奧米茄點（Omega point），形成終極的凸顯。

四、宇宙能量的總和是不變的，但是在萬物演化過程中，不論是物理或化學變化，都是把能量轉為熱量，如此可能陷於熵（entropy）的結局，這是熱力學第二定律的說法。所謂熵，是指在一封閉系統中，能量轉為熱量而發生變化時，熱量無法全部轉回成能量，亦即有一部分無法再做工，演變到最後，宇宙終將成為死寂。

五、切線能使萬物趨於複雜，同時輻射能使內部意識提升。在面對熵的危機時，人的出現是演化的臨界點。人有自我意識，可以思考與抉擇，藉此避開危機。人是「演化覺知了自身」，「就像長大的孩子一樣，我們發現世界經過我們而拓展；在這個大牌局中，我們既是玩牌的人，又是被玩的牌。我們一放手，什麼也沒有了」。

德日進認為，生存之道在於：首先，人類應該攜手合作，形成大綜合。由認知著手，大家同心同德。其次，人要走向「超級位格」，由愛來統合萬物及提升人格。然後，化解心物的隔閡，拋開物質的束縛以投向宇宙精神結局，亦即信仰。創造不是當下立刻完成的，而是一個逐

＊代表作品

德日進的代表作《人的現象》與《神的氛圍》皆在留居中國期間完成，但在他死後才出版。

漸結合的過程。創造即是結合，基督是此一過程的基礎與核心，開始與終結。因此，這個世界對上帝而言，不是可有可無的。除了罪惡，人類所做的一切均有神聖意義，有助於完成「宇宙基督化」的過程。他的宗教立場十分鮮明，他說：「在我看來，地球的整個前途，正如宗教，繫於喚醒我們對未來的信念。」

德日進軼事

德日進是天主教耶穌會的神父，在演化論方面頗有個人意見，所寫有關「原罪」的文章不合教會正統立場，以致他的著作曾在教會中列為禁書。他於一九五〇年膺選為法國科學院院士，但仍受到保守派人士批判。他在中國度過一生中美好的時期，寫下了代表作。在他死後，著作才發揮較大的影響力。

＊德日進名言

．人類對自己的未來必須負責，除了團結互助之外，別無他途。

李維—史陀：結構主義的代表

李維—史陀（Claude Lévi-Strauss, 1908-2009），法國人，巴黎大學畢業，獲法律學位與助教資格。曾在巴西教學及從事田野考察。後來回法國擔任人類學及社會學教授，並於一九六八年獲頒法國最高學術榮譽。代表作有《親屬的基本結構》、《憂鬱的回歸線》、《結構人類學》、《野性的思維》、《神話邏輯》等。他以地質學、心理分析學與馬克思主義為自己的三個「愛人」。他認為這三者都主張：所謂「理解」，就是把實在界由一種樣式還原為另一種樣式。真正的實在界絕不是最明顯的。問題只有一個，就是：理智與感覺之間的關係。

他是「結構主義」（Structuralism）的主要代表，而結構主義在現代哲學占有一席之地，因此特別加以介紹。所謂「結構」，不只是某些元素及其特質的聚合體，而是一套有組織的，可以因應變化的系統。此一系統是內在自足而對外封閉的。簡單說來，結構包含「整體性、移形轉化與自動調節」三個概念。凡物皆有結構，人的世界也不例外。因此，當沙特宣稱「存在先於本質」，好像人有完全的自由可以自我抉擇時，李維—史陀提醒他，別忘了自己是受到特定的社會與家庭的結構所制約的。

李維—史陀研究初民（保持原始生活形態的族群），其目的是要建立「關於人的普遍科學」。他的信念是：「人創造了他們自己，就像他們創造了家畜的種類一樣，唯一的區別在於前者的過程沒有那麼自覺或主動。」這近似馬克思（Karl Marx, 1818-1883）所說：「人創造了

＊代表作品

李維—史陀的代表作有《親屬的基本結構》、《憂鬱的回歸線》、《結構人類學》、《野性的思維》、《神話邏輯》等。

自己的歷史，但並不知道他們正在創造歷史。」

語言是人類獨一無二的特徵，因此它構成了文化現象的原型。也構成了全部社會生活形式藉以確定的現象之原型。「誰要談論人，就要談到語言；而談到語言，就要談到社會。」整個文化其實是一種「巨型」語言。李維—史陀對親屬關係、神話與「野蠻人的思維」都有獨到的見解。

以親屬關係來說。在一個社會中，父子關係與舅甥關係是此消彼長的。一方為嚴峻（尊敬），另一方則為慈愛（和善）。其次，再加上兩組，舅甥關係之於兄妹關係，正如父子關係之於夫婦關係一樣。這些關係有如語言以文字來溝通，也是為了交換。他以亂倫禁忌為出發點，把外婚（與外人通婚）解釋為交換女性的一個系統，並由此勾畫出一個普遍的理論，用以說明：禮物、女性，以及其團體間交換往返的媒介，全都發揮了記號般的功能。這種親屬關係的系統，其社會功能本身是「結構的」，用以保證社會的恆久存在。此系統的結構無異於語言的結構。

再以神話來說。在原始社會的治療行為中，巫醫給病人一種「語言」，藉以表達其他方式無從表達的心理狀態。此一語言的轉化，導致生理過程的運作，使病人朝著有利的方向重新組織起來。在神話中，任何行為都可能發生。神話思維總是從對立的意識出發，朝著對立之解決前進。其中「無意識的思維範疇」是我們全部世界觀的基礎與框架。「這種神話思維的邏輯，與現代科學的邏輯一樣嚴謹。……它們之間的差別不在於智力發揮的質量，而在於其對象的性質。」

至於野蠻人的思維，可以藉熊族為例。認定「我是一隻熊」，其實是在說明「關於世界，關於個人在世界上的地位，他與世界上其他所有萬物與其他人的關係」。因此，「我是一隻熊」這句話不是非邏輯的，而是讓人融入周遭世界所需要的一個代碼。這種思維有創造結構的

＊《野性的思維》

人類學家李維—史陀的特長領域是原始社群的社會、神話、思維與歷史結構。《野性的思維》是他最完備、最深刻的作品，主要研究未開化人類的「具體」與「整體」思維特點，力申這種思維與開化人偏向抽象的思維並沒有「原始」與「現代」或「初級」與「高級」之別，而是人類歷史上始終存在、平行發展、各司文化職能、互補互滲的思維方式。全書在人類學之外，兼及語言、邏輯、社會

力量，由此產生了圖騰制度。依美國蘇族印第安人所說：「世上萬事萬物不過是連續不斷的創造力之物質化了的形式。」這一切的目的都是「要以完整形式把握現實的兩個側面：連續與中斷」。面對不斷流逝的時間，我們需要一種停滯而「中斷的」時間之瞬間感，這一瞬間既在時間「之中」，又在時間「之外」。在這個瞬間我們領悟了實在界的真相。

李維—史陀的結構主義在社會學、人類學、語言學等方面都有可觀的影響，在哲學領域也應受到一定的重視。

李維—史陀軼事

李維—史陀有效地遏止沙特式存在主義在法國蔓延。他指出，沙特的思想受其個人生活環境的結構所制約，並不像沙特所想像的那麼自由。他對社會科學各個領域的研究，使他擁有多方面的視角及較大的發言權。

學、心理學、美學、歷史、哲學，如事物命名與分類、結構與社會的關係、自然與文化的關係、個體名稱與一般名稱的關係、藝術形式與內容、歷史概念的辨析等問題，哲學、科學、藝術、文學的語言交相為用，蔚然可觀，是一本哲學意趣豐富的理論人類學傑作。

加達默爾：矢志探求真理

加達默爾（Hans-Georg Gadamer, 1900-2002），德國人，父親為自然科學教授。大學期間，受胡塞爾與尼采的著作啟迪，從學於海德格，才使他豁然開朗，要回溯古希臘哲學，尋找「開始」。以研究柏拉圖獲哲學博士學位。二次大戰期間，他刻意與政治保持距離。一九四九年赴海德堡大學接替雅士培的講座。一九六〇年出版《真理與方法》，成為一代名家。他的思想可分三期。⑴早期：鑽研古希臘哲學，尤其是柏拉圖的政治學與倫理學，是「政治詮釋學」時期。⑵中期：發展「哲學詮釋學」系統，從存有學角度探討藝術、歷史與語言。⑶晚期：注意「實踐哲學」，剖析人生、社會、科學、理性、善等題材。

首先，詮釋學（Hermeneutics）是什麼？這個詞源自希臘神話中的傳訊神赫爾美斯（Hermes），要把訊息傳到人間，讓人類理解。詮釋學是探討「理解」與「解釋」（以語言表述）的學問。一般用於人文科學的方法上。海德格在《存有與時間》中，主張人的存有之基本模式不能離開語言，亦即理解與解釋。加達默爾引申說：人心中的一切活動（如認知、審美、道德、信仰、情緒等）都是「理解」的一種模式。人的存有基本上即是理解，探討理解的性質即是探討人的存有。哲學詮釋學即是人的存有性之存有學，由此可形成普遍的哲學。

在《真理與方法》中，加達默爾認為，近代哲學隨著科學的進步而走偏了，以致方法論意識演變為一種控制意識。方法成為目的，而真理則被人疏遠。「要方法？還是要真理？」成了

＊詮釋學

這詞源自於希臘神話中的傳訊神黑姆斯，要把訊息傳到人間，讓人類理解。詮釋學是探討「理解」與「解釋」（以語言表述）的學問。一般用於人文科學的方法上。

令人困惑的難題。加達默爾想找到通往真理的「非方法之路」。他採用現象學與辯證法。現象學是「無成見的，純粹描述現象的態度」；辯證法則是思維的基本規則，由正反合的方式質疑自身，再超越自身。因此，他並非反對方法，而是反對方法學主義。

加達默爾剖析西方的各種真理觀，做了扼要的說明。(1)符合論：一命題或判斷與客觀實際狀況相符合，即是真；這是從亞里斯多德以來的觀點。(2)融貫論：一命題的真理性取決於它是否與該命題系統中的其他命題相一致；此為近代理性論者（如史賓諾莎）的立場。(3)實用論：以詹姆士為代表，他說：「只要我們相信一個觀念對我們的生活是有益的，它就是真的。」(4)語義論：試圖由現代邏輯的角度為真理做語義上的規定，但此派並未涉及真理的實質。(5)多餘論：認為真理問題來自語言混淆，亦即「真、假」為多餘的，將它們刪去並不會造成語義上的損失。

加達默爾回歸古希臘，以真理為除去遮蔽（aletheia）。存有是真理的基礎，真理是去蔽與揭示。他進而以藝術來說明「真理即存有」。藝術就是認識，但它不是感性認識（此為科學所需），也不是理性認識（此為倫理所需），也不同於一切概念的認識，但它「確實是一種傳達真理的認識」。藝術立足於自身，並且敞開自身；它歸屬於世界，並且展示世界。這種展示永遠沒有完成。藝術揭示了世界與大地的鬥爭，但正是這兩者的結合，才真正構成了真理的本質。

在探討人文科學中的「理解」時，他指出理解有「先在結構」。任何理解與解釋都有賴於理解者的「前理解」，其結構有三：先行所有（人的文化背景、傳統觀念、風俗習慣等），先行所見（人皆有其特定的觀點與視野，否則無法著手理解），與先行把握（人已有之觀念、前提與假設）。此一前理解即是成見，是我們向世界敞開的有偏見的態度。人知道自己不可能中立，就會敞開心胸。成見與文本同化，出現視野融合，將產生新的理解。

＊《存有與時間》

海德格的作品。於一九二七年出版，是二十世紀西方哲學中最重要的鉅著之一。它立足於胡塞爾現象學奠立之嶄新理論基礎，重新思維一個西方哲學傳統中最古老的問題：什麼是「存有」？本書沒有為此問題提出解答，但它隱含的洞見卻開出了後來的存在主義、哲學詮釋學和解構主義思潮，啟發沙特等人的思想發展，對其他人文學科具有深遠的影響。它是西方哲學史上最晦澀的著作之一。

總之，加達默爾認為：(1)語言即是世界觀，能被理解的存有者即是語言；語言是存有之開顯。(2)語言是個動詞，代表交談，有如某一事件的過程。(3)真理一如存有，恆在開顯之中。

加達默爾的觀點在整個人文科學領域都有深遠的影響，詮釋學作為一種方法論，已成為當代顯學。

加達默爾軼事

加達默爾大學期間閱讀史賓格勒《西方的沒落》，減少了歐洲中心主義的傾向。他接受完整的哲學訓練，博士論文為《柏拉圖對話中欲望的本質》。他受海德格啟發最大，把海氏存在觀點應用於詮釋學與藝術領域而收穫甚豐。

***加達默爾名言**

- 能被理解的存在就是語言。
- 真理一如存在，恆在開顯之中。
- 存在是真理的基礎。

里克爾：詮釋人性深度

里克爾（Jean-Paul Gustav Ricoeur, 1913-2005），法國人，自小父母雙亡，以烈士遺族身分念完大學。廣泛閱讀文學、哲學與神學作品。二次大戰時被俘，關在集中營五年。對雅士培與馬塞爾皆曾深入研究。戰後在大學教書，子女五人和樂度日。一九五七年執教於巴黎索爾本（Sorbonne）大學，每年解讀一位哲學大家。他體驗到人的行動是在時間中展開成為歷史，他的任務就是藉由語言來講述。代表作有《意志哲學》，探討了意志與非意志，有限性與有罪性，內容涵蓋「會犯錯的人」與「惡之象徵」。另有《時間與敘事》、《自我宛如他者》等。

在意志哲學方面，里克爾指出：人的自由與有限性之間，存在著一種弔詭。首先，我有自己的個性，那是不可分割的內在本性。用問卷調查去研究它，還不如採取自我反省的方法，由想像的實驗去嘗試不同的感受與動機，反省我所使用的言語之轉折、字源與隱喻等。這是個獨特而不可模仿的自我。因此，一方面我受制於自己的個別性，另一方面我仍有選擇的自由。我的生命是被體驗到的而不是被認識的。生命有其必然性，亦即非我所能選擇的部分（如：無意識層次）。簡單說來，(1)自由是一種無限的可能性連結著一種結構性的偏執；自由是一種有限制的無限性，「它是不可分割的存在能力，也是被規定的存在方式。」(2)人是自由的，但又不得不同意無意識中的要求。(3)有生命才有自由。

里克爾深入探究了「惡」的問題。人是有限的，在其基本結構中就具有「犯錯可能性」。

*代表作品

里克爾一生的代表作品有《意志哲學》、《時間與敘事》、《自我宛如他者》等。

*《意志哲學》

本書探討了意志與非意志，有限性與有罪性，內容涵蓋「會犯錯的人」與「惡之象徵」。

在知覺、欲望、受苦與行動中，人都向著世界開放，由此顯示人的有限性。「犯錯可能性」是一個機緣，使惡的出現成為可能；它也是一個起源，由惡再引申出痛苦、死亡等題材。從神話研究，可知人的道德惡（或罪）往往來自更大力量的誘惑，使人在行惡時，會感到一種被動性，以致在犯罪時會自覺也是個受害者。受罰固然是罪有應得，但有時是集體的過錯所造成的。那麼人應該怎麼辦？在行動上要向惡挑戰，減少犯罪即可減少別人受苦；在感受上，要告訴自己：我不知道為何有惡，但事情就這麼發生了，世界上本來就有偶發狀況。如此可使抱怨轉化為自我在靈修上的努力。里克爾認為，原罪其實不是罪，而是人濫用自由意志，想超越自己的界限，甚至不惜脫離與上帝的關係。痛苦、罪惡與死亡，是由原是「神性肖像」的人自我封閉，因而墮落所造成的結果。地獄是人完全自我封閉，陷入完全痛苦的狀態中。

里克爾要藉由三重辯證（反省與分析、自性與同一、自性與他性）來重建一套「自我的詮釋學」。首先，要經由語言分析之迂迴以達到對自我的反省。我們對身體的經驗主要是屬於自我的被動性的經驗。這種被動性是自我與世界的中介。其次，自我的內涵表現於敘事文中。人的一生故事有如一篇敘事文體，是由人物的自性與眾多劇情相結合的整體。人須經由行動而敘事，再由敘事而達到倫理。這是因為人的行動總須考量其他人的行動，一人行善則另一人受益。超越在個別行動之上，還有整個生命敘事的統一性。由此綜合了人一生的行動與企畫之善與惡，理想與現實，藉以體現一個人的自性。

里克爾接著經由「他性」之辯證來說明「自性」。他認為，所謂倫理意向是「在正義的制度中，與他人並且為他人而共度善的生活的意向」。如何肯定他性呢？(1)身體即是原始的他性，有身體才有「我能」，才有我要如何的可能性。(2)有他人才有人際互動關係，他人「宛如」我一樣，可以自稱為「我」。(3)良心是自我的幻象與自我見證的真實之間最佳的交會之處。這樣的良心既來自於自我，又超越了自我。

＊里克爾名言

・「原罪」是「罪之源」。

・為了相信，我們必須理解；但為了理解，我們必須相信。

里克爾是強調文本與敘事的詮釋學家，他的立論所觸及的都是人性較為深奧的一面，對當代的文學理論與心理分析學派產生重大的啟迪。

里克爾軼事

里克爾中學時期廣泛閱讀蒙田、巴斯卡、斯湯達爾、福樓拜爾、托爾斯泰、杜斯妥也夫斯基等人的作品，他後來重視文本並提出敘事文理論，皆與此有關。他考大學時哲學只得到七分，但後來經由個人學習並與同代學者互動而成為一代名家。

哈伯馬斯：經營批判理論

哈伯馬斯（Jürgen Habermas, 1929-），德國人，年輕時經歷了法西斯主義的興衰，戰後的紐倫堡大審，以及有關集中營的事件評論等衝擊，特別關心政治題材。就讀哥丁根大學，二十五歲得博士學位。德國有法蘭克福學派（Frankfurt School），哈伯馬斯是第二代的主將，結合「批判理論」與當代社會問題（如輿論結構、資產階級興衰、科技管理、社會的非政治化傾向等）。他的主要貢獻是把批判理論重建為「溝通理論」。代表作有《理論與實踐》、《知識與人類興趣》、《歷史唯物論的重建》與《溝通行動理論》等。

他所關心的問題包括：(1)反省傳統知識論、實證主義知識論、詮釋學，以及馬克思知識論。他主張人類知識之所以可能，是奠基於人的自然性、社會性與歷史性的存在結構上，並經由人的興趣所形成。(2)反省科技與科技主宰的意識，指出在高度發達的工業社會中它已成為普遍的意識形態；進而探討在這樣的社會中，由於國家積極介入社會各層次的運作所形成的「合法性危機」的問題。(3)經由批判理論反省西方的傳統意識形態，再配合溝通理論提出「理想的言說情境」來化解意識形態的問題。(4)指出馬克思主義歷史唯物論的局限性。

哈伯馬斯認為：人之所以為人，乃是透過勞動與溝通互動來完成的。人經由勞動與自然界形成統一的關係，但不可忽略人須進而統合在社會中。人作為人，不能單獨存在，而是「他為別人而存在，與別人為他而存在」。人有三種作為生活動機的興趣，由此建構三種學問：(1)

＊代表作品

哈伯馬斯代表作有《理論與實踐》、《知識與人類興趣》、《歷史唯物論的重建》與《溝通行動理論》等。

技術的興趣，使人從事工具性勞動，形成以自然為認知對象之經驗及分析的學問。(2)實踐的興趣，使人從事互動或溝通，形成以理解為認知對象之歷史及詮釋的學問。(3)解放的興趣，使人從事解除社會宰制的活動，形成人如何去掌握社會之批判的學問。他走的是第三條路。

他特別注意「意識形態」（Ideology）的問題。所謂意識形態，是指在一種細心安排的歷史觀的主導下，形成一套在邏輯上具有一致性的符號系統，這套符號系統把個人對周遭環境的認知、評估以及對未來的憧憬，與團體的行動綱領和策略連結起來，以便維繫或改變社會。在具體操作上，意識形態要告訴群眾：(1)什麼是最好的社會秩序及未來目標；(2)為何這個目標是最好的；(3)如何透過具體的策略或行動綱領來達成此一目標。

哈伯馬斯試圖透過人類「理性的重建」以及理想的言說情境之確立，來解消意識形態的問題。方法是肯定人可以進行自我反省，並與別人形成和諧的、無宰制的溝通情境，由此引發人的批判理性。

關於溝通理論，哈伯馬斯認為，一個人說話要能與人做有效的溝通，必須具備以下幾項條件：(1)可理解性：所說的語句必須符合文法規則。(2)真實性：內容所指涉的對象與所陳述的事實，皆確實為真。(3)真誠性：要真誠表示意向，以取得聽者的信任。(4)適切性：所說內容符合聽者所遵守的規範系統，使聽者得到共識並且願意接納。在溝通行動中，較難把握的是真實性與適切性，因而需要反覆討論。

那麼，如何建立理想的言說情境？他認為方法有五：(1)溝通雙方在機會平等的基礎上都可以發言；(2)雙方在解說與陳述時，要容納對方的檢討與批評；(3)雙方可使用表意言詞，說明自己的意圖，以求得相互的了解；(4)雙方可使用規範性言詞，藉以排除只對單方面具有約束力的規範及特權；(5)言說的目的是讓人可以理性、自主、負責地思考與溝通，擺脫不必要的意識形態。

＊《溝通行動理論》

哈伯馬斯所提出的《溝通行動理論》，可以防止「工具理性」的過度膨脹及達到以建立「理性共識」的方式，解決社會和政治上的衝突。

本著作計有四個主題：理性理論、溝通行動理論、社會合理化之辯證及現代性理論，其中又以理性問題的探討是核心問題，其他均附屬於理性問題而展開。哈伯馬斯的「溝通行動」不是一般的分類概念，而是一種理念型。

總之，哈伯馬斯認為：理性的人不可缺少歷史意識或者脫離社會互動的情境。批判理論使人得以反省及超越各種意識形態，溝通理論則可進而化解不同利益階級之間的障礙，促成更和諧的社會關係。由此看來，這套觀點並非沒有普遍的應用價值。

哈伯馬斯軼事

他的名字與德國法蘭克福學派連在一起。一九二三年法蘭克福大學成立「社會研究中心」，探討史學與經濟學、社會學與心理分析。此中心於一九三三年流亡美國，一九五〇年遷返法蘭克福，探討「批判理論」，到一九七〇年代影響力消退。哈伯馬斯是此派第二代的主將。

＊哈伯馬斯名言

・哲學最重要的任務，就是展示激進的自我反思的力量。
・自由的表現在於遵守一定程序的言談規則。

德希達：擅長解構的怪才

德希達（Jacques Derrida, 1930-2004），法國籍猶太人，博士論文研究胡塞爾，在法國教書。當時法國知識界有現象學與結構主義兩大派別對峙。現象學試圖理解「經驗」，方法是把握與描述經驗之誕生，以及它由起源或事件所發生的過程。結構主義則主張經驗的深刻意義在事實上只能是結構所生的效應，而結構本身並非經驗的對象。德希達質疑雙方，他說結構不是非有誕生過程不可嗎？起源（誕生的起點）為了促成某物之誕生，不是非有結構不可嗎？他想化解雙方的爭議，結果走上「解構」之途，成就一家之言。

他的代表作有《書寫與差異》、《言說與現象》、《文字科學論》、《各種立場》等。當代一些哲學名家批評他的哲學是偽哲學或字詞遊戲，傅柯（M. Foucault）還指摘他是反啟蒙主義者，根本無法接受別人的批判。

德希達的寫作有兩個策略：脫軌的溝通與不可確定性，有如「病毒」。病毒使生物界中的溝通陷入混亂的失序狀態，它使基因訊號之組成與解碼的傳遞過程發生變化，逸出常軌。不僅如此，病毒並非一種微生物，它不是生物也不是非生物。循著上述探索可以找到德希達開始寫作以來所有作品的共同模型。他要挑戰傳統以來各種二元對立性（如：生與死、心與身、男與女、正與反、今與昔等）推而至於白與黑、主與奴、善與惡、文明與原始、白人科學與黑人魔法等。試問：原本處在秩序體系之下的舒適感，一旦無法恢復而陷於不確定性時，你該怎麼

＊代表作品

德希達的代表作品有《書寫與差異》、《言說與現象》、《文字科學論》、《各種立場》等。

辨？

在剖析言說與書寫的優劣時，他借用希臘文的藥（pharmakon）字，它有良藥與毒藥雙重意義。太陽神說：「養成書寫習慣的人，將不再訓練他們的記憶力，變得容易遺忘；他們將依賴書寫的外在符號而非自己內在記憶事物的能力。他們提供的只是智慧的表象而非真相。他們看似博學，其實無知。他們甚至會變得難以相處，他們所擁有的只是自以為明智的驕氣，而不是真知。」書寫成為不確定性的代表。

言說比書寫更接近思想，但思想本身不是充滿二元對立的不確定性嗎？德希達要破壞傳統形而上學思考的基礎，瓦解它對合理性（logos）的追求。他認為呈現（presence）無所不在，而言說合乎呈現之要求。相對於此，書寫則是「不呈現的」，它與讀者決裂，讀者已死。即使在言說中也不可忽略：意指（感知的部分，可見可聞者）與意符（思考的部分，如概念與意義）之間必有「差異」存在。無差異則無法辨認一物。在書寫與言說中，任何元素能夠運作，都建立在其他元素的「痕跡」上。其他元素以不呈現的方式呈現出來。於是所有的語言都受到不確定性的影響，而西方形而上學也由此被顛覆了。

一切都不確定，溝通如何可能？他認為要靠脈絡，但脈絡即使存在，其中心點也是游移的，無法完全支配意義的決定權。這種觀點頗能描述今日各種互相對立的團體之間的無奈狀態。德希達在學術界已成為「解構主義」的代表人物。解構（deconstruction）又是什麼？「解構不是你所想的那回事，不過『你在想』這個動作也可能就是『解構』這回事。」解構原本是雙向的，即使事物混亂失序，又為它重新安排整理。

「解構」堅持在形上學二元對立的模式之間游走。這個身分不明的無形怪物，已在哲學領域之外，如病毒一般擴散發展到文學、藝術、建築、政治、法律等領域。比如，他說藝術家是盲目的，畫家即使面對模特兒，在描繪圖形的當下，他也無法看見他的對象，而是憑藉記憶中

＊《書寫與差異》於一九七二年問市，本書為德希達眾多著書中最有影響力的一部。此書揭示「書寫」的不透明、中介特性，以及文字傳達意義的延宕、挪移，及後設性。

的印象。

德希達最後宣稱：「『解構』一詞不會被無限制地使用，它終究會有把自己消耗殆盡的一天。」不過，解構的趨勢是把所有我們曾經接受的一切，都要加以質疑。這種立場與當前流行的所謂「後現代主義」不謀而合。所有依理性而建構的價值與觀念，現在都成了問題。德希達的見解並非憑空幻想。

德希達軼事

德希達在法國高等師院遇到阿爾杜塞，聽過傅柯的課。他的著作引起廣泛討論。一九八六年他到美國加州大學擔任人文學教授，並在耶魯等校講課。一九九二年他在嚴重爭議的情況下，得到英國劍橋大學名譽博士學位。他的解構思想頗能反映後現代社會的心靈狀況。

＊後現代主義

是一個從理論上難以精準下定論的一種概念，因為後現代主要理論家，均反對以各種約定俗成的形式，來界定或者規範其主義。現在在文學批評、心理分析學、法律學、教育學、社會學等許多領域，均就當下的後現代境況，提出了自成體系的論述。他們各自都反對以特定方式來承繼固有或者既定的理念。

羅爾斯：以正義理論知名

羅爾斯（John Rawls, 1921-2002），美國人，普林斯頓大學畢業，參加過第二次世界大戰，戰後再攻讀博士。任教於美國名校，一九六二年起在哈佛大學教書，直到退休。他專心研究社會正義問題，繼承洛克、盧梭與康德的社會契約論，並加以修正，他的《正義論》內容涉及社會學、經濟學、政治學、法律學、倫理學等學科，成為二次大戰之後西方倫理學與政治哲學領域中，最重要的理論著作。

人類在自然狀態下，靠合作才可以生存發展；合作建立在契約上，個人由此交出部分權利以組成政府。社會契約是政治權威的合法性以及政治義務的基礎；由此可以引申說，它也是一種道德義務，等於允諾要遵守自己先前的約定。羅爾斯在這樣的基礎上，進一步探討正義問題。正義是社會制度的首要價值，它要負責的保障平等的公民自由與權利義務、解決個人利益之間的衝突、推進所有公民的利益等。由於自然的與社會的資源有限，每個人的要求無法全部得到滿足，所以要有正義的社會基本結構。在此基礎上，人們可以追求各自的生活遠景。

他提出設計制度時的「無知之幕」。意即：(1)這是假定中的人類原初狀態。任何人都不知道他在社會中的地位，不知道他在先天資源、智力、體能等方面的運氣，甚至不知道他特定的善觀念或特殊的心理傾向。(2)每個人都是有理性的，但對他人的利益不關心，也沒有仁愛等道德因素。(3)在無知之幕的後面，所同意的原則絕不會與平等互利的社會合作衝突，也不會使某

＊羅爾斯名言

．正義即公平。

．幸福與快樂，利益與善，是同一個概念。

．人生的終極目的是：盡力免除痛苦，在質與量兩方面盡多地享受生活。

些人享受較大利益而損害另一些人的生活遠景。設定無知之幕的目標是：所有社會上的價值或基本善（如：自由與機會、收入與財富、自尊的基礎）都要平等地分配，除非對其中某些價值的不平等分配是合乎每一個人利益的。

《正義論》的首要原則是：最大平等的自由原則。每個人都有平等的權利，擁有最大程度的基本自由。公民的基本自由包括：政治自由（選舉與被選舉擔任公職的權利）、言論與集會自由、良心與思想自由、行動自由、依法不受任意逮捕與剝奪財產的權利。

第二個原則包含兩部分：一是社會及經濟的不平等，將採取某些措施：(1)它們對每個人都有利；(2)它們是隨附著職位與工作的，而這些職位與工作對所有的人都是開放的。這稱為機會公平的平等原則。二是要使社會上的弱勢成員（處境最不利的人）獲得最大的利益，這稱為「差別原則」。在一般情況下，公平機會原則優先於差別原則。

《正義論》的依據是「原初狀態」。它是指在其中所達成的任何契約都是公平的狀態，是一種各方在其中都是作為道德人的平等代表，並且選擇的結果不受偶然因素或社會力量的相對平衡所決定的狀態。在客觀上，沒有一人能控制所有的人，並且社會的某些領域有所匱乏，不足以滿足所有的人。在主觀上，大家的利益相近，合作則可產生明顯的利益。簡單說來，只要彼此漠不關心的人們，對中等匱乏條件下社會利益的劃分提出互相衝突的要求，這時就出現了要求正義的環境。在無知之幕的遮蔽下，每個人都不能不為所有的人做選擇，由此推出程序正義。

總之，人具有互相冷漠的理性，也具有有限的利他主義。人們既不想利人又不想損人，既不嫉妒也不虛榮，不為愛或怨所驅使，而只是出於為自己贏得最高指標的基本社會善的考慮而做選擇。

那麼，羅爾斯在調和自由與平等的衝突上是否成功呢？關於自由，要確定政治自由權使弱

＊《正義論》

羅爾斯撰寫《正義論》時，三易其稿，終成二十世紀下半葉倫理學、政治哲學領域最重要的理論著作，於一九七一年正式出版發行，旋即在學術界產生巨大回響。據統計數字顯示，全球共有約五千餘部論著專門對其研究討論。

者可以避免強者壟斷立法過程，並維持最低生活水平，再逐步改善。關於平等，則肯定機會公平優先於差別原則，使平等與效率不致衝突。他的理論可以自圓其說，但是作為前提的「無知之幕」則有空中樓閣之嫌。

效益主義

由邊沁（一七四八—一八三二）首先提出，所謂「效益」，是指一物有利於當事者求福避禍的特性。幸福與快樂無異，利益即是善。效益原則是當我們贊成或反對任何一種行為，所考量的是該行為是增加還是減少當事人的幸福。彌爾（一八〇六—一八七三）增益此說，認為效益或最大幸福原則是道德生活的根本。人生目的是：盡力免除痛苦，在質與量上盡可能享受生活。

邊沁

彌爾

***邊沁**　英國哲學家、法學和社會改革家。他是最早支持功利主義（即效益主義，是倫理學中的一個理論。提倡追求「最大幸福」）和動物權利的人之一。著有《道德與立法原理導論》、《經濟科學的哲學》等書。

羅爾斯軼事

羅爾斯是二十世紀美國哲學界的代表人物。他求學與任教的都是美國一流大學，他從二十世紀五〇年代起，就專心研究社會正義問題，接續了歐洲近代社會契約論的傳統，再加以修訂補充，使其更能適合今日的社會現狀。

隆尼根：新經院哲學的代言人

隆尼根（Bernard Lonergan, S. J. 1904-1984），加拿大人，十八歲加入天主教耶穌會，接受修道院訓練，倫敦大學畢業之後赴羅馬深造，獲神學博士學位。對哲學、神學、文學皆有良好基礎。此後陸續任教於羅馬格瑞高里安（Gregorian）大學、美國哈佛大學與波士頓學院。他的治學背景代表天主教內部的典型，他的哲學體系遠紹中世紀經院哲學，屬於現代的新經院哲學。由於上述特定條件，我們可以經由他的觀念而了解基督徒（至少十億天主教徒）的哲學認知。

隆尼根一生治學有三個階段：⑴吸收傳統哲學：對希臘與中世紀哲學，以及新士林學派做深入研究，著有《恩寵與自由》、《心語》。⑵融合當代思潮而自創體系，著有《洞察》，試圖經由哲學反省找到適當的神學研究法。⑶神學方法論：著有《神學方法》。由於他的宗教背景，哲學與神學顯示深度關聯性，一如中世紀哲學家之所為。差別在於他有清楚的方法意識。

隆尼根倡導的新方法是「普遍化的經驗方法」（Generalized Empirical Method，簡稱GEM）。他認為這種立場是批判的實在主義（critical realism）。「實在主義」是說我們對事實與價值可做出真實判斷；「批判的」是指：他把認知與評價活動奠基於對意識的批判上。這種方法是要在意識中找到根源，以推展出所有的意義與價值，再由此構成人的位格、社會秩序與歷史發展。

＊代表作品

隆尼根一生的代作品有：《恩寵與自由》、《神學方法》、《心語》、《洞察》。

他在《洞察》中探討認知問題。首先，要對人的認知活動做一種自我的體認，亦即要主動去發現、印證、熟悉個人的認知活動。基本做法是：⑴要問「什麼是知識」而不問「知識是否存在」；⑵要研究主體的認知行動，而不研究客體的被認知內容；⑶要對人的認知結構做自我體認；⑷這種自我體認是循序漸進的；⑸要以教學法來做示範。

其次，人的認知活動可以分為四層，就是：⑴經驗：以感官經驗為主，產生想像，要問「這是什麼？」⑵理解：由洞察而形成概念，再表達出來，要問「是否屬實？」⑶判斷：反省的洞察，判斷其為肯定、否定或不定。⑷抉擇：選擇與實踐。以上是針對每一次的認知活動所作的分析。整體而言，人的內心對認知有不同階段的要求，它們出現在認知的各層次之間。

我們對認知的要求有以下四種：⑴系統要求：介於經驗與理解之間，要了解一物的本質意義及其所屬事物的來龍去脈。⑵批判要求：介於理解與判斷之間，要印證其理解的準確性，視其是否合乎事實本身。⑶道德要求：介於判斷與抉擇之間，要問：是否值得？它將決定道德人格之提升與否，並判斷所抉擇的是否應當。⑷超越要求：以上三種要求可以統合於一個最根本的「求知欲」上，它使人想知道一切的一切，亦即存有的理念。此時要問：什麼是存有？

上述關於認知的探究，最後凝聚為三種歸依或轉向。首先是知性的歸依：它主要來自系統要求與批判要求，接著要求探討宇宙與人生的奧祕，想把握完整的系統，以造就全面的智慧。其次是道德歸依：在知與行的配合上，人希望成就高尚人格，正視價值之高低，為善去惡，不斷向上提升。最後是宗教歸依：在超越要求中，人有一股永不止息的求知欲，它凸顯了人無法滿足任何現況而渴求那絕對無限的「存有、一、真、善、美」。隆尼根以「宗教歸依」一詞來描寫人正視其終極關懷而改邪歸正、投奔正道，與至高境界冥合，以達到生命的徹底轉化與聖化。這種歸依顯示以下現象，就是：對終極關懷的覺悟、對彼岸呼召的嚮往、對自身罪咎的懺悔、對成聖目標的接納，以及在成聖之路上的無為體認，要放開自我以求神人合一之境。

＊《洞察》 此著作被命名為「隆尼根的認知理論」，共分為兩卷，卷一處理「我們認知時發生什麼」，卷二是：「我們在認知時有什麼東西被認知」。此書的主要目標在於對個人的認知結構做一個自我分析了解。

隆尼根的理論自成一套完整的系統，在西方哲學的發展上，表現了承先啟後的特色，為中世紀哲學從人的整體（身心靈）來看待「愛智」的立場，提出了新的版本。

❖ 隆尼根軼事

隆尼根的思想屬於當代的新經院哲學。此派哲學自馬雷夏以來就使用康德的先驗方法，對於當代的現象學方法也不排斥，但是探究的主題總是環繞著完整的人性需求，要建構人與絕對者之間的適當關係。就「愛智」而言，這是合理的關懷，但是預存的基督徒答案難免讓人感到疑慮。

＊隆尼根名言

‧人與生俱來一種超越要求，指望得到終極圓滿。

‧要正視價值之高低，取高捨低，為善去惡，不斷向上提升。

列維納斯：珍惜我與他者關係

列維納斯（Emmanuel Levinas, 1906-1995），法國籍，生於立陶宛的猶太家庭。自幼接受俄國文化教育，大學期間熟習法國哲學，曾赴德國師從胡塞爾，一九三〇年獲博士學位，結識馬塞爾、沙特等人。五〇年代探討猶太教經典，長期執教於巴黎大學，與里克爾相善。代表作有《時間與他人》、《從存有到存有者》、《整體與無限》、《倫理與無限》等。

他從存在主義對「存在」的描述中，發現自我意識的主要背景像是沒有光的一片漆黑，亦即體驗了「一切都消失了」的黑夜。他說：「當事物的形狀融化在黑夜裡時，既非對象亦非對象性的黑暗就擴展在眼前。我們被固定在黑暗中。在黑夜中，我們與任何事物都無關。這個『什麼也不是』不是純粹的無，既不是這個也不是那個，不是『什麼』。但是這種普遍的不在場卻反而顯現出來，絕對而不可避免地顯現出來。」他想描述什麼呢？

泛泛地說「有我存在」，無異於自我消失的體驗，有如面對「什麼都不是的某物」的恐懼。真正可怕的不是純粹的虛無，而是那無休止的存在悲劇。比如，小孩獨自在房中，感覺「微微作響的安靜」，產生無法言說的恐懼。所謂失眠，就是被那無名字又無人稱的在場某物所扼住，也就是置於一種清醒狀態，那是沒有自我的領域。

列維納斯認為，這種處境可以推源於傳統形而上學為了追求整體性而把「他者」化約為「同一」，因而錯估了差異性。「他者」有兩種：一是可以被化約為自我的相對他者；二是

＊代表作品

列維納斯的代表作品有《時間與他人》、《從存有到存有者》、《整體與無限》、《倫理與無限》等。

徹底的或絕對的他者，不能被化約為自我或同一。列維納斯的哲學試圖保護他者免受同一侵害。

他者不是第二我，而是我所不是的。他者的唯一內容即是他的相異性。我與他者的關係不是融合，而是「面對面」。他者顯示了不同的「面貌」。面貌的原意是臉，它不只是表面所見的，也包含整個人在內。面貌是一種外在的無限，只有在它向我呈現時，我才能與他者發生真實的關係。不過，面貌是不可把握的，它把你引向彼岸。面貌不是眼睛可見，而是突然出現在我面前。這與我對外物的關係完全不同。他者有如「神明顯示」，對我不是無關緊要的，只有這種顯示才能把一種意義帶入存有之中。

列維納斯由此建立他所謂的倫理學。這種倫理學「是一種關係，在這種關係中，一人與另一人的結合，既不是憑藉信任建立起來的綜合，也不是通過主體與客體所建立的聯繫。在這種關係中，一人對另一人或者舉足輕重，或者相關，或者有意義。他們是被一種謀畫（複雜因緣）維繫在一起的，理性既不能使之消退，也不能使之結束。」面貌向我打開門窗展現他自己的面容，所以我必須對他表示敬意。面貌會「說話」，但又是抽象的，他避開了內在性，但又沒有固定在世界的地平線上。於是，面貌把我引向外在，促使我與存有決裂，向我宣告「無限」的降臨是我必須正視的事件。因此，我與他者的關係就成為一種超越的關係。列維納斯肯定「倫理學是第一哲學」，每一個人都要為一切人負責。

關於上帝，列維納斯說：「我是通過人與人的關係來確定上帝，而不是採取相反的途徑。……當我應該對上帝說些什麼時，我總是從人的關係出發。」他還說：「上帝不能與我相遇，而是處在我的期待之中。正因為我永遠期待上帝，上帝確實存在。」他所期待的是「未受存有玷污的上帝」。

上帝與人不是關係的兩端，兩者之間是一種「沒有關係的關係」。上帝只是在「他者」身

＊《時間與他人》

列維納斯在《時間與他人》、《整體與無限》等書中，對「他人」的概念都進行了精彩的闡述。他賦予「他人」及其與「他人」概念密切相關的「面貌」等久而有之的古老概念以原有的魅力，並且與他自己獨有的精神融會貫通。

上閃爍不定，既不是在場也不是全無，而是蹤跡。上帝顯示自身，是作為一種蹤跡而不是作為一種存有學的在場。上帝作為絕對的他者，閃耀在我們與他人的相遇之中，只有通過人與人的倫理關係談論上帝才有意義。

列維納斯的哲學深富宗教情操。他堅信只有愛可以對抗及超越邪惡。來到思想中的上帝，正是「愛」這種神聖精神的代表，祂在「無限」的道路上召喚著每一個人。

列維納斯軼事

一九一八年俄國爆發十月革命，一九二三年列維納斯全家遷往法國。他在史特拉斯堡大學受教於布隆德，同時學習涂爾幹的社會學與柏格森的生命哲學。他在五〇年代初期結識猶太教士蘇沙尼，由此深為猶太教育精神所吸引。他的作品展現了極有深度的人文主義與宗教情操，帶給世人許多啟發。

＊列維納斯名言

- 面貌是一種外在的無限，只有在它向我呈現時，我才能與他者發生真實的關係。
- 只有愛可以對抗及超越邪惡。
- 當我應該對上帝說點什麼時，我總是從人的關係出發。

伊利亞德：描述神聖境界

伊利亞德（Mircea Eliade, 1907-1986），生於羅馬尼亞東正教家庭，幼時喜歡昆蟲與植物學，以歌德（Goethe, 1749-1832）為效法典型，後來接受文學、文字學、哲學與比較宗教學的訓練。就讀於布加勒斯特（Bucharest）大學哲學系。一九二八年赴印度留學，研習梵文與印度哲學。一九三三年獲博士學位，論文為《瑜伽、不死性與自由》。後來移居巴黎，在索爾本大學講授比較宗教學，主要學術著作皆以法文出版。一九五八年到美國芝加哥大學任教。他創辦了兩份哲學期刊：《宗教之歷史》與《宗教學刊》，還擔任《宗教百科全書》總編輯。代表作有《宇宙與歷史：永恆回歸的神話》、《入門儀式與符號》、《比較宗教之類型》、《聖與俗》、《宗教觀念史》等。

他提出「宗教人」（homo religiosus）概念。有宗教信仰的人，他們的時間與空間都是異質的。時間可分為聖時與俗時，前者是循環的與重現的，後者是直線式的，一去不復返。空間亦可如此區分，比如世俗空間是可以互相替換的。相對於此，近代人受理性與科學影響而忽略此一分辨，把時空都當成同質的。

這種分辨的關鍵在於：聖界（the Sacred）之顯現，亦即顯聖。他說：「宗教最主要不是意指上帝、諸神或鬼魂的信仰，而是對聖界的經驗。」聖界使人意識到生命的來源、實在性、力量、存有、意義等。聖界與俗界之間有辯證關係，亦即聖界經由世俗之物來顯示自身，但在顯

＊代表作品

伊利亞德的代表作有《宇宙與歷史：永恆回歸的神話》、《入門儀式與符號》、《比較宗教之類型》、《聖與俗》、《宗教觀念史》等。

示時也遮蔽了自身。顯聖的媒介「無所不包」，涵蓋生物層面（如飲食、交媾、繁衍）；藝術表現（如舞蹈、音樂、詩、畫）；職業與貿易（如打獵、農耕、營造）；科技（冶金、醫學、天文、數學、化學）。

他進一步說明聖界與俗界的辯證性：⑴顯聖之物可以是任何一樣世間萬物；⑵當某一存有物顯示聖界時，他既參與周遭俗物的存在秩序，又與它們在價值秩序上「區分」開來。此外，「並不因為某物曾經成為顯聖的中介，它就永保尊榮；沒有任何一物永遠穿戴顯聖的光環，也沒有任何一物永遠隔絕在顯聖氛圍之外」。

因此，宗教人需要「中心」，表示他對顯聖的鄉愁，由此再推出「原型」與「重複」的關係。有中心才有存在與價值，這是「初民存有學」的特色。中心在空間上使混沌（chaos）成為秩序（cosmos），使宇宙得以出現。這時構成的是「原型」，亦即最初發生的諸神故事（神話），成為往後宗教人「重複」的典範。要使未知的異鄉成為「我們的」世界，它首先必須「被創造」，就是透過儀式行動模仿諸神對宇宙的創造。世界中心可以位於至聖所、廟宇、聖山、城市、林園、身體等處，因為人總希望住在世界中心，因為「聖界是真實、力量、靈驗、生命根源與繁殖力」。中心凸顯了異質空間。

那麼如何使人重返起源呢？藉由宇宙創生在每年周期的再生，因此新年慶典就是神聖時間，亦即世界誕生的時間起源。藉由儀式參與世界的終結與再造，讓人們進入與創世的「那個時刻」同一個時代，由此得以重生。

伊利亞德精研各大宗教傳統，由此可以看出，人類在愛智之途上錯過了初民那種既完整又能回溯根源的心態。他提出清晰的批判，認為現代人以歷史為直線進展，因而對於歷史上的罪惡與苦難束手無策，只能視之為命定事件來接受。但是歷史的發展看來每況愈下，人類還有何希望？這不是「歷史的恐怖」嗎？不僅如此，現代社會出現了各種「偽裝」的聖界，把國家或

*《聖與俗》是伊利亞德生前最重要的著作之一，書中運用現象學來探討宗教現象的本質性意義，其目的是要從世上各宗教的現象中，尋求共同的、核心的內在意義。書中伊利亞德的聖顯類型與宗教象徵系統思想包含一個伊利亞德思想的核心：「原型」及其「重複」的關係。

意識形態當成絕對之物，要求個人為它犧牲。他憂心那些不再具有宗教感受的人，由於認定歷史無意義而肆意胡作非為。因此，人類需要「永恆回歸」，要經由儀式回到原初狀態。

簡單說來，現代人陷入一去不復返的時間之流中，在世間又找不到中心點可以依靠，於是淪為失落意義的人。伊利亞德所宣稱的「異質」時間與空間，正是為了拯救時代危機。每個人都可以由「區分」著手，找到對自己更具神聖感的時間（如：生日或特別的紀念日）與空間（如故鄉或昔日的學校），再繼續探尋「終極」根源。人來自存有，又何必對存有絕望？這是現代人普遍可以感受到的「對存有的鄉愁」。

伊利亞德軼事

伊利亞德是當代最博學又最有創見的宗教學家。他探究多種古代文明，提出「初民存有學」的觀點。他重視宗教所展示的人類精神向度，因為那是人類走上超越之途的必經之路。他從極其繁複的宗教儀式與神話資料中提煉出人類共有的精神願望，對受困於現代文明的人類是一線曙光。

＊**《宇宙與歷史》**

本書旨在探索人類的脫除「歷史」的欲動力，藉由不斷地反覆「回歸（神話及宗教的）初民原型」，來重新汲取存在需要的能源，更新此生此世。本書是伊利亞德一生理論的入門書，更是重要的宗教及神話學經典。

附錄

西方哲學編年資料略記

西元前

九〇〇—七〇〇年　荷馬完成史詩《伊里亞德》與《奧狄塞》。
七七六年　首次泛希臘的奧林匹亞運動會在奧林帕斯山舉行。
七五〇年　希臘人擴大對地中海地區的殖民化政策。
七〇〇年　赫西奧完成《神譜》、《工作與時日》。
六〇〇年　泰勒斯活躍時期，哲學的誕生。
五七〇年　安納齊曼德活躍時期，發展宇宙論。
五四五年　安納齊門尼活躍時期，提出變化原理。
五二五年　畢達哥拉斯建立學社，綜合科學與宗教。
五二〇年　贊諾芬尼斯活躍時期，對擬人化的多神論提出質疑。
五〇〇年　赫拉克利特活躍時期，提出萬物流轉及宇宙邏各斯之說。
四九九年　波斯人侵略希臘之戰。
四九〇年　希臘人在馬拉松戰役擊敗波斯軍隊。
四八〇年　希臘人在撒拉米戰役擊敗波斯軍隊。
四七八年　雅典全盛時期開始。
四七二年　愛斯奇勒士完成《波斯人》，希臘悲劇誕生。

四七〇年　巴門尼德活躍時期，肯定不變的實在界。
四六九年　蘇格拉底誕生。
四六〇年　安納薩格拉活躍時期，提出宇宙心智的概念。
四五八—四二九年　雅典由伯里克利斯執政
四五〇年　辯士學派出現。
四四六年　希羅多德編寫《歷史》。
四三一—四〇四年　雅典與斯巴達的婆羅奔尼撒戰爭。
四三〇年　德謨克利特活躍時期，提出原子論。
四二七年　柏拉圖誕生。
四〇四年　斯巴達擊敗雅典。
三九九年　蘇格拉底受審與死刑。
三八七年　柏拉圖在雅典建立學院。
三八四年　亞里斯多德誕生。
三六七年　亞里斯多德開始在柏拉圖學院的二十年學習。
三四七年　柏拉圖去世。
三四二年　亞里斯多德在馬其頓輔導後來的亞歷山大大帝。
三三五年　亞里斯多德在雅典成立利西翁學院。
三二三年　亞歷山大大帝去世，希臘化時代開始（直到大約西元後三一二年）。
三二二年　亞里斯多德去世。
三二〇年　懷疑論者皮羅活躍時期。
三〇六年　伊壁鳩魯在雅典建立伊壁鳩魯學院。
三〇〇年　芝諾在雅典建立斯多亞學派。
一四六年　希臘被羅馬征服。

六〇年　魯克雷修斯出版《物性論》，闡述伊壁鳩魯的宇宙原子論。
四四年　西塞羅完成哲學著作。羅馬統治者凱撒被暗殺。
三一年　奧古斯都擊敗對手，羅馬帝國開始。
四年　耶穌誕生。

西元後

二九年　耶穌被釘死在十字架上。
四〇年　斐羅活躍時期，綜合猶太教與柏拉圖哲學。
六四—六八年　基督徒開始遭受大迫害。
一二〇年　斯多亞學派的埃比克泰特活躍時期。
一四〇年　托勒密的大綜合論與四本數學原理為古典天文學與占星學奠下基礎。
一五〇年　猶斯定初步綜合基督宗教與柏拉圖主義。
一六一年　斯多亞學派的奧雷流士成為羅馬皇帝。
一八〇年　伊內奈烏斯批判當時盛行的諾西斯主義。
克利門擔任亞歷山卓的教理學校負責人。
二〇三年　奧利真接替克利門之位。
二三二年　普羅提諾開始在薩加門下的十一年學習。
二三五—二八五年　蠻族入侵羅馬帝國。
二四八年　奧利真為基督宗教辯護。
二五〇—二六〇年　基督徒受迫害。
二六五年　普羅提諾在羅馬從事教學與寫作，推廣新柏拉圖學派。
三一二年　君士坦丁大帝歸依基督宗教。

三二五年　君士坦丁大帝召集的尼西亞大公會議，建立正統的基督宗教教義。
三五四年　奧古斯丁誕生。
三七〇年　匈奴入侵歐洲（直到四五三年）。
三八六年　奧古斯丁歸依基督宗教。
四三〇年　奧古斯丁去世。
四七六年　西羅馬帝國滅亡。
五二四年　波埃秋斯完成《哲學的慰藉》。
五二九年　雅典的柏拉圖學院關閉。
六二二年　伊斯蘭教形成。
七八一年　卡洛琳王朝文藝復興，確定七門人文學科為中世紀教育的基本課程。
八六六年　愛留根納寫成《大自然的區分》，綜合基督宗教與新柏拉圖主義。
一〇五四年　西方羅馬拉丁教會與東方拜占庭希臘教會宣布分裂。
一〇七七年　安瑟姆完成《合理信仰的冥想》。
一〇九〇年　羅塞林傳授唯名論。
一〇九五年　教宗烏爾班二世發動第一次十字軍東征。
一一七〇年　巴黎大學成立，牛津與劍橋也成為學術中心。
一二〇九年　天主教方濟會成立。
一二一六年　天主教道明會成立。
一二二五年　多瑪斯誕生（一二七四年去世）。
一三〇〇—一三三〇年　密契主義在萊因河流域流行，艾克哈特活躍時期。
一三〇四年　佩脫拉克誕生。
一三〇五年　司各特在巴黎教書。
一三一〇—一三一四年　但丁創作《神曲》。

一三一九年　奧卡姆在牛津大學教書，其唯名論於一三三〇—一三五〇年在牛津與巴黎流傳。

一三三七年　英國與法國的百年戰爭開始。

一三四七—一三五一年　瘟疫橫掃歐洲。

一三七八年　天主教大分裂時期，三位教皇互爭（直至一四一七年）。

一四四〇年　尼古拉發表《論博學的無知》。

一四五二年　達文西誕生（一五一九年去世）。

一四五三年　土耳其人占領君士坦丁堡，東羅馬帝國結束。

一四五五年　古騰堡聖經出版，印刷術革命開始。

一四七〇年　費奇諾（佛羅倫斯柏拉圖學院院長）完成柏拉圖《對話錄》第一本拉丁譯文。

一四七三年　哥白尼誕生（一五四三年去世）。

一四八三年　馬丁·路德誕生（一五四六年去世）。

一四八六年　米朗多拉發表《論人的尊嚴》。

一五一三年　馬基維利寫成《君王論》。

一五一六年　湯瑪斯·摩爾發表《烏托邦》，伊拉斯莫斯完成《聖經》新約拉丁譯本。

一五一七年　馬丁·路德在威騰堡提出「九十五條論綱」。

一五三四年　英王亨利八世與教會分裂，英國國教成立。馬丁·路德完成《聖經》德文譯本。

一五四〇年　天主教的依納爵·羅耀拉創立耶穌會。

一六三二年　伽利略發表《關於兩種主要世界體系的對話》。

一六三七年　笛卡兒發表《方法論》，對近代哲學影響深遠。

一六四四年　笛卡兒完成《哲學原理》。

一六五一年　霍布斯發表《巨靈論》，以國家為巨靈。

一六七〇年　巴斯卡完成《冥想錄》，其中提出對上帝存在之賭注論證。

一六七七年　史賓諾莎發表《倫理學》，以幾何學方式予以證明。

一六八七年　牛頓發表《自然哲學的數學原理》，奠定了古典物理學的基礎。
一六九〇年　洛克發表《人類悟性論》。
一七一〇年　貝克萊寫成《人類知識的原理》。
一七一四年　萊布尼茲發表《單子論》。
一七二四年　康德誕生（一八〇四年去世）。
一七二五年　維科發表《新科學》。
一七三四年　伏爾泰發表《哲學書信》；波普發表《論人》。
一七四七年　拉美特利發表《人是機器》。
一七四八年　休姆出版《人類悟性研究》；孟德斯鳩出版《法律的精神》。
一七四九年　歌德誕生（一八三二年去世）。
一七五〇年　盧梭發表《論科學與藝術》。
一七五一年　法國學界在狄德羅與達朗貝的領導下，百科全書開始出版。
一七六二年　盧梭發表《愛彌兒》、《社會契約論》。
一七六九—一七七〇年
　貝多芬、黑格爾、拿破崙、賀德齡、華茲華斯誕生。
一七七六年　美國獨立。亞當．史斯密發表《國富論》。吉朋寫成《羅馬帝國衰亡史》。
一七七九年　休姆發表《關於自然宗教的對話》。
一七八〇年　萊辛寫成《論人類教育》。
一七八一年　康德出版《純粹理性批判》。
一七八四年　赫爾德發表《人類歷史的哲學觀念》。
一七八八年　康德出版《實踐理性批判》。
一七八九年　法國大革命爆發；邊沁出版《道德與方法的原理》。
一七九〇年　康德出版《判斷力批判》。
一七九五年　席勒完成《審美教育書簡》。

一七九八年　施雷格兄弟開始出版浪漫主義期刊《雅典娜神殿》；馬爾薩斯出版《人口論》。

一七九九年　拿破崙成為法國的首席執政官；施萊爾馬赫發表《論宗教》。

一八〇〇年　費希特完成《人的使命》；謝林完成《先驗唯心論體系》。

一八〇七年　黑格爾完成《精神現象學》。

一八一五年　滑鐵盧之役，拿破崙戰敗。

一八一七年　黑格爾完成《哲學科學的百科全書》。

一八三〇年　孔德完成《實證哲學教材》。

一八三四年　卡萊爾出版《英雄與英雄崇拜》。

一八三六年　愛默生發表《自然》，開創了美國的超驗主義。

一八四一年　費爾巴哈出版《基督宗教的本質》。

一八四三年　齊克果寫成《非此即彼》、《恐懼與戰慄》。

一八四四年　尼采誕生（一九〇〇年去世）。

一八四五年　馬克思與恩格斯發表《神聖家族》。

一八四八年　馬克思與恩格斯發表「共產主義宣言」。

一八五九年　達爾文發表《物種起源》；彌爾出版《自由論》。

一八六一－一八六五年　美國發生南北戰爭。

一八六六年　杜斯妥也夫斯基出版《罪與罰》。

一八六七年　馬克思完成《資本論》。

一八六九年　托爾斯泰完成《戰爭與和平》。

一八七二年　尼采完成《悲劇的誕生》。

一八七八年　馮特在萊比錫大學建立第一所心理學實驗室。

一八七九年　弗雷格的《概念書寫》開創了現代邏輯學。

一八八三年　狄爾泰完成《關於人的科學導言》。

一八八三—一八八四年　尼采完成《查拉圖斯特拉如是說》。
一八八六年　尼采發表《超越善與惡》。
一八九〇年　威廉．詹姆士發表《心理學原理》；弗瑞澤出版《金枝》。
一八九三年　布拉德利完成《表象與實在》。
一八九七年　威廉．詹姆士出版《信仰的意志》。
一九〇〇年　佛洛依德完成《夢的解析》；普朗克發表量子物理學；胡塞爾《邏輯學研究》開創現象學。
一九〇二年　威廉．詹姆士完成《宗教經驗之種種》。
一九〇五年　愛因斯坦發表文章論述「特殊相對論」、「光電效應」等；佛洛依德完成《性學三論》；韋伯完成《新教倫理與資本主義精神》。
一九〇七年　威廉．詹姆士出版《實效主義》；柏格森出版《創化論》；鈴木大拙的《大乘佛教概說》把佛教介紹到西方。
一九一〇—一九一三年　懷德海與羅素發表《數學原理》。
一九一二年　榮格發表《無意識的心理學》，與佛洛依德產生歧見。
一九一三年　烏納木諾寫成《人生的悲劇意識》；羅依斯出版《基督宗教的問題》。
一九一四—一九一八年　第一次世界大戰
一九一六年　愛因斯坦提出「一般相對論」。
一九一七年　奧托發表《神的觀念》；蘇俄爆發革命。
一九一八年　史賓格勒發表《西方的沒落》。
一九二一年　羅素完成《心的分析》；維根斯坦寫成《邏輯哲學論叢》。
一九二三年　佛洛依德發表《自我與本我》；布伯出版《我與你》；桑塔耶納完成《懷疑論與動物信仰》。
一九二五年　杜威出版《經驗與自然》；懷德海發表《科學與近代世界》。
一九二七年　海森堡發表《測不準原理》；海德格出版《存有與時間》。
一九二八年　卡納普完成《世界的邏輯結構》；榮格發表《現代人的精神問題》。

一九二九年　懷德海出版《歷程與實在》；維也納學派宣言《科學的世界概念》發表。
一九三〇年　佛洛依德發表《文明及其不滿》；加塞特發表《大眾的造反》；布特曼出版《人與信仰的歷史性》。
一九三一年　卡西勒完成《符號形式的哲學》。
一九三二年　雅士培出版《哲學》。
一九三三年　希特勒在德國取得權力。
一九三四年　湯恩比完成《歷史研究》；巴伯發表《科學發現的邏輯》；榮格完成《集體潛意識的原型》。
一九三六年　樂夫喬伊出版《存有的大鏈條》；艾爾出版《語言、真理與邏輯》。
一九三八年　沙特發表《作嘔》。
一九三九年　佛洛依德去世。
一九三九—一九四五年　第二次世界大戰。
一九四〇年　科林伍德發表《論形而上學》。
一九四一年　尼布爾發表《人的本性與命運》；佛洛姆出版《逃避自由》。
一九四二年　卡繆出版《異鄉人》、《西齊佛斯神話》。
一九四三年　沙特發表《存有與虛無》。
一九四五年　梅洛．龐蒂發表《知覺現象學》；原子彈投日本；聯合國成立。
一九四九年　伊利亞德完成《關於永恆回歸的神話》；西蒙．波娃發表《第二性》。
一九五一年　田立克發表《系統神學》；潘霍華發表《獄中書簡》；奎因出版《經驗論的兩條教義》。
一九五二年　貝克特發表《等待果陀》；榮格出版《論共時性》。
一九五三年　維根斯坦出版《哲學探究》；海德格出版《形上學導論》；斯金納發表《科學與人類行為》。
一九五四年　李約瑟完成《中國的科學與文明》；拉納出版《神學探討》。
一九五五年　德日進完成《人的現象》；馬庫色完成《愛欲與文明》。
一九五七年　杭斯基出版《句法結構》；蘇聯發射人造衛星。
一九五八年　李維—史陀出版《結構人類學》；波蘭尼完成《個人的知識》。

一九五九年　史諾發表《兩種文化與科學革命》。

一九六〇年　加達默爾出版《真理與方法》；奎因發表《字與對象》。

一九六一年　傅柯發表《瘋狂之歷史》。

一九六二年　孔恩發表《科學革命的結構》；巴伯寫成《臆測與反駁》。

一九六七年　德希達出版《書寫與差異》。

一九六八年　哈伯馬斯出版《知識與人類利益》；里克爾發表《解釋的衝突》。

一九七九年　羅蒂發表《哲學與自然之鏡》。

一九八四年　李歐塔發表《後現代狀況》。

希臘哲學重要術語

〔Agathon〕善的事物；善；終極原理；至善

1．柏拉圖也許是受了蘇格拉底的影響，特別重視倫理學上的理型，而把善放在存在層級中的核心位置：在《理想國》，善理型居於柏拉圖式城邦的中心，而哲學家的首要職責就是沉思這個理型。不僅如此，它也是辯證學所趨向的目標。柏拉圖在後期對話錄中逐漸留意感覺世界的存在，《菲勒布斯》對善所做的一般省思可以反映這一點；其中檢討了究竟快樂與明智何者才是至善，而結論則轉而考察是否可能兼顧快樂與明智，形成「混合式的生活」。在此值得注意的，不只是理型如何融入現世生活，而且是其中出現了度量與比例，同時，對柏拉圖日益明顯的有神論系統而言更為重要的，是宇宙中清楚展現了一個超越而睿智的善因。

2．亞里斯多德對柏拉圖有關善的理論並不認同，他所了解的顯然是《理想國》的善理型之說。不過，他也接受一個柏拉圖式的善定義，亦即善是「萬物發展所針對的目標」；在亞里斯多德看來，這是指幸福而言，亦即符合德行的活動；而至高的德行是「觀想」，就是為了自身的緣故而沉思。

〔Arche〕始元；起點；原理；終極底基；終極未明原理

1．希臘哲學最先探討的是：構成萬物的基本「質料」是什麼？接著出現的相關問題是：從這個質料如何產生其他東西？亦即：什麼是本源？從本源生成萬物又是什麼意思？

2．在蘇格拉底之前，有些哲學家尋找亞里斯多德所謂的物質因或質料因，最早使用「始元」（arche）一詞的應該是安納齊曼德（Anaximander）。初步找到的質料是自然界的個別物體，如：水或濕氣、氣；不過，在安納齊曼德指出始元是某種「未定物」以後，答案就從純感覺對象跨出去，進入抽象的領域。雖然它的「未定物」明顯具有物質性，但是新的可能性出現了，就是：始元有可能是某種比感官所能覺察之物更根本的東西。這條線索引發了不少靈感，如：巴門尼德（Parmenides）認為存在的是唯一的球狀的「一」；畢達哥拉斯學派（Pythagoreans）認為存在的是幾何學與數學上的許多始元；以及路其布斯（Leucippus）與德謨克利特認為存在的是原子。

3. 當時有一派可以稱為感覺主義者的學者，在感覺對象中尋找終極而不可化約之物，最後歸結為恩培多克勒（Empedocles）所謂的四大元素：土、氣、火、水；不過，除了恩氏本人以外，很少有人認為這四者都是真正的始元。它們應該是最初始元與後來組合而成的複雜體之間的中介階段。

4. 於是探討始元轉向新的途徑。巴門尼德與恩培多克勒兩人都刻意否定變化：前者認為變化只是感官的幻覺，後者則堅持四大元素是永恆的。這種特定立場不久就受到了挑戰；安納薩格拉（Anaxagoras）與原子論者（Atomists）分別表示異議，重新肯定了「生成」（genesis），進而指出恩氏的元素有可能互相轉化。

5. 柏拉圖與亞里斯多德重新分析「生成」，駁斥了舊有的變化觀念，不再以為變化是指混合、聚集或連結；他們轉而注意安納薩格拉所提供的線索，亦即變化應與各種對立的「力量」有關。感覺主義者並不反對這種看法，因為這些力量可以在感覺上加以分辨；另一方面，這種看法也不妨順著「未定物」的線索，另外拈出一個支持變化的始元，亦即那未經定義的、無法覺知的底基。

6. 關於自然界有形物體的始元問題，至此告一段落。總而言之，就是：有一個物質底基存在，可以讓變化發生；最後，還有一個引發變化的啟動者存在。

7. 如果追溯這一切的證據，想要找出終極始元，就會遇到一個相關的問題，就是：知識的最初前提或者三段論法所依據的終極原理是什麼？對柏拉圖主義者而言，他們主張真知識是源之於內的，是人在出生之前接觸理型的結果，因此這個問題只有到了後期強調辯證學而忽略「回憶說」時，才顯得比較棘手。對感覺主義者而言，他們把一切知識都奠基於感覺上，這個問題就很嚴重了，因為為了保障知性知識的前提的有效性，他們若不仿效原子論者把感性與知性視為等同，就須像亞里斯多德一樣，把感性與知性都與直觀聯繫起來。

〔Arete〕德行，傑出品行

1.「德行」概念受到哲學家重視與討論之前，已在希臘文化中經歷了長期的演變。蘇格拉底以前的哲學家所關心的，主要是具體而有形的自然界，所以不太在乎有關德行的思考，最多只出現一些零星的意見，如赫拉克利特認為明智是至高的德行，而德謨克利特則強調德行的內在性質；直到蘇格拉底的時代，德行才真正受到哲學家的注意。

2.蘇格拉底把德行與知識畫上等號，凡是追隨他人的無不熟悉此一立場。柏拉圖所寫的幾篇「蘇格拉底影響期的對話錄」，無不設法探討對各種德行的定義；柏拉圖式的理型論很可能就是將這些定義化為實體之後的結果。在柏拉圖看來，有一個德行理型，而不同種類的德行也有一個理型。他在《理想國》描寫理想城邦所歡迎的四種「主要德行」（明智、勇敢、節制、正義）順便談到了城邦中的階級區分與靈魂中的組成部分。

3.在亞里斯多德看來，德行是一種均衡狀態（或稱中庸），他進而分辨道德上的與知識上的德行。蘇格拉底主知主義的德行觀點在此仍有痕跡，不過亞氏已承認有意志因素的存在了。對斯多亞學派（the Stoics）而言，德行的本質是「與自然和諧相處」。

〔Chronos〕時間

1.「時間」概念在哲學的宇宙論中取得一席之地以前，是以神話中的角色「克羅努斯」（Chronos）出現的，用以解釋宇宙創生的過程。天神宙斯的父親就是克羅努斯，原名是"Kronos"，後改為較常見的"Chronos"；改用此一新名的人也許是西元前六世紀的費樂西德斯（Pherecydes）。無論其起源如何，一個強而有力的「時間」成為詩人筆下的焦點，更是悲劇家所關注的對象；時間在宇宙創生過程中，不但是位居或接近頂端，而且還負責統治宇宙。

2.有一位詩人的時間觀點特別引人注目，因為他的說法與當時一位哲學家的意見非常相似。梭倫（Solon）在詩中使用「在時間的法庭上」一詞；而安納齊曼德留下的斷簡中，則有一句提及：各種元素「都將根據時間的裁定，為自己的不義行為而互相彌補對方」。

3．哲學思維脫離神話學的源頭以後，擬人化的說法就消失了；比如，詩人哲學家恩培多克勒在談到前述安納齊曼德的類似問題時，時間的擬人意味就隱而不顯了。不過，這兩位哲學家都同意的一點是：把時間置於宇宙之外，然後，再把宇宙交給時間來管轄。

4．畢達哥拉斯學派開始提出不同看法，他們認為：宇宙是一個有生命的、會呼吸的生物，同時也是提供限制之原理。在宇宙之外，充滿著未限定之物的各種顯像；宇宙不斷「吸進」未限定之物，並在它們上面加以限制。據說，在這些未限定之物中，就有時間在內。情況好像是：這種吸進過程同時也限制了原本粗糙而恆存的時間，其方法則是把時間化約為數字。時間與數字自此結緣，在往後討論時間的說法中都可以見到。

5．畢氏學派的這項見解極為重要，雖然，事實上它是經由亞里斯多德在《自然學》中的引介，才得到適當理解。它指出有一個未限定的、宇宙之外的時間，但是另有一個可以計數的、宇宙的時間，這種時間可以納入「量」的脈絡。柏拉圖依循同樣的思考路線前進，但是為畢氏學派這兩種時間觀念加上了明顯的新向度。針對宇宙之外的時間，柏拉圖借用早期哲學家描寫宇宙生命幅員的「永恆」一詞來說明，使它看起來不再像是畢氏學派未經定義的「無限定之物」（因為這其中很可能雜有某種不規則的活動），轉而像是柏拉圖筆下寂然不動的理型存在模式。至於宇宙的時間，則被等同於天界球體周期性的運轉。簡而言之，柏拉圖認為時間是永恆之持續的肖似；永恆總是定於一，而時間則不斷依數字運動。於是，一邊是永恆之穩定性與統一性，另一邊是時間之運動性與多樣性，或者更好說是時間之可以計數性；然後兩者都整合於柏氏的「模仿」（mimesis）理論中。

6．對柏拉圖與亞里斯多德兩人而言，時間與運動是在一種彼此互動的關係中，形成密切的聯繫。柏拉圖把時間與運動畫上等號，亞里斯多德對此雖有意見，但仍肯定兩者確有密切關係。亞氏贊同柏氏所云，認為最佳的衡量單位是有規則的循環運動，因為那是最原始的又是最為人所知的；不過他不像柏氏又進而斷定那就是每日的天體運行。他們兩人真正的不同之處，在於亞氏既沒有時間與永恆對比的觀念，也沒有柏氏模仿理論中德米奧格所扮演的一切機制。

7．柏拉圖認為時間是作為一種肖似或影像而存在，這種看法至少在含意上使時間獲得存有學上的地位。不僅如此，它還進而在事物的整個架構中保留一個目的，就是使人得以計數。不過，亞氏另有看法，他認為時間是「對運動的計算，依其在前與在後的情況而定」。時間不是運動的同義詞，而是必須由運動去加以計算的。並且有計算就不能沒有計算者，所以如果心靈不存在，時間也不存在。人們注意到運動的前後延續，才知道什麼是時間。

8．伊壁鳩魯學派（Epicureans）對時間哲學的貢獻，主要在於界說時間的存在模式，時間不是綜合一系列經驗才產生的心得，它是一種直接的覺知。它似乎是與事物的動作及活動有所牽連的一種性質，簡而言之，是「一種偶發的屬性之偶發的屬性」。這種分辨到了斯多亞學派就變得模糊了。因為此派認為，所有這些實物（包括時間在內）都可以劃歸「物體」之名下。不過，大體說來，斯多亞學派仍然接受柏氏與亞氏的基本觀點，只是以較為具體的「間隔」來取代數字，但仍保留時間與運動的聯繫。

9．普羅提諾相當關注時間問題，他像柏拉圖一樣，認為時間與永恆不能分開來談。凡是分開兩者而去探討的，都注定要失敗，亞里斯多德也不例外。普羅提諾認為，不能用數字或計算運動來說明時間，連柏拉圖把時間等同於天體運動的做法也不恰當。他的新觀點是要從生命角度來探討永恆與時間的問題。永恆代表可知者（或睿智界）的生命，這是一種全體的自我臨現狀態，時間則是它的退化表現，因為靈魂沒有能力接受這種全體同時出現的狀態。換言之，時間是靈魂的生命，顯示它從一種狀態進展到另一種狀態。

〔Daimon, Daimonion〕精靈，超自然的力量或實物，其存在介於神與英雄之間者

1．希臘民間宗教很早就相信有一些超自然的精靈存在，這些精靈的擬人化程度要比奧林帕斯山諸神的稍低。比如，一個人出生時，就有「精靈」附在身上，決定了他一生命運的好壞。希臘文的「幸福」（eudaimonia）一詞，在字源上即是指得到一位好的精靈。赫拉克利特曾經批判這種信仰，但是成效不大。原始宗教談到人的心靈時，就直接以精靈來代表靈魂，這大概是為了顯示精靈的神性源頭與超凡能力。蘇格拉底在談到他的「某種神物」會警告他不要做某些事時，至少不能脫離這種原始宗教的傳統背景；值得注意的是，蘇氏始終採用這個詞的非位格形式來表達，如「神性訊號」，也許這是理性主義者所做的一點修正，因為當時的信仰充斥著占卜、解夢、預言之類較為神祕的

成分。蘇格拉底與當時的人對於精靈與神明之間的區分，恐怕並不十分清楚，因為蘇氏在柏拉圖所寫的《自訴》駁斥無神論時，曾經強調：相信精靈即是相信神明。

2．以精靈為一種「守護天使」的觀念，在柏拉圖著作中仍然存在，不過民間信仰原有的宿命論色彩消失了，因為現在個別的靈魂可以選擇自己的精靈了。關於這種個別的精靈是否存在於人身上的問題，稍後的哲學界提出許多辯論。柏拉圖本人在《迪美吾斯》曾說精靈即是靈魂，類似的觀點也出現在羅馬皇帝奧雷流士的作品中。

3．不過，柏拉圖也曾表達另一種觀念，就是以精靈為介於奧林帕斯山諸神與會死的凡人之間的中介者，比如《饗宴》提到「精靈之一的」愛樂斯（Eros）。這種立場在後來的新畢達哥拉斯學派與柏拉圖學派的超越主義中，廣為流傳。真正的神明住在純淨的天界，次一級的精靈則住在較低的天空中，並且直接管轄人間的事務。

4．普魯塔克（Plutarch, 46-120）發展出一套相當完備的精靈學。由於他是典型的宗教保守主義者，所以特別追溯人們對這些中介精靈的崇拜儀式，將它推源於東方的、原始的希臘傳統，他也提到了恩培多克勒。不過他忽略了一個來源，就是希臘人與閃族傳統的接觸；斐羅（Philo）在此之前已經為文指出：希臘哲學中的精靈其實就是猶太人（或伊朗人？）傳統中的天使。

〔Demiourgos〕德米奧格，神性工匠，製造者

1．柏拉圖在《迪美吾斯》所描述的製造者，是指德米奧格；他製造了較低層次的神明、世界靈魂，以及人的靈魂中的不死部分；他以預先存在的理型為模型，進行此一製造工作。柏拉圖在《菲勒布斯》安置了一個睿智的動力因，或許就是德米奧格的寫照。不過，德米奧格不是全能的，他只是「盡可能」把宇宙造得完美，並且必須符合「必然性」所設定的條件。

2．德米奧格在後代的柏拉圖主義中，仍然扮演重要角色。值得注意的是：隨著至高的神性原理已經提升到超越領域，所以德米奧格的作用也由後續的流衍（Emanation）來執行；在斐羅（Philo）稱之為「邏各斯」，在努美紐斯（Numenius）與普羅提諾則稱之為「知性」（Nous）。諾西斯派（Gnostics，知識至上主義派）主張倫理學上的二元

論，所以特別強調德米奧格雖然創造世界，但是並未擁有關於理型的知識。

〔Dialektike〕辯證學，辯證法

1.根據亞理斯多德的說詞，辯證學是埃利亞學派的齊諾（Zeno the Eleatic）所發明的，原先的目的大概是為了支持巴門尼德所假定的正反論旨（大意是：萬物或靜或動，不能兼具兩者，而結論是以動為幻覺）。這種側重於言語的辯論術，在柏拉圖手上轉化為一種高級的哲學方法。其中聯繫的關鍵，自然是他在尋找倫理概念的定義時，所採用之蘇格拉底式的問答技巧了。柏拉圖曾經清楚描寫這種技巧為辯證的。隨著蘇格拉底的定義被具體化為柏拉圖的理型，辯證學的角色取得了核心地位，並且成為《理想國》所描述的教育設計中的冠冕：在專心研究數學十年之後，準哲學家在三十到三十五歲之間，必須認真鑽研辯證學。

2.辯證學是怎麼一回事？這個問題不易回答，因為柏拉圖先後有過好幾種想法。在《費多》與《理想國》，辯證學是經由一系列的「假設立場」而逐步趨於綜觀的上升過程，直到抵達最後結論。另外，《理想國》有一處在討論道德問題時，這個「不再需要假設的原理」可以與「善自身」劃上等號，因為其中容納了所有較低階段的假設。

3.如果，《費多》與《理想國》裡的辯證學可以稱作「綜觀的」，那麼《費得魯斯》所展示的辯證學就顯然是「析解的」。這種辯證學包括兩個不同的步驟，就是「集合」與「區分」，而「區分」的方法更在後續的對話錄中，如《辯士》、《政治家》與《菲勒布斯》，得到充分的應用與闡明。早期的辯證學看來類似「愛樂斯」（Eros）的上升運作過程，但是這裡看到的卻像是亞里斯多德式以區分來進行分類的方法；換言之，上升被下降取而代之了。雖然我們在這裡明明談的是存有學上的實體，但是同時也很清楚地跨出了關鍵的一步，走向一套概念式的邏輯學了。區分法的目標，原是要找到直接位於可感覺的個體之上的理型；在柏拉圖式的萬物架構中，理型是「真正真實者」。但是，在亞里斯多德手上，這種區分法所找到的，卻是按邏輯下降程序所抵達的「原子式理型」或「最低層次的種」。

4.柏拉圖《理想國》賦予辯證學以存有學上的核心角色，到了亞里斯多德則改弦更張，轉而留意心智的運作過程，其

最終成果是證明：辯證學不是嚴格的證明法，因為它的出發點不是真實而原初的前提，而是大多數人或聰明的人所接受的意見。這種區分的弔詭之處，其實就在於：亞里斯多德本人所採用的證明程序往往正是他所描述為「辯證的」那種程序。不過，身為一位理論家，他不喜歡辯證學，並且認為辯證學（或稱之為思想與實在界之間的混淆）也許是柏拉圖的一個敗筆。

〔Eidos〕理型，形象，建構本性者，形式，類型，種，觀念

1．「理型」一詞由柏拉圖所界定，成為重要的哲學概念；在柏拉圖之前，它早已是個常用的語詞了。在荷馬筆下，它的最初意思是指「所見到之物」、「形象」、「形狀」，並且通常是指有形可見的身體而言。蘇格拉底之前的哲學都是採用這個意思。到希羅多德（Herodotus, 484-425 B. C.）的時代，「形象」及其相關語詞「觀念」才受到使用，並且擴張其義再抽象而成「特殊性質」或「類型」。蘇西底特（Thucydides, 460-400 B. C.）有類似用法，他還在一處談到「疾病的類型」，這對當時的醫療圈起了參考作用。在此，「類型」或「觀念」顯然被當作一個專業術語，常與「力量」（潛能）連在一起使用，所指十分接近「建構本性者」。

2．不論如何解釋這些著作中的用法，學者開始用它來指涉物體的形式，而這形式與物體的外表形象沒有必然的聯繫，而是注意到物體的某種內在可知性質。

3．哲學家的思想有平行發展的情況嗎？柏拉圖與亞里斯多德都認為有的。柏拉圖簡單回顧哲學史，他說在討論實在界的性質時，分為兩大派別，一是以巨人為主，一是以諸神為主。以巨人為主的是唯物論者，在此柏氏很可能在指涉原子論傳統。另一方面，諸神被描述為「理型的朋友」，他們有一套關於超感覺實在界的理論，這與柏氏自己的觀點十分近似。他們不是埃利亞學派（the Eleatics），因為他們相信這樣的實體是多元的。

4．亞里斯多德曾對此加以探討，並且認為柏拉圖在許多方面跟隨畢達哥拉斯學派，甚至說柏拉圖只是在說詞上與畢氏學派稍有不同，然後在克拉提路斯（Cratylus，屬於赫拉克利特學派）與蘇格拉底本人的影響下，提出一些潤飾修訂而已。

5. 畢達哥拉斯學派真的是「理型」的肇始者嗎？有些人認為如此，因為《費多》顯示強烈的畢氏學派氛圍，而柏拉圖在其中首度提出這個理論。但是這種觀點的證據十分有限，而亞里斯多德的說法也只有那麼一句，頂多再加上他所做的論斷，亦即柏拉圖把理型等同於數字。

6. 這個理論的源頭不在遠處。蘇格拉底對於定義倫理語詞的性質特別感到興趣，這也許是為了反對辯士學派的相對主義；但是我們有理由相信，柏拉圖的理型正是這些定義的實體化的版本。的確，在「蘇格拉底影響期的對話錄」中，可以看出蘇氏正是沿著此一方向往前推展。不過亞里斯多德又清楚地說蘇氏「並未把普遍的定義與個體分離開來」，亦即，所謂的普遍的定義尚未具備任何超越的、實存的存在。

7. 對柏拉圖而言，理型確實離開個體而存在，這可以從知識論與倫理學兩方面找到理由。赫拉克利特對柏拉圖頗有影響，而使柏氏認為由可感覺現象變遷不已的性質看來，不可能找到真實知識，除非肯定在可感覺界的後面有一個穩定的、永恆的實在界。理型就是那個超感覺的實在界，亦即知識成立的原因，以及一切哲學討論的條件所在。

8. 雖然柏拉圖的形上學以理型為其核心，但是柏氏卻不曾為理型的存在提供任何證據。理型最初像是個假設，看來難以承受批判。這些理型可由理性依各種方法去認識。早期的方法之一是靠回憶：個人的靈魂在誕生之前已對理型有所接觸，現在靠回憶得知這些理型。若不談其宗教含意，則可藉由純粹哲學的方法：辯證法。依最初的描述，這個方法是要從一個假設開始，不斷回溯到一個不能再做假設的「始元」；但是在後期的對話錄中，辯證法成為相當精緻的方法學，先做「集合」再做「區分」，經由分類分種，從一個較為含括的「形式」往下抵達「原子式的理型」（亦即不可再分的理型）。最後，我們會經由愛樂斯的幫助而接近理型界。

9. 關於不可分的、永恆的理型，與變動的、可感覺的現象界之間的關係，柏拉圖曾以各種不同的方式來描述。理型是現象界的原因，現象界被說成是「分享」理型。柏拉圖常用的一個比喻是：現象界是一個拷貝，模仿理型這個永恆的典型。這個有意的創作是出自一位神性工匠（德米奧格）之手。

10. 理型的超越性是沒有什麼問題的，不過柏拉圖使用「分享」一詞又使它具有某種程度的內存性。《巴門尼德》對此提出不少批判，亞里斯多德的《形而上學》也一再談及這點。理型要安置在何處？在此，類比法上場了。正如可感覺之物包含在某種有組織的統合體（此即宇宙）中，理型存在於某個「可知的位置」，位於「諸天之外的某處」。

到了《迪美吾斯》，則說理型在「可知的有生之物」之間組織起來。

11. 初看之下，似乎每一類東西都有一個柏拉圖式的理型。於是，有倫理學的理型、數學的理型、自然物體的理型，以及普通小東西的理型。也許更讓人驚訝的是，還有關於人工製品、關係詞與否定詞的理型。在這些之後，還有對「分享」的預設。由於可感覺物體分享了理型，它們雙方的命名必須一致，然後，使用述句的模式就成為各種理型存在的標準了。那麼，理型僅只是觀念或概念嗎？這個問題在對話錄中確實出現過，但是答案是否定的。

12. 柏拉圖在對話錄中，曾特別肯定某一理型或另一理型的尊貴地位。善自身與美自身脫穎而出，更別說《巴門尼德》中著名的「太一」假設了。不過理型之間的內在關係，包括「結合」、「融合」或高低層次，這個難題直到《辯士》才正式受到注意。以述句表達為基礎，可以同意的是，有些理型可以與別的理型組合，但也有些不能如此。這要靠辯證法來區分不同的組合。

13. 為了闡明這個過程，柏拉圖選擇以下五種理型：存在、同、異、動、靜；他稱之為「最大的類」。此處所謂的「最大的」與「類」，都可以再做不同的解釋。「最大的」一詞可以被理解為最高級的稱呼，亦即「最偉大的」，而「類」則指涉「類屬」或「類別」，由此可以找到柏拉圖的「總括的類」，相當於亞里斯多德所謂的「範疇」。普羅提諾就是如此理解，他還談到存有之類。不過值得特別懷疑的是：「類」是否可以解讀為亞氏所謂的「類屬」；柏拉圖本人經常使用「類」作為「理型」的同義詞，因而，這裡提到的表述只不過是指「某些非常重要的理型」。

14. 亞里斯多德在《形上學》中，對理型之說提出冗長的分析與評論。評估他的批判是否有效，有賴於兩個根本但有些模糊的要點：一是要區別柏拉圖與他的後續學者對數學以及對存在的不同觀點，二是亞氏所使用的資料在今日已不可得見。

15. 柏拉圖學派與亞里斯多德學派對理型各有看法，主要的差異在於：對後者而言，理型不是一個分離的實存之物，而只是完整實體的一個原理。它是一物的形式因，是與質料合作以組成一物的，是一存在物的可知本質。在認識事物時，我們認識的是它們的理型，亦即人的攝取官能（知性或感覺）變成了它所知之物，方法則是藉由所知對象的理型進入靈魂之中。簡而言之，理型是一種實際呈現。

16.正如在柏拉圖學說中一樣，亞里斯多德所謂的理型，從邏輯觀點看來，也與述句有密切關聯。概念式的理型是述句的普遍詞，也是定義的主體。不過亞氏的理型另有特殊之處，它們並未被化為實在物而成為實體，並且它們可以列入「分類層級」，亦即它們從「原子式理型」往上排列，而所謂原子式理型是不可能再分為更狹隘的「種」，而只能直接分為個體。由「種」往上到更高的「類」，直到總括的類，亦即範疇。

17.在後續的哲學系統中，理型依然十分重要。亞里斯多德的理型是內存於質料中，並且引導個別存在物的整個目的性結構往前發展；這些理型被斯多亞學派拿來當作「邏各斯種子」。柏拉圖理型的超越色彩在亞里斯多德的批判之下，似乎逐漸消逝，但是它們再度出現在安提歐古（Antiochus of Ascalon）的柏拉圖傳統中。不過在正統思想備受考驗的時代，理型很快就被視為「神的思想內容」了。柏拉圖曾經否認他的理型有純粹知性的角色，但是這個想法在他所創辦的學院中可以找到支持者。無可置疑的是，整個柏拉圖的「模仿」比喻促使人們去想像亞氏所謂的形式因，先是以典範方式存在於神性工匠的心智中，然後再內存於事物中，如此進一步促使亞氏指認神是知性。如此一來，藉著安置理型作為「神的思想內容」，終於形成了一種主張，它一直往下發展，經由普羅提諾而到基督宗教中。這主張認為亞氏的理型是一物內存的形式因，這種形式因具有朝向質料的傾向，如此至少使內存性與超越性的對立情形稍微得到緩解。然而，這在柏拉圖主義中，依然是個嚴肅的問題，普羅提諾與普洛克魯斯對此都費心探討過。

〔Logos〕邏各斯；言說，敘述，理性，定義，理性功能，比例

1.在解釋邏各斯時，主要的困難在於判斷這個常用的希臘字何時具有專業的與特殊的含意。特別重視這個字的首推赫拉克利特，他在經常採取邏各斯的一般用法之外，還提出一套以邏各斯為核心的奇特學說，這時邏各斯就具有專業的含意了。他認為邏各斯是宇宙之潛在的組織原理，由它來安排各部分的「比例」，並且決定變化的規則。因此各部分之間的對立關係，可以形成和諧。這種和諧不是一種周期性的回歸，而是一種穩定的狀態。這個邏各斯原理是隱晦的，只有睿智（noesis）可以領悟它，但它仍是物質的，因為赫拉克利特把邏各斯等同於宇宙大火。

2．柏拉圖以多種方式使用邏各斯一字。比如，他把神話（mythos）與邏各斯視為對立。此時邏各斯代表真實的、分析的敘述。這個用法「引發」了一套知識理論。柏拉圖在《費多》，標示真實知識的特徵之一，是對所知之事能提供一個「敘述」（logos）。所謂「知識」的定義是：真實的意見加上一段敘述說明。蘇格拉底討論邏各斯的含意時，把它描述為對一物鮮明特色之解說。但是它在可感覺的個別存在物上，卻是無效的。

3．邏各斯概念在柏拉圖的存在層級上不斷提高，它的角色也變得更加重要了。在《理想國》，柏拉圖描述辯證學者為：能夠對某物的本質（或實體）提供一段「敘述」說明（logos）。這裡涉及分類過程以及亞里斯多德用來定義的「類」與「種」。事實上亞里斯多德經常把邏各斯當作「定義」的同義字。亞氏另一典型用法是把邏各斯當作理性或合理的度量，這一點最常見於倫理學的脈絡中。後來更把邏各斯當成「正確理性」。至於他把邏各斯當作數學上的「比例」，則可推源於畢達哥拉斯學派。

4．斯多亞學派據為出發點的邏各斯，是赫拉克利特遍在萬物的組織公式。這個邏各斯具有神性，是宇宙中的主動創造力量。一如在赫拉克利特，邏各斯是物質的，等同於火。它也等同於自然以及宙斯（Zeus）。遍在宇宙中的邏各斯朝不同方向發展：由於它是統一的單元，它成為宇宙情感理論的基礎，也支撐了自然規則以及「依（自然）本性而活」的倫理學律令。此派還區分邏各斯為內在「思想」與外在「言語」。

5．斐羅知道邏各斯的內在與外在區分，也依正統斯多亞學派的方式去應用它。也許正是這種區分，加上猶太教經典有關「神的話」的傳統，使斐羅創新了對邏各斯的用法。首先，邏各斯是「神的理性」，其中含括了「觀念」的原型組合，可作為創造萬物的模型。接著，這個代表神的心意的邏各斯被外在化為「所知宇宙」的樣式，亦即只有「知性」才可領悟的宇宙。它是「超越的」，它也是神，但不是「那一位真正的神」，而是「神的長子」。隨著有形世界的創造，邏各斯作為創造之「印記」，扮演「內在的」角色，成為斯多亞學派所謂的「宇宙的連結」以及命運比例。斐羅異於斯多亞學派之處，在於否定這個內在的邏各斯是神。他為邏各斯在創造過程中所安排的明確角色是：它是工具因，也是原型的光明。後來「原型光明」的意象在普羅提諾的學說中再度出現。普羅提諾異於斐羅之處在於他區分了邏各斯與知性（nous）。

〔Nous〕睿智，知性，心智

1．希臘的神話學與哲學，從一開始就在默默探討萬物中的秩序或主導秩序的原理。有些神話把神的系譜推到一個最初源頭，有如諸神的「父親」，而米勒圖學派則在尋找「始元」。直到巴門尼德提出「存有」概念，這種探尋才初步停了下來。不過，回溯源頭只是把握秩序的一種類型，不同心態的思想家繼續從不同方向推究這個難題。赫拉克利特主張，在萬物的表象之下，潛藏著一種秩序，他稱之為「邏各斯」。畢達哥拉斯學派進一步認為這種秩序能以數學語詞來表達，使其彰顯出來，並應用於整個宇宙。

2．後續的哲學家為了解釋感覺世界的變化，設法安排某種外在的推動力量。恩培多克勒跨入倫理學領域，把人類的動力因「友愛」與「爭鬥」化為真實的存在，藉以推動萬物。安納薩格拉則轉向另一傳統去尋找動力因。巴門尼德在「存有學」所做的嘗試，其實在贊諾芬尼斯的神學中已經實現了。贊氏反對神人同形論，因為他認為神必須是完全不可變動，他全靠心智力量就可以完成一切目的。這些觀點引發了後來的發展。贊氏在神學討論開始時，並未建立神的知性能力，那麼如何解釋神在世間的活動就成了問題，此時，他堅持所有發生的一切對神自身都不會造成任何改變。為了說明這個難題，還需等待後之來者。

3．安納薩格拉轉向贊諾芬尼斯以神為知性（nous）的觀念，藉此安排一個推動力量，使原始的「混合體」開始運轉並分裂為不同的要素。知性原理與萬物是分立的，它取代了恩培多克勒的人類動力因之說。知性的運作被描述為「安排秩序」，它知道過去、現在與未來的一切。赫拉克利特原先認為宇宙秩序由遍在萬物的火所控制，現在取而代之的是一個有知性的力量，它的所知範圍涵蓋了一切。

4．狄奧真尼斯（Diogenes of Apollonia）認為：「氣」在溫暖的狀態下即是知性。他的說法更近似米勒圖學派的始元（arche）而不是近似後於巴門尼德時期的動力因；但是他已清楚顯示了「目的」因的意味。蘇格拉底與亞里斯多德都曾批評安納薩格拉把知性當成機械來使用，狄奧真尼斯處理這個難題時較為謹慎。他的「氣－知性」的運作顯示在萬物根據一個度量原理而活動，比如四季依序上場。

5．柏拉圖認為知性有兩種，一種潛存於人類靈魂中，其作用是認識理型並且主導靈魂的其他部分（柏氏認為靈魂有知性、意氣與情緒三部分），另一種是宇宙知性。宇宙知性又稱為「神性工匠」（德米奧格），由他來混合理型與原質，由此創造世界萬物。知性是諸神的本質屬性，只有少數人分享此一能力，而這種宇宙知性也顯然具有神性。它掌理萬物，安排宇宙秩序，它的運轉反映在天體活動上，也是人類道德上的典範。

6.然而，若想在柏拉圖整個形上學的架構中，試圖為這個神性知性或宇宙動力因找到一個固定的位置，恐怕難以如願，這不僅是因為他在《迪美吾斯》（*Timaeus*）的描述具有神話色彩。柏拉圖多次提及，知性必須存在於靈魂中。我們沒有理由認為這只適用於人類的理智。果真如此的話，就必須把宇宙知性安排在低於理型之處。在柏拉圖體系中，靈魂的中介角色不容置疑（像理型的是其不死性與非物質性；像萬物的是其多樣化與易受情緒干擾），並且很清楚的是：知性對理型有一種依賴關係，亦即理型是知性存在於世界的原因：知性是靈魂得以領悟理型的能力。因此，任何想在柏拉圖學說中尋找一位超越的神或諸神的嘗試都難以如願，或者想把神等同於超越存有之上的善自身的嘗試也不例外。不過，也有別的學派把宇宙知性當成世界靈魂的知性，這時就把《迪美吾斯》所謂德米奧格創造世界靈魂之說當成神話而予以忽略。

7.如此一來，柏拉圖解決了蘇格拉底對安納薩格拉的「知性」所做的抱怨。首先，知性成為狄奧真尼斯所謂的：宇宙現狀是一個睿智原因的產品，使它「盡可能完美」；然後在柏拉圖的刻意闡述中，宇宙是一個可知界（理型界）的意象，是一個可見的神明。

8.亞里斯多德的超越原理主要是一個「推動者」，它是由動力因與創造因的性質所引發的一系列的論證所得知的。亞氏與安納薩格拉一樣，選擇將它等同於一個睿智的原理：知性。不過亞氏異於安納薩格拉之處，在於他現在遇到的是物質界與非物質界的「分離」問題，因而在探索這個動力因時必須回溯於目的因的推動力量。亞氏基於「實現」與「潛能」理論，對知性的認知作用提出相當深刻的解釋，這種解釋也需應用於他的「第一動力因」上面。

9.亞氏在《靈魂論》中，描述「知識」的各種表現時，指出知識使人變得不同，是就人的形式而非人的質料而言。專就人的認知作用來說，那是從潛能到實現的過程，由一物之可感覺的意象得到它可知的形式，因而使人取得不同的可知的形式。現在，第一推動因被描述為知性，而其實現則是認知作用（noesis），不過這很清楚是異於《靈魂論》所描寫的那些運作方式。比如，宇宙知性不被其他力量所推動，不然就等於說它依然含有潛能，如此，也不再是「不被推動的推動者」了。因此，宇宙知性不會「完成」它的目標；這個目標永遠臨在，自永恆即是如此。神思索祂自身；他是對思想所做的思想，或者可說是，對永恆在思想的自身所做的思想。這種活動顯然異於其他的思想形態。如：認知、感受、意見、理解；因為這些形態的思想，其運作的首要目標是要使自己變得不同（從原來的狀態到另一狀態），然後偶爾才是針對在思想中的自己。

10．亞氏多次對比人的認知作用與神的認知作用。由於人是身體與靈魂的組合體，靈魂的認知作用是間斷而辛苦的，有如走在從潛能到實現的過程中。撇開在人身上出現的困擾不談，認知作用確實是神與人共有的合宜作用。當我們練習觀想時，我們最接近神的生命，也最有益於自己的幸福。不過，相較於神，人的認知作用不只是間斷而不持續，它還是間接的（透過可感覺的意象見到其可知的部分），也是反省的。它的判斷是靠連結與拆離概念所形成的。亞氏也肯定人類知識有一種直觀的形式，可稱之為「知性」，不過他談論知性直觀時，所依據的是知識論上的理由，而不是在「密契」經驗的脈絡中。

11．亞氏所謂知性的運作方式大體上算是清楚了，不過若是嚴格應用「實現與潛能」原理，就會帶來不少模糊說法。在靈魂中似乎可以區分不同的職能。人的理智對於它將來實際會知道的東西，必須在潛能上就先擁有了。但是，任何從潛能到實現的過程，都需要一個已經實現的原理來引發，亞氏也因此安置了另一個理智，由它來「製造萬物」。於是，在靈魂中出現了區分，同時這兩個理智的關係有如質料與形式的關係一樣，其一為被動理智，後來就稱之為「質料」，這是會消逝的。另一個則被稱為「一種像太陽一樣的習性」，它是可分開的，不受情緒影響，不混同他物，並且在本質上是一種「實現」。當它分離而存時，它就是不死的與恆存的。

12．亞氏筆下，這樣的知性具有神性，與自然界的「實現」無關，並且是「由外界而來的」（不是天生自有）。這種說法引起不少評論，我們為何會「知道」？由於知性中已實現的部分（或主動知性）在運作，使被動知性受到啟動，就變成一個對象可知的形式了。但是關於這個主動知性的來源與明確性質，則帶來強烈的爭論。

13．漫步學派的阿歷山大（Alexander of Aphrodisias）針對這個主題寫了一系列文章，帶來後續的複雜討論。他就主動知性與被動知性提出另一種區分。由純粹被動的理智（後來被等同於想像力）所造成的「習性理智」，是因著主動知性的光照而成為在潛能上可知的，並由此獲得一種可知性的「狀態」。他接著指出，《靈魂論》中所說的主動知性與《形上學》中所說的第一個推動者相比之下，可以論斷：主動理智即是第一因。這個觀點後來由新柏拉圖主義所採用，由此推出一系列作為中介的睿智，而流衍（emanation）即是把亞氏的主動知性變成形式賦與者，亦即可知的形式不像亞氏所謂的是由物質意象抽離出來的，而是由一更高的睿智直接給與人的理智的。

14. 伊壁鳩魯學派認為，知性是認知的官能，與感覺不同。但是在一個不談神明監管的唯物論系統中，知性並無任何重要的宇宙角色。不過，在斯多亞學派看來，人的知性或靈魂的直接功能，是宇宙的知性或邏各斯的一種展現，他們所謂的宇宙知性遍在萬物，引導及統治一切。把邏各斯稱為「兼具知性」（由其監管的層面來看）與「自然性」（由其具有創生性的層面來看），其實是使亞氏對後兩者所做的區分變得模糊不清。不過到了波塞多鈕士，這種亞氏觀點重新取得優勢，知性再度展現為人所獨具的一種特性，它是不死的，由超經驗的世界所產生的。另一方面，與此同時的柏拉圖學派也重新肯定知性的超越性，而消除了斯多亞學派加於其上的內在主義的種種限制。

15. 自從安提歐古（Antiochus of Ascalon）重新探討「理型」理論之後，學者們對宇宙可知層次的因果性問題出現了新的興趣。為了解決其中一些難題，柏拉圖學派的學者毫不猶豫地參考亞里斯多德的學說。於是從《理想國》超越存有之上的善自身，《巴門尼德》的「太一」，《菲勒布斯》的知性，以及《迪美吾斯》的德米奧格，綜合而成一個純粹柏拉圖式的要素：第一因是「知性」，它是宇宙中眾善的源頭，既無法限制它，也無法加以描述。《菲勒布斯》所說的第一知性即是《迪美吾斯》所說的「德米奧格」，它是依據理型而創造宇宙的。只是現在理型被放置在德米奧格的心智中。

16. 不過這個說法也有參考亞里斯多德的一面。第一知性思想著自身，並且雖然他自身不被推動，卻以作為欲求的目標而推動其他萬物。亞氏曾進而認定這個第一動力因是神，他後來的註釋者還把這兩者都視為與《靈魂論》中的主動知性等同。阿比努斯（Albinus）依亞氏所為，把第一知性描述為對自身的思想，還提出一個附屬原理，就是有第二個超越的知性，它總在啟動之中，作為整個天體的知性，這個描述近似《形上學》中的第一動力因。比較可能的情況是，阿比努斯把亞氏合併討論的目的因與動力因加以區別開來，使目的因成為第一知性，以「作為欲求的目標」而推動萬物，同時使動力因成為附屬的知性。最後出現了第三個超越的知性，就是世界靈魂的職能之一。新柏拉圖主義的色彩十分鮮明可見：我們可以指明三個超越的實存原理，各有重點，分別指稱善自身、知性與靈魂，其他一切都是由此衍生而成的結果，而第一因被描述為「像太陽一樣」或「大父」。

17. 另有一個特點，那就不僅是後期柏拉圖主義的特色，也是亞里斯多德之後整個哲學傳統的特色。柏拉圖認為星辰是具有理智的有生之物，亞里斯多德則認為每一星辰都有理智的推動者。中期柏拉圖主義者也把這些納入自己的系統中。星球是有理智的有生之物，居位於以太（最純粹的氣）中，在他們底下是屬於氣層的精靈，亦即諸神，「大父」的子女，他們比人更完美，負責提供預視與徵兆。

18. 如前所述，柏拉圖筆下的「知性德米奧格」似乎臣屬於理型，因而也臣屬於《理想國》中的善自身。阿比努斯的第一知性含括了所有這些實體，再提出新的側重點。第一知性開始讓位給《巴門尼德》與《理想國》中的「統合的善」，然後「知性德米奧格」環繞著這第二個實存體（第一知性）而運作。這些是努美紐斯的觀點，有人認為普羅提諾的觀點正是從努美紐斯偷來的。不過，他們兩人所見仍有不同。努美紐斯的第二個實存體是雙向的：它的首要功能是知性，現在由於與質料相混而淪為反省式的理解。而在普羅提諾那兒，他也使用「注視」概念，但是對立性現在轉移到第三個實存體；那就是宇宙靈魂，它有上下兩層。

19. 普羅提諾追隨柏拉圖學派的大致立場，把知性當作三個實存體中的第二個。德米奧格負責的是為靈魂提供各種邏各斯，這些邏各斯是可感覺之物的形式；不過一般說來，生產功能更應該屬於自然界，那是靈魂的較低層次，對自然界的注視會陷入具體的活動中。普洛克魯斯（Proclus）特別強調知性是這個可感覺世界的始元，但是他也同意普羅提諾所說的，創造是觀想或知性所造成的結果。

20. 「太一」作為第一原理，完全自足而一無所需；宇宙知性則對自身有一需要，就是需要思想自身，因此，它的知性運作在某種意義上，是回歸自身。知性是太一的運作能力與邏各斯，太一的絕對統合狀態藉它而展現某種外在化的多樣性；這就好像人類反省的推論所反映的，是宇宙知性相對而言統合的運作。知性的合宜活動是以直觀方式掌握所知層次為一個統合體，這不是說知性在「思想」所知層次，而是說它本身就「是」所知層次。

21. 柏拉圖學派所繼承的宇宙知性，與人類生而具有的推論能力可以連結在一起，這要歸功於亞里斯多德所謂的「種」當作橋梁。亞氏把知性區分為主動實現部分與被動潛能部分，這個觀點由普羅提諾加以修正採用。普羅提諾以他慣有的含蓄口吻自問是否真有知性的二分，接著他的回答是：一個知性在靈魂中，有如理型在質料中；另一個知性則「把形式賦與靈魂，有如製造者把形式賦與雕像一般」。如此一來，亞氏的主動知性轉而成為形式賦與者。在同一段話中，普羅提諾還為理型本身做了區分。知性所賦與靈魂的理型是「接近實在界」的，而那些由質料所接受的理型則是「意象與模仿」。

22. 於是，普羅提諾所謂的理型界，分為三種等級的實在界。最低的是在個別物體中的可感覺的理型，是真實理型的影像顯示。它們可做人認識，也可供為例證。就其存在於個別物體中，他們為亞里斯多德所謂的感覺作用提供了基礎；就其存在於自身，它們作為因果關係的例證，說明了其他物體的產生。其次，還有理型的所知層次，它們主要存在於宇宙知性中，構成宇宙所知層次，或者在賦與人類之後，存在於人的內在知性中，作為「知性的痕跡」；它們為我們的判斷提供了可靠的基礎。三種理型中，位居最高的則是真實理型。

〔On〕存有，存在，存在物

1. 有關「存在」的性質問題，最早出現在巴門尼德的著作中；他在存在與非存在之間提出一系列邏輯二分法：存在的不可能不存在，不存在的不可能存在，亦即要否定從存在到非存在的變化過程，或否定「生成」；亦即要否定變與動。其次，存在是一而非多。還有最後一點，知識論上有個前提：只有存在能被認識或被定名；非存在不能如此。存在，簡單說來，是一個球體。在巴氏之後的幾位哲學家大都否定最後那個前提，柏拉圖亦然。柏拉圖認為，真實存在的是為數眾多的理型，他在《巴門尼德》的後半部都在反對巴氏的觀點。

2. 要解決「非存在」的兩難，就須分析「生成」概念。為此柏拉圖設法安置了空間，讓「生成」在其中得以發生，並且居於真實存在與非存在的中間位置。對柏拉圖而言，對巴門尼德亦然，絕對的非存在是無意義的，但是由前面所說的容器（空間）以及可感覺物，倒是可以闡明一個相對的層級。在柏拉圖的理型階層中，有一個存在理型；它是最重要的理型之一，因為它遍在萬物。接著，柏拉圖區分真實存在物與那些帶有生成作用之物，他在《迪美吾斯》指出一個兼具知識論與存有學的關聯：存在物由知性去認識，加上合理的說明；生成之物則由意見依感覺作用去掌握。

3．由於「存在」是形上學的探討對象，亞里斯多德對「存在」也特別用心闡釋。首先要區別形上學與其他科學。形上學是「把存在物當成存在物來加以研究」（being qua being），其他科學則是只就個別存在物來研究。不過亞氏有時也說：形上學研究的存在是分離的與不動的。其次，「存在」的定義既不是單義的，也不是類屬的，而是以類比方式遍在一切範疇中的。就此而論，它就像「一」與「善」。接著出現一個基本的區分：某物之存在，或是偶發的，或是本質的，或是知識論上的，或是實現與潛能二分法中的。知識論上的存在以及潛能與實現二分法中的「存在」，可在別處討論，因此亞氏在《形上學》專門探討本質的「存在」何所指。它最後被列入十個範疇之中，主要是指「實體」而言。這個實體不是非存在，不可作為否定的命題或錯誤的命題，也不是只在潛能而尚未實現者。由只在潛能而尚未實現者，才產生「生成」現象。

4．在普羅提諾的宇宙論中，「太一」超越存在之上。存在領域始於知性層次，因為存在與知性都含括在知性中。它主要依循柏拉圖與亞里斯多德的模式來處理非存在：質料只是存在之影像，因而只是一種貌似存在之物。斐羅有很強的神性超越感，就把真實存在局限於神身上，還對《出埃及記》中的名句「我是自有永有的」（I am who am）做出形上學的解釋。

〔Ousia〕實體，存在

1．蘇格拉底對「實體」一詞的討論，讓人猜測這個詞的哲學起源是畢達哥拉斯學派。在柏拉圖對話錄中，這個詞有多種不同的用法。它有時意指存在，用來指涉與非存在對立之物；它有時用在可感覺之物的存在上，還說過「進入存在」這樣的片語。不過在其他地方，它是描述「真正的真實」的一種存在方式，其對立面是生成以及變化的世界。有時它的用法接近後來亞里斯多德所謂的「本質」，甚至就指「定義」而言。

2．亞里斯多德在《範疇論》中著手尋找實體，他的描述是：不可用它來形容一個主詞，或者它不可展示在一個主詞中，比如，特定的一個人或特定的一匹馬。「個體」是實體的首要含意，不過「實體」也可以用來描述「類」與「種」，在這兩者中，種（即是理型）更有資格稱為「實體」，因為它更接近個體。稱一棵個別的樹為「一種橡樹」，要比稱它為「一類植物」，顯然更能讓人知道它是什麼。亞氏進一步相信，形上學或甚至一切哲學所設定的難題正是：「存在是什麼？」由此而來的其實是「實體是什麼？」因為存在，最原始而最主要的體現，即是實體。

3．亞氏在《形上學》中區分三種類型的實體：⑴可感覺又可持續存在的，亦即天體，因為它們的要素是「以太」，其自然的運動是圓形軌道，因而可以持續存在。⑵可感覺又會消逝的，亦即人人都可以辨認出來的實體，像植物、動物等。⑶無變動的。第一類與第二類的實體都是組合成的，亞氏進一步分析它們的組成，判斷哪些部分最有資格稱為實體。最後剩下四個選擇：底基、類、共同特性、本質。結果與《範疇論》所說的相同：本質或理型最適合稱為實體，此時本質不再作為述句中的「種」，而是作為組合物中內存的形式因了。它符合實體的兩個要求：它是可分離的，並且當它與質料結合時它是個體的。亞氏在《天體論》與《自然學》中，討論前兩類實體。他在《形上學》的稍後部分則處理無變動的實體。這一類實體的存在是必然的，因為運動與時間持續存在著。為了說明這種永恆的運動，必須有一個不被推動的實體，亦即它作為目的因來推動萬物，這就是第一個推動者。這樣的推動者不只一個，準確的數字要靠天文學的計算才知道。

4．亞氏的實體範疇中，有「底基」一類，它後來成為斯多亞學派所謂的質料。普羅提諾批評及反對亞氏對實體所做的分析；質料、形式與組合體這三者所共有的只是存在，但是存在對這三者所指亦不相同。可感覺的實體的存在，其實只不過是性質與質料的聚合體而已。

〔Philosophia〕愛智；哲學

1．就傳統的希臘資料看來，畢達哥拉斯首先使用“Philosophia”（愛智）一詞，並且賦予它很重要的宗教倫理含意。柏拉圖在《費多》藉蘇格拉底之口所支持的哲學家，正是採取這種立場。到了亞里斯多德，這個詞不再具有畢達哥拉斯的特殊含意。「哲學」成為「知識」的同義詞，指涉一種知性上的訓練，藉以探討各種「原因」。不僅如此，亞里斯多德還提到「第一哲學」或「神學」，其研究對象是不會變動之物，而自然學則稱為「第二哲學」，探討會變動之物。前者的對象是「存有」，是永恆的，不變動的，並且與質料分離的。

2．把哲學內容分為自然的、倫理的與邏輯的三部分，大概是斯多亞學派的做法。斯多亞學派一度還用「哲學」含括實踐的與理論的兩部分。

〔Psyche〕生命氣息，鬼魂，生命原理，靈魂

1．亞里斯多德在《靈魂論》的第一卷中詳細討論了哲學史，他在其中談到「靈魂」的性質時，先對在他之前的各種說法做了回顧與批評。依他所見，先前對靈魂的看法是從兩個角度出發，再滙聚為一：靈魂作為活動原理，以及作為感覺原理。由於我們所讀到的都是亞氏所引述的資料，所以這種區分大致無誤。不過亞氏忽略了「靈魂」史料中還有兩個側面：一是哲學出現之前這個詞的用法，二是宗教界對此一現象的看法。

2．一邊是生命與活動，另一邊是意識，這兩者之間的關聯在荷馬書中並未清楚呈現。荷馬分別用兩種實物來說明生命與意識。在他看來，靈魂是「生命氣息」（在完全不同的信仰背景看來，一個個體化的「鬼魂」在死後會以較稀薄微弱的方式繼續存在），這種氣息在正常情況下，會從垂死的英雄口中逃逸（此處與頭部的聯繫，引發了後來的觀點，把靈魂安置於腦中）。對照之下，人還有「元氣」（thymos, spirit），安置在橫膈膜，人藉由它而思考及感覺。

3．荷馬式的「靈魂」與活動密切相關，因為它一離開就使英雄的組合而成的「身體」變為不動的屍體。「元氣」也與活動有關，因為是元氣鼓舞才使英雄採取行動。

4．哲學家與詩人不同，他們要做的不是描述而是論斷。我們在泰勒斯身上已可見到這種心態。他主張，既然引發活動的力量可以顯示靈魂的存在，我們不是應該論斷：那些看來如石塊的無生命之物也會有靈魂，因為磁石（磁鐵）可以移動某些東西？這種想法相當大膽，因為它完全無視於氣的臨在。不過這種較為原始的態度重現於安納齊門尼（Anaximenes）的說法中，亦即他顯示自己的大膽手法，把靈魂原理推及於整個宇宙。

5．有關靈魂與氣息的聯繫之說，在蘇格拉底之前的哲學家中可謂時隱時現。安納齊曼德（Anaximander）說，靈魂有如「氣體」，後來安納薩格拉也這麼說。赫拉克利特把呼吸當作認知過程的一部分，不過，這只發生在睡眠時，因為此時別的官能都暫停運作而遠離了宇宙邏各斯。另一方面，狄奧真尼斯則極力主張靈魂與氣的關聯，因為生命有

賴於呼吸。

6.這種與荷馬傳統的聯繫，隨著荷馬式心理學本身受到修訂而變得越來越薄弱。在西元前第六世紀，「靈魂」一詞包括荷馬所謂的「元氣」的功能，並可用以描述人的整個心靈狀態。與此同時，身體四肢的具體組成部分則被稱為「軀體」，這時所指並非一個單純的身軀，而是身軀的統合體，它以靈魂作為其心理功能的對立面。

7.依亞里斯多德所說，至此靈魂擺脫它與氣息的直接關聯，而在活動與知覺中找到較大的支撐點。原子論者與恩培多克勒的看法可作為此一觀點的代表。原子論者認為實在界有二，就是原子與虛空，他們所謂的靈魂是活動的來源，而靈魂是由球狀的與像火一樣的原子所組成，這樣的原子最有活動力也最能引發其他東西的活動。這裡當然會有許多困難，主要是源自靈魂與身體之間的關係，以及靈魂與心智或精神（知性）之間的關係。這個組合體藉著自身原子的活動而有能力推動身體，但是它位於何處？魯克雷修斯保存了一個答案，他說：德謨克利特主張靈魂與身體的原子是並列在一起的。這種安排連魯克雷修斯也覺得難以辯護。

8.自從赫拉克利特與巴門尼德的時代以來，已經在純粹感覺作用之上找到一個更高也更可靠的知覺類型；並且，暫且不管亞里斯多德相信他們認為這兩者是相同的，至少原子論者在其唯物論系統中，也曾認真嘗試去區分靈魂與知性，所依據的是其功能與位置。

9.雖然原子論者對感覺作用深感興趣，但是由感覺去解說靈魂的嘗試在恩培多克勒卻表現得更為明顯。亞里斯多德指出，把靈魂化約為某種組成軀體的要素，是因為背後有個「兩物相似，才會認識」的假設，因此，靈魂若有認識作用，則它與所認識之物，應該都是由相同的質料所組成。他引述恩培多克勒作為此說的主要代表。不過，很清楚的是，恩培多克勒也許說過相似性是感覺作用出現的理由，但是他並未指出他的四大要素中哪一樣是靈魂。情況比較像是：血液才是這些元素的完美融合。還有第三種可能性，亞氏也曾考慮過。就像血液的例子，也許恩培多克勒所謂的靈魂不是混合體，而是「比例」本身。

10.亞氏認為上述第三種可能性可以代表一種更常見的思潮，就是把靈魂定義為一種和諧。柏拉圖也知道這種和諧理論；在《費多》中希米亞斯提出此說，但隨即被蘇格拉底所駁斥。其中還辯論過此一理論的起源。「和諧」一詞出自畢達哥拉斯學派，而《費多》也顯然帶有此一學派的色彩。不過柏氏與亞氏都不會在任何地方指認這是畢達哥拉斯學派的說法，而此一理論至少就它在《費多》出現的來說，所涉及的是指形體對立物之間的和諧。

11．有關身體各種對立力量之間的平衡或均衡這一理論，其實與畢達哥拉斯學派所構想的數字比例是兩回事。並且，即使這一理論也許帶有畢氏學派的色彩，它的起源應該是醫療圈，後者用它說明健康是人體各種對立性質的均衡狀態。相關的醫療界人士是阿克美昂（Alcmaeon of Crotona），但是沒有證據顯示他把這種觀點用於靈魂上。

12．那麼，畢達哥拉斯學派對靈魂提出何種理論？其實理論不只一種，這種奇特的模糊性在恩培多克勒的學說中也同樣清楚可見。畢氏學派把萬物都化約為數字始元，因此我們不會奇怪他們認為靈魂與知性都是「數字的屬性」。這也許是一種數學和諧理論的版本，但是在別的地方卻說不通，比如亞里斯多德在《靈魂論》就把畢氏學派的下述觀點斥為神話，就是靈魂與身體完全可以區分，並且「任何一個偶然出現的靈魂都可以進入任何一個偶然出現的軀體中」。轉向恩培多克勒來說，他用四大元素及其混合來對萬物做機械論的解釋，這時當然可以把靈魂說成血液，但是他在《淨化論》又宣稱靈魂為一精靈，他犯過「原罪」並且正在經歷一系列的再生之中；請問這兩種說法要如何協調？

13．在畢達哥拉斯學派的哲學傳統的核心部分，其實還有一種靈魂觀點，它與米勒圖學派所引發的泛生命論，或泛自然神論沒有什麼太大關聯。這是一種新的信念，認為靈魂的屬神性質與其他萬物截然不同。品達（Pindar）的著名詩句是最好的見證，其中最先提及：靈魂具有神性起源，將在身體死後繼續存在；它的運作可以在夢中得到最好的證據，此時身體麻木無覺而它依然活躍。相信靈魂具有特殊的神性與不死性，同時又與身體全然相異及對立。這種新信念的來源並不十分清楚；有人提議，這是經由與希其亞巫師傳統（Scythian shamanism）的接觸才傳到希臘的。不過，姑且不論其起源，這種信念確實出現了，以各種形態顯示於畢達哥拉斯、恩培多克勒、奧爾菲教派的文獻中，而其中最為人詬病的教義是：身與靈並立、靈魂再生之說。它還談到相關的回憶理論、身與靈對立理論（藉由柏拉圖的身體監獄比喻而廣為人知），以及一系列末世學的神話（這些在柏拉圖筆下也出現過）。

14．柏拉圖早期對話錄中的靈魂觀很明顯受到奧爾菲教派與畢達哥拉斯學派的啟發。在《查米德斯》可以看到這套「古老說法」的所有傳統題材：靈魂是一個統合體，它是不死的，經由周期性的再生而進入一個身體，身體是它一切疾病的來源。生命的目的，以及哲學（愛智）的定義，即在於一種淨化，準備赴死讓靈魂回到它的自然居所。與這些複雜觀念相關聯的是回憶理論，這也引導柏拉圖進行較新的思維。在《費多》，回憶突然轉到知識層次，並且所憶起的不是前世的細節，而是對理型的知識。靈魂是我們藉以認識理型的官能，因為靈魂與理型最為親近，它也像理型一樣，是不死的、非物質的，與不可見的。

15．身體與靈魂的明顯對立，在柏拉圖筆下漸趨緩和。這在許多方面都代表回歸較為傳統的範疇，亦即承認某些軀體的功能也屬於靈魂；原先在《費多》中靈魂只有在認知領域並遠離感官的情況下，才可設法運作。這種調整的結果是靈魂三分法之說。靈魂一如城邦本身，可被分為三個部分：理智、意氣與欲望。三者各有其德行與作為。這種三分法一再出現，到了《迪美吾斯》還為它們安排在身體上的部位，再由脊椎骨髓連結在一起。

16．從《理想國》開始，靈魂的功能逐漸擴張，理智是較高級部分，它取代了《費多》中統合的靈魂的主要特色。它是神性的，由德米奧格所造，位居人的頭部，擁有生前對理型的觀察，將來會納入周期性的再生。不僅如此，它還是不死的，而靈魂的另外兩個部分則是會死的，並且由較次級的神所造。

17．柏拉圖的靈魂觀帶來不少難題，其中之一是：他以倫理學為根據把靈魂分為三部分，但是在《費多》中則是由知識論的考慮把靈魂視為統合的。由於《費多》中的靈魂顯然就是其他後期對話錄中的理智，我們可以整合這些功能，把它當作非感覺的理解在認知上的始元，以及靈魂中兩個較低部分的倫理學上的管理者。不過，靈魂這兩個較低部分有何認知能力，則沒有說清楚。其中不只一次提及，感覺作用需要靈魂與身體配合；至於快樂則可以從身體延伸到靈魂；然後倫理學上的經驗也可以延伸包含感覺之認知經驗。不過，還是要避免把感覺作用安置在「意氣」部分（近似亞里斯多德所謂的感性靈魂）。《迪美吾斯》把理智安置於頭部，同時又把腦當作感覺作用的位置。理智是靈魂中唯一的認知部分。它既正常又自然的功能是理解或思考，但是由於它在出生時與身體發生關聯，必須承受身體的各種經驗所侵襲，這些經驗抵達靈魂時，就造成了感覺作用。意氣位於胸部，它的功能是從理智接受訊息並且奉命行事。欲望位於下腹部的腹腔中，它聽不到理智的訊息，不過它對身體快樂的盲目追求偶爾會由於肝的存在而稍做調和，肝是夢想的位置，也是占卜的基礎。

18．在蘇格拉底之前的哲學家看來，理智不太可能被稱為感覺作用的始元。它更像是個渡口：一邊是有巫術意味的畢達哥拉斯學派的「另一個自我」，另一邊是巴門尼德所謂的「真實知識」的官能。它有能力去認知，因為它與所知之物（理型）具有相似性，也有能力進行各種感覺作用。

19．柏拉圖區分初級運動與次級運動，前者適用於靈魂，後者則由身體發動再傳入靈魂。他描述感覺作用為一種搖晃，這對身體與靈魂同樣是個異狀，也同樣是常見的事。於是，柏拉圖換個方式探討靈魂，亦即早期另外一些哲學家所常說的「運動」。柏拉圖對於靈魂（亦即理智）不死的主要證明之一是：靈魂總是在活動中，因此，它必須是自行運動的，不然變化就無法出現。這個論證不是全新的，阿克美昂（Alcmaeon）曾使用過，不過，他不是從自行運動去論證，而是從靈魂不受推動去論證。柏拉圖的觀點源於自行運動，知性的自行運動具有實在性，並且與動力理型有關。這裡所說的不是次級的因果性，而是初級的運動，這種「真實的」運動推動自身並且是動力的始元。他再繼續往前推論，自行運動即是靈魂的本質與定義。

20．亞里斯多德重述這個理論，但提出不少駁斥，主要是因為他認為柏拉圖這種做法會把靈魂化約為一種量積。在他的想法中，運動必須是圓形的活動，而柏拉圖像德謨克利特一樣，卻使靈魂因著自行運動而去推動身體。他認為柏拉圖沒有發現一點，就是靈魂是以作為目的因的方式去推動物體，因此可以說是藉著思想或選擇來引發活動。

21．亞氏接著處理的觀點是把靈魂當作自行運動的數字，這是柏拉圖學院中另一位成員贊諾克拉特（Xenocrates）的理論。既然數字是由單元累積而成的，如果把點運動而成線的流動理論應用在靈魂上，則顯然是荒謬的，同時，前面對德謨克利特機械論觀點的批判也可以用在贊諾克拉特的理論上。

22．亞氏對蘇格拉底以前的各種理論的批判都切中要害。靈魂固然是個推動原理，但這不是指德謨克利特的機械論意思，也不是像亞氏所了解的柏拉圖與贊諾克拉特的那種說法，而是以作為目的因的方式：它的運動是藉著思想與欲求。不過，它的自行運動也只是偶然為之，因為凡推動他物的並不必然就自己也一定要在運動中。

23．亞氏自己的處理方式則拋開了動力範疇，走上另一方向。他在早期較接近柏拉圖立場時，曾認為靈魂是一個完整的實體，它對身體沒有太多需要。不過到了《靈魂論》情況大不相同。一個完整的實體是一個個別的存在物，而這是指「有生命或有靈魂的身體」，它由一個質料原理與一個形式原理所組成，所謂形式原理即是靈魂，如果由功能角度來看，它可以被定義為一個有機身體的第一個「實現元素」。

24．柏拉圖經常給人的印象是：他對「一般」靈魂的興趣要比對「個別」靈魂的興趣更大。《費得魯斯》所提供的不死性證明是針對「所有的靈魂」來說的。《迪美吾斯》的某些細節談到靈魂如何由其要素所組成時，他所指的是世界靈魂；個人靈魂則是它的第二層或第三層的版本。但是，對亞里斯多德而言，個別存在體才是要考慮的典範，而探討的方法則是就其各種活動來研究。他依此繼續探究一個有生命的機體，其靈魂的各種功能。

25. 柏拉圖曾區分靈魂為幾個部分，他有時的用語好像肯定了這些部分是同一個存在物裡面的幾個個別的靈魂。亞里斯多德也稱這些為部分，但是卻把它們當作功能或潛能，亦即有力量造成他物的變動或者自身的變動。這些潛能既多且雜，不過，要研究靈魂的性質最合宜的辦法就是透過它們。亞里斯多德首先探討最基本的身體新陳代謝作用，再往上提升到感覺作用，最後抵達專屬於人的功能，亦即知性。

26. 說到人的不死性，亞里斯多德立場清晰。由於靈魂是有機身體的形式因與目的因，它不可能在與身體分離之後繼續存在，除非它是以作為人「種」的一個部分，或許有此可能。不過，靈魂的任何功能都無法避免是可分離的，這在知性的情況也確實是如此。

27. 對伊壁鳩魯與魯克雷修斯來說，靈魂是一個由各種原子組合成的身體。不過，這與德謨克利特所說的靈魂只是火性原子的累積大有分別。首先，身體概念已經被修飾為一個有機的組合體；其次，靈魂與身體的關係現在被規定為：靈魂的原子遍布並包含在身體的外表裡面。另外，還有一個更特別的附加物，有一些「未定名的要素」的原子，它們異於其他的原子，是更精緻、更圓滑、更能動的。這些原子所展開的運動即是感覺作用，它們也經由此一運動而遍布於身體其他部分。

28. 斯多亞學派的靈魂理論闡述了此派相當奇特的唯物論立場。靈魂被定義為物質性的火或加熱的氣息，這使人遙想起赫拉克利特的觀點。它有八種官能：主導力、五種感官、說話，以及生育。每一種都由一種氣息之流來代表，氣息傳送到相應的官能來運作，再輸送回到主導力，由此產生各種感覺印象、衝動、情緒等。

29. 後期柏拉圖傳統已經提出高度發展的「同情」理論，把柏拉圖倡議的靈魂近似理型之說加以擴張，並賦予它一個在知性與感覺之間特別重要的中介位置。普羅提諾極力主張這一點，但是他也注意到柏拉圖觀點中的矛盾之處：一邊是《費多》與《費得魯斯》中以靈魂為來自上天而不死，它之寄居於身體，被柏拉圖比擬為監禁；另一邊是《迪美吾斯》中以靈魂為內存而有指導能力，它的功能顯然優於機體；這兩者要如何協調？前一種態度所引發的是靈魂降入質料的一大堆難題；後一種的問題是：靈魂所表現的生命主義的功能，可以被視為自然現象嗎？

30．靈魂，就其為單一物體而言，是個實在體，是知性及其意象所產生的。它若轉向知性，就會變得豐富而有創造力；但是它若轉向相反的方向，就會反映出自身而形成各種活動，造成感覺與生長。因此，靈魂有雙重方向：一是轉向其源頭，亦即可知界；另一是轉向那由它來提供活力的世界。

31．不過，靈魂不只是一個統合的實在體；它在轉離太一時，會使自己變得多樣化，所以普羅提諾必須以相當長的篇幅說明這些使身體產生活動之多樣的靈魂，究竟如何聯繫上原有的統合實在體。它們當然不是一個物質整體的質料部分。它們得以被統合，是因為有一個共同的源頭以及一種自然的運作；它們的歧異則在於它們運作於不同的軀體部分上。這樣一來，出現的不只是多數靈魂，並且還有不同等級的靈魂。位居最高的是世界靈魂，它依然接近可知界的源頭，它的活動因而也較為近似知性；往下則抵達植物的魂，這是靈魂原理最遠離知性的階段。這種區分很有用：靈魂的統合性質使普羅提諾得以由宇宙同情的角度來肯定多數靈魂的系統結構；至於等級區分，則為他提供了基礎，可以支持長期以來對再生的信仰。

32．因此，靈魂的功能是提供質料活力並且統治質料。普羅提諾用一系列的比喻來說明這一點：靈魂光照質料，就像光線保持它的光源，但是把光線射進一個逐層深入的黑暗中。或者靈魂提供質料活力，就像一張網在入水之前毫無作用，一旦張開拋進水中就顯得充滿活力，但是同時並未影響海的本身，宇宙靈魂就是以這樣的方式影響它的軀體，亦即可感覺的宇宙。

31．談到個別的靈魂，因為功能太過多樣而使問題變得複雜多了。亞里斯多德把靈魂當作身體的實現元素，這似乎肯定了身體與靈魂有十分密切的關聯，普羅提諾對此無法苟同，他轉向一個小宇宙原理：每一個人的靈魂都像世界靈魂一樣，保留一個「部分」轉向可知界，不受自己與身體結合的干擾。不過，就靈魂朝向與身體結合來說，從天體到植物，就形成了靈魂的自然能力層層減弱的情況。如此一來，靈魂正常擁有的直觀的知性活動，就退化為較低級的活動形式：觀想變成了理解，最後變成了實踐。

34．個別的靈魂一旦進入身體（這當然不是指空間的位置；靈魂在身體中，就像光線在空氣中一樣），就產生一系列對自身的反映，其中最先出現的是感覺，然後別的官能再接著運作。這些反映使質料做成的身體可以採取行動而毫不影響靈魂。

35．普洛克魯斯（Proclus）開始探討靈魂時，是把他自己常用的「適中」理論應用在靈魂上。靈魂有三種類型：神性的；在有知與無知之間往返的；以及介於上述兩者之間，低於神性靈魂但總是在實現狀態的。在這個三分法中，作為中介的階段在傳統上是有所根據的。它們是柏拉圖界說作為媒介物的精靈，再由柏氏弟子贊諾克拉特整合於不同等級的知性中。普洛克魯斯將其分為三個等級：天使、精靈與英雄。

36．柏拉圖把靈魂看成實體，普洛克魯斯繼承此一觀點，他描寫靈魂為生命以及某種有生命之物。靈魂的中介地位得到肯定，由此，可以一方面藉著它的實體角色而參與永恆，另一方面，藉著它的活動而參與到時間中。普洛克魯斯繼續支持再生之說，但不認為靈魂會再生成為動物魂。

〔Theos〕神

1．就哲學術語來說，「神性的」或「神明」遠比「位格化的神」出現得早。事實上，在哲學家之中，許多人對希臘神話裡面神人同形論的角色，都有很強的懷疑主義心態（如贊諾芬尼斯的嚴肅批評與柏拉圖的反諷語調）。即使有些哲學家（如恩培多克勒）使用古老的神話框架來解釋，那也只是把奧林帕斯諸神當成自然界的力量而已。在哲學分析中，使用「位格神」的最早跡象大概是安納薩格拉與狄奧真尼斯兩人，他們把神等同於睿智，以此作為宇宙論中的動力及目的因。知性當然是神性的，依據米勒圖學派對「靈魂」的看法，這一點應無問題。對於神來說，這時明顯缺少的是超越性。

2．柏拉圖嚴格區別可感覺之物與可知之物，這就為超越性提供了基礎，不過，在早期的對話錄中他仍信從巴門尼德，讓真正的存在排除了活動，因此，在靜止的理型領域中具有動力的神並無存身之地。到了《辯士》與《菲勒布斯》，才出現重大的神學突破。在《辯士》中，靈魂與睿智在真實存在物的領域得到了一席之地；在《菲勒布斯》中，宇宙知性被描寫為宇宙的動力因，並且與宙斯等同。這無疑即是《迪美吾斯》中的德米奧格，在撇開比喻的外表時，他就是宇宙知性，而他的超越性則因為他臣屬於理型之下而大受限制。

3．在《迪美吾斯》之外，還有一個與神學有關的題材，就是相信天體也具有神性。亞里斯多德在他的對話錄中，還受到這些天體的影響，不過討論重點放在兩種神身上，一種就是神，另一種則是神性實體；一種是第一推動者，另一種是以太。這兩者的存在都是從活動演繹而來的。以太是神性的，因為它的活動是永恆的；第一推動者即是神，因為它的活動是不被推動的。

4．伊壁鳩魯學派不是無神論者；他們承認諸神的存在，但否認諸神創造世界或監管世界。斯多亞學派的唯物論試圖把神推回到米勒圖學派的神性層次，但是他們的一元論不夠絕對化，而他們對主動原理與被動原理的區分，使他們有機會把神等同於某種創造的、內存的要素，也因而把神界說為「創造的火」。其他更具有精神力量的含意也不難找到：神也是邏各斯與知性。犬儒學派（the Cynics）大概是哲學派別中最早以系統方式使用寓言筆法的詮釋，設法協調出一種基於哲學省思的一神論，藉以反對通俗的多神論。後來斯多亞學派採用了這些觀點。不過，很清楚的是，一元論的原理會導致泛神論，就像通俗宗教會導致尊一神論（有一位主神，另有其他副神），而不會引發真正的一神論。塞內卡（Seneca）至少不能劃歸斯多亞學派的泛神論立場，並且，克林特斯（Cleanthes）的《宙斯頌歌》讀起來也頗不像是泛神論的看法。

5．還有許多因素會讓人遠離一個統合的「神首」（Godhead）概念；斯多亞學派的一元唯物論受到駁斥，柏拉圖的超越性之說再度受到肯定，現在還加上一個超越原理的階層觀念。神的監管帶來的各種難題也導致對命令與執行要做個區別，由此把神的創造及監管活動降低到第二原理上。在斐羅書中已可見到「第二位神」的概念，努美紐斯特別注意這一點，到了普羅提諾就將它收納於「知性」概念中。

一本就通：西方哲學史

2011年4月初版
2022年3月初版第十七刷

Printed in Taiwan.

定價：新臺幣380元

著　　者　傅佩榮
叢書主編　簡美玉
校　　對　陳秀容
　　　　　陳龍貴
　　　　　葉蓮芬
整體設計　江宜蔚

出版者　聯經出版事業股份有限公司
地址　新北市汐止區大同路一段369號1樓
叢書主編電話　(02)86925588轉5305
台北聯經書房　台北市新生南路三段94號
電話　(02)23620308
台中分公司　台中市北區崇德路一段198號
暨門市電話　(04)22312023
郵政劃撥帳戶第0100559-3號
郵撥電話　(02)23620308
印刷者　文聯彩色製版印刷有限公司
總經銷　聯合發行股份有限公司
發行所　新北市新店區寶橋路235巷6弄6號2F
電話　(02)29178022

副總編輯　陳逸華
總編輯　涂豐恩
總經理　陳芝宇
社長　羅國俊
發行人　林載爵

行政院新聞局出版事業登記證局版臺業字第0130號

本書如有缺頁，破損，倒裝請寄回台北聯經書房更換。　ISBN 978-957-08-3781-0 (平裝)
聯經網址 http://www.linkingbooks.com.tw
電子信箱 e-mail:linking@udngroup.com

國家圖書館出版品預行編目資料

一本就通：西方哲學史/傅佩榮著．初版．
新北市．聯經．2011年4月（民100年）．408面．
17×23公分．
ISBN 978-957-08-3781-0（平裝）
[2022年3月初版第十七刷]

1.西洋哲學史

140.9 100003643